21 世纪高职高专能力本位型系列规划教材·物流管理系列

药品物流基础

 全新修订

钟秀英 编 著

内 容 简 介

本书以我国迅速发展的药品物流企业运营管理为背景，以我国药品管理法律法规为准绳，以企业典型业务流程为线索，以实际运作案例为导引，通过大量图片、实例、知识链接、知识拓展、项目实训等，介绍从事现代药品物流所必需的知识、技术、方法，训练学生从事药品物流所必需的基础职业能力。本书共分 4 章，分别为药品物流概述，药品分类、编码、电子监管码，药品包装及其材料、技术与标识，药品质量与质量管理。

本书可作为药品物流管理、药品经营管理、制药、药品检验等专业的教材，也可作为药品物流企业员工的培训用书。

图书在版编目(CIP)数据

药品物流基础/钟秀英编著. —北京：北京大学出版社，2013.8
(21 世纪高职高专能力本位型系列规划教材·物流管理系列)
ISBN 978-7-301-22863-0

Ⅰ. ①药… Ⅱ. ①钟… Ⅲ. ①药品—物流—物资管理—高等职业教育—教材 Ⅳ. ①F724.73

中国版本图书馆 CIP 数据核字(2013)第 162617 号

书　　　名：	药品物流基础
著作责任者：	钟秀英　编著
策划编辑：	陈颖颖
责任编辑：	蔡华兵
标准书号：	ISBN 978-7-301-22863-0/F·3681
出版发行：	北京大学出版社
地　　　址：	北京市海淀区成府路 205 号　100871
网　　　址：	http://www.pup.cn　新浪官方微博：@北京大学出版社
电子信箱：	pup_6@163.com
电　　　话：	邮购部 010-62752015　发行部 010-62750672　编辑部 010-62750667 出版部 010-62754962
印　刷　者：	北京虎彩文化传播有限公司
经　销　者：	新华书店
	787 毫米×1092 毫米　16 开本　13.75 印张　315 千字 2013 年 8 月第 1 版　2021 年 8 月第 8 次印刷
定　　　价：	38.00 元

未经许可，不得以任何方式复制或抄袭本书之部分或全部内容。
版权所有，侵权必究
举报电话：010-62752024　电子信箱：fd@pup.pku.edu.cn

前　言

随着我国社会和经济的发展，民众对健康和生命安全越来越重视，政府对民生的关注及对医疗保障资金的投入持续增长，我国药品流通市场销售总额不断攀升，年均以两位数的同比增长率增长。追切和强劲的国民健康安全保障需求与我国严重滞后、效率低、成本高的药品流通体系的服务能力形成巨大差距，促使政府启动新一轮的医药卫生体制改革，通过立法、制定发展规划、资金投入等，力图在"十三五"期间建成能适应社会发展需要的药品供应保障体系。在药品供应保障体系的建设进程中，发展现代医药物流、提高药品流通效率被放在重要位置。

在我国现代药品物流业发展过程中，药品物流企业的建设，企业物流运作模式、物流服务内容，从业人员职业能力要求均与传统药品储运发生了巨大的变革。如何适应不断创新的药品销售模式的变化，如何在国家政策的引导和支持下建设保障民众生命与健康的药品供应保障体系，国家相关法律、法规建设如何为药品流通业有秩序地发展护航……这均需要有合适的人才去做。药品物流企业发展需要什么样的人才？怎样培养行业发展所需的合适人才？这是编者十几年来一直密切关注、调查研究的问题。

一、编写目标

培养能应用现代物流技术、方法、设施设备、管理信息系统，结合药品质量特性，依照药品管理法律、法规规范职业行为，能胜任药品供应链各环节物流作业与管理工作的现代药品物流从业人员。

二、内容特点

1. 源于企业及行业发展需要

编者基于对多家药品经营企业物流业务发展及现代化进程的追踪调查、研究分析，确定企业从业人员通用基础职业能力要求（见示意图），结合我国新医改药品供应保障体系建设目标与进程需要、我国新修订的《药品经营质量管理规范》（GSP）要求、《全国药品流通行业发展规划》要求，围绕从事现代药品物流必需的知识、技术、方法、设施设备与管理信息系统的应用等，组织编写了本书。

2. 内容丰富、形象

本书采用了大量的原创图片、组合图，前者是编者大量研究分析概括结果的呈现，后者是结合描述内容需要，经大量筛选、多图组合而成。两者蕴含的信息量都比单纯的转载图要大，比文字描述要形象。本书引入的知识链接、知识拓展、实例较多，大部分来源于企业一线、政府管理机构与行业协会、专业网站，涉及企业80多家、政府管理机构32个、行业协会11个、专业网站21个、社会媒体网站100多个（详见本书"参考文献"，这些是从事现代药品物流工作、科学合理用药与现代物流新技术、设施设备、包装材料、管理软件应用普及工作的宝贵信息资源）。

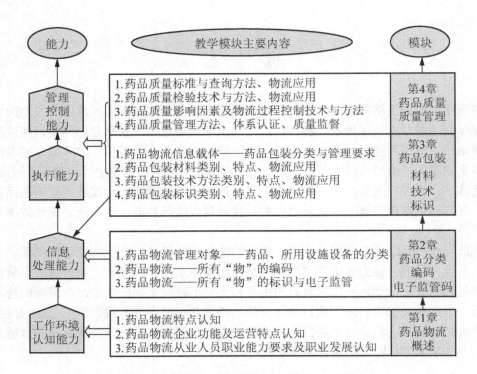

药品物流企业从业人员通用基础职业能力要求示意图

3. 案例充分展示最新科技应用实践

本书案例充分展示了最新的互联网、物联网、人工智能等现代技术及相关设备、管理软件在药品行业的应用实践，体现出现代药品物流通过信息化，实现全供应链物流、商流、资金流、作业流、人流的协调管理与控制的发展历程，为其他行业物流的现代化进程提供借鉴。

三、使用建议

1. 物流管理专业学生

物流管理专业学生最好在完成现代物流管理基础、商品知识、物流设施设备与应用、物流信息技术与应用、运输管理、仓储与配送管理、物流成本管理、质量管理等课程的学习后学习本课程。

2. 非药品物流专业学生

非药品物流专业学生如药品经营管理、市场营销等专业学生可选学第1章、第2章、第4章，了解行业发展与药品物流企业可提供的物流服务及相应的物流作业流程、药品的分类与药品质量在供应链全程的质量保障工作；信息管理、电子商务专业学生可通过第1章、第2章、第4章的学习了解药品物流作业流程及信息管理需求；制药（含化学药、中药、生物制品）专业、药品检验专业学生可通过第4章内容的学习了解整个药品供应过程药品质量的控制技术与方法。

3. 企业员工

企业员工培训或个人职业能力提升应结合企业经营目标、运营管理需求，法律、法规的执行需要，特别是新医改建设药品供应保障体系的目标，新修订的 GSP 要求，新技术、新方法、新设施设备的应用等，在调查分析员工现有职业能力与从事现代药品物流所需能力的差距后，再进行有针对性的培训内容选择，并利用企业现成的作业环境条件、资源，有针对性地进行专项能力训练，对提升员工职业能力效果更佳。

4．一般读者

一般读者可通过阅读本书内容了解药品从原料供应到消费全供应链过程，学会通过各种有效途径、方法，查询和监督药品质量信息，辨别真假、伪劣，保障安全用药和维护身体健康。

本书在调查研究过程中得到了北京医药股份有限公司、广州医药有限公司、上海医药（集团）股份有限公司、国药控股广州有限公司、九州通医药集团有限公司、海王星辰连锁药业、上海通量信息科技有限公司、康美药业、广东大参林连锁药店有限公司等企业的鼎力支持，在此一并表示诚挚的谢意！

由于编者水平有限，编写时间仓促，书中不足之处在所难免，恳请广大读者、药品物流从业人员、药品物流管理专家学者批评指正。编者联系 E-mail：2236898319@qq.com。

编　者

2013 年 4 月

【资源索引】

目 录

第 1 章 药品物流概述 ... 1

1.1 药品物流的概念与特点 ... 3
1.1.1 药品物流的相关概念 ... 3
1.1.2 我国现代药品物流的特点 ... 5

1.2 现代药品物流企业 ... 11
1.2.1 现代药品物流企业的概念 ... 11
1.2.2 现代药品物流企业的产生和发展 ... 11
1.2.3 现代药品物流企业的运营 ... 14

1.3 药品物流企业业务流程与岗位设置 ... 18
1.3.1 现代药品物流企业典型业务流程与岗位设置 ... 19
1.3.2 高职药品物流专业人才培养目标岗位群 ... 19
1.3.3 药品物流从业人员职业发展路线 ... 20
1.3.4 药品物流从业人员职业能力的培养 ... 21

本章小结 ... 23
练习思考题 ... 23
项目实训 ... 25

第 2 章 药品分类、编码与电子监管码 ... 28

2.1 药品分类基础知识 ... 29
2.1.1 药品分类概述 ... 29
2.1.2 药品分类标志 ... 31

2.2 药品分类方法与分类体系 ... 33
2.2.1 药品分类方法概述 ... 33
2.2.2 不同分类依据下的药品分类体系 ... 34
2.2.3 常用药品分类体系 ... 40
2.2.4 常用药品分类目录与应用 ... 45

2.3 药品编码 ... 53
2.3.1 国家药品编码的概念与适用范围 ... 53
2.3.2 国家药品编码的管理 ... 53
2.3.3 国家药品编码的编制 ... 53

2.4 药品电子监管码 ... 55
2.4.1 电子监管码与电子监管网 ... 55
2.4.2 药品电子监管码与药品电子监管系统 ... 57
2.4.3 我国药品电子监管规划与实施 ... 65

本章小结 ... 68
练习思考题 ... 68
项目实训 ... 73

第 3 章 药品包装及其材料、技术与标识 ... 77

3.1 药品包装概述 ... 78
3.1.1 药品包装的概念、类别及作用 ... 78
3.1.2 我国药品包装管理要求 ... 79
3.1.3 我国药品包装主要形式 ... 80
3.1.4 我国药品包装发展趋势与存在的问题 ... 82

3.2 药品包装材料 ... 84
3.2.1 药品包装材料的概念 ... 84
3.2.2 药品包装材料的基本要求 ... 84
3.2.3 药品包装材料的分类 ... 85
3.2.4 药品包装材料的相关标准体系 ... 90
3.2.5 药品包装材料选择的基本要求——材料与药物的相容性试验 ... 92
3.2.6 药品包装常用材料及应用 ... 94

3.3 药品包装技术与应用 ... 103
3.3.1 包装技术基础 ... 103
3.3.2 药品包装技术类型与发展趋势 ... 113
3.3.3 药品包装检测方法及其应用 ... 118

3.4 药品包装标识 ... 121
3.4.1 包装标识基础知识 ... 121
3.4.2 药品标识物知识 ... 130
3.4.3 商品商标基础知识 ... 135

3.4.4 药品商标知识 139
　本章小结 141
　练习思考题 141
　项目实训 149

第 4 章　药品质量与质量管理 152

　4.1 药品质量标准 154
　　　4.1.1 药品质量标准概述 154
　　　4.1.2 药品质量标准的应用 155
　4.2 药品质量检验 156
　　　4.2.1 药品质量检验概述 156
　　　4.2.2 药品外观质量检验方法 157
　4.3 药品质量影响因素 160
　　　4.3.1 药品质量变化的表现形式及其
　　　　　　后果 160
　　　4.3.2 影响药品质量的内在因素 161
　　　4.3.3 影响药品质量的外界因素 172
　　　4.3.4 影响药品质量的外界因素的
　　　　　　控制 175
　4.4 药品质量管理 178
　　　4.4.1 质量管理的相关概念 178
　　　4.4.2 药品质量管理的相关概念 183
　　　4.4.3 药品供应链质量管理规范 185
　　　4.4.4 药品质量体系认证 192
　　　4.4.5 药品质量监督管理体系 196
　本章小结 197
　练习思考题 197
　项目实训 202

参考文献 206

第 1 章

药品物流概述

 【学习内容】

```
                        药品物流概述
         ┌──────────────────┼──────────────────┐
         ↓                  ↓                  ↓
   药品物流概念特点      现代药品物流企业    药品物流企业业务流程与岗位设置
```

药品与药品特殊性；
药品物流概念；
我国现代药品物流特点

现代药品物流企业概念；
现代药品物流企业产生、发展；
药品物流企业类别、运营特点

现代药品物流企业典型物流业务；
流程与岗位设置；
从业人员职业能力要求

【学习目标】

(1) 熟悉药品定义、类别、药品的特殊性。
(2) 理解药品物流概念与我国现代药品物流特点。
(3) 熟悉药品物流企业类别及运作模式。
(4) 熟悉药品物流企业典型物流业务流程与对应物流岗位设置。
(5) 明确从事药品物流作业与管理人员职业能力要求,为未来职业目标定位及课程内容的学习奠定基础。

【导入案例1】

2005—2010年我国药品流通行业销售总额及增长率如图1.1所示。

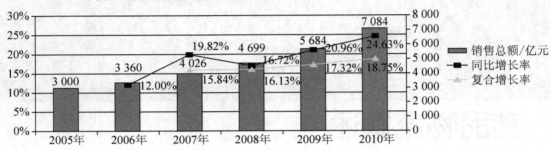

图1.1 2005—2010年我国药品流通行业销售总额及增长率

图1.1显示2010年我国药品流通行业销售总额达到7 084亿元,比上年增长24.6%。进一步调查数据表明其中医药零售市场销售规模达1 275亿元,增幅稳定在20%左右。

2011全年药品流通行业销售总值达到9 426亿元,扣除不可比因素,同比增长23%。其中,药品零售市场销售规模达1 885亿元,增幅稳定在20%左右。

(资料来源:http://www.capc.org.cn/.)

案例思考:
(1) 我国药品流通行业销售总额在2005—2010年间年平均增长率为多少?2005年销售总额为3 000亿元,至2011年上升到9 426亿元的规模,意味着药品物流市场规模增加几倍?
(2) 假设一条河从源头至出海口(相当于一条产品供应链渠道),河的长度、宽度、深度均没有改变,而源头水量突然增加3倍会有什么后果?为避免河水泛滥可采取哪些措施?

【导入案例2】

我国药品流通行业发展规划

在《全国药品流通行业发展规划》(2016—2020年)中,明确提出:药品流通行业是国家医疗卫生事业和健康产业的重要组成部分,是关系人民健康和生命安全的重要行业。为适应我国经济社会发展和"健康中国"战略实施及医药卫生体制改革的新形势,促进药品流通行业持续健康发展,保障药品供应和满足人民群众日益增长的健康需求,不断提高人民群众健康水平和生活质量,根据《中华人民共和国国民经济和社会发展第十三个五年规划纲要》《"健康中国 2030"规划纲要》《商务发展第十三个五年规划纲要》和《国内贸易流通"十三五"发展规划》，制定本规划。

该规划包括行业发展与现状、指导思想和总体目标、主要任务和保障措施 4 个部分（全文请扫描"前言"后的二维码查阅），为我国药品流通行业的发展指明了方向。

【"十三五"国家药品安全规划】

案例思考：

（1）哪些现代技术与管理方法能促进物流效率提高？企业是如何应用现代技术与管理方法提高物流效率的？

（2）我们应该学习哪些现代技术与管理方法以适应企业发展需要？

1.1 药品物流的概念与特点

1.1.1 药品物流的相关概念

1. 药品的定义

《中华人民共和国药品管理法》（以下简称《药品管理法》）规定，药品是用于预防、治疗、诊断人的疾病，有目的地调节人的生理机能并规定有适应症、用法、用量和注意事项的物质，包括中药材、中药饮片、中成药、化学原料药及其制剂、抗生素、生化药品、放射性药品、血清疫苗血液制品和诊断药品等。

【中华人民共和国药品管理法】

🌐 【知识链接】

药物与药品的区别

药物：凡具有医疗和预防疾病的作用，并应用于临床的物质，统称为药物。

药品：只有具有安全、有效、稳定、均一性并规定了适应症、用法、用量和注意事项，经国家食品药品监督管理局批准并收载于国家药品标准才属于药品范围，因此药品的定义具有法定的意义，属法律概念。

WHO（World Health Organization，世界卫生组织）对药品的定义：药品是指任何生产、出售、推销或提供治疗、缓解、预防或诊断人和动物的疾病、身体异常或症状的，或者恢复、矫正或改变人或动物的器官功能的单一物质或混合物。

（资料来源：《药品管理法》和 http://bbs.instrument.com.cn/shtml/20061212/664835/.）

特殊管理药品和国家基本药物

特殊管理药品有麻醉药品、精神药品、医疗用毒性药品、放射性药品。

国家基本药物是适应基本医疗卫生需求，剂型适宜，价格合理，能够保障供应，公众可公平获得的药品。具体品种见由国家政府制定的《国家基本药物目录》（2018 年版）中的药品。其所列品种是专家和基层广大医药工作者从我国临床应用的各类药物中通过科学评价筛选出来的具有代表性的药物，具有疗效好、不良反应小、质量稳定、价格合理、使用方便等特点。政府建立的基层医疗卫生机构全部配备和使用基本药物，其他各类医疗机构也都必须按规定使用基本药物。

（资料来源：http://baike.baidu.com/view/431884.htm.）

2．药品的特殊性

药品是特殊商品，其质量好坏直接影响其预防与治疗疾病的效果且关系到人民的健康与生命安全。药品除具有商品的一般属性外，还有其特殊性，具体表现如下。

（1）药品使用的专属性。

药品是专用于治病救人的，要在医生的指导下服用，对症下药，不像一般商品那样彼此之间可以互相替代。

（2）药品的两重性。

药品用之得当，可以治病；使用不当，失之管理则可危害健康，甚至致命。例如，盐酸吗啡，使用合理是镇痛良药；管理不善、滥用又是成瘾的毒品。

【知识链接】

滥用联邦止咳露的后果

联邦止咳露是"复方磷酸可待因溶液"的商品名称，主要成分是磷酸可待因、盐酸麻黄碱等。磷酸可待因属于中枢性镇咳药，一般用于无痰的干咳，其止咳作用强，成瘾性比吗啡弱。而盐酸麻黄碱则具有平喘、兴奋和麻醉作用，目前它是临床常用的传统镇咳药之一。该药是药品中的处方药，患者购买需凭医生处方并在医生指导下使用。

而滥用联邦止咳露让一些病人改变太多：除了牙齿变黄软化、手脚颤抖，还导致体质变弱、记忆力下降、大脑反应迟钝、消化系统失调，严重时引发低血钾病，男性性功能明显下降。据一位专业治疗"药物成瘾"的医生介绍，其整天忙于接待前来戒瘾的患者，那些人遍布全国。

（资料来源：http://www.infzm.com/content/985.）

（3）药品质量的可靠性。

药品用于治病救人，只有符合法定质量标准的药品才能保证疗效。国家制定了《药品管理法》，对药品严格监督管理，并制定和颁布了药品标准（表现形式为《中华人民共和国药典》，以下简称《中国药典》），规定了严格的检验制度，以保证药品的质量。药品质量判定只有合格与不合格之分，凡经批准进入市场流通的药品均为符合《中国药典》规定的药品。药品质量在生产、流通、使用过程受严格监管。

【知识链接】

药品质量、质量特征、质量标准表现形式

药品质量是指药品满足规定要求和需要的特征总和。药品质量特征为有效性、安全性、稳定性、均一性、经济性。质量标准表现形式为《中国药典》。

（资料来源：http://baike.baidu.com/view/1051334.htm.）

（4）药品的限时性。

人只有患病时才需要用药，但药品生产、经营部门平时就应有适当储备。只能药等病，

不能病等药。有时药品虽然需用量少，效期短，宁可到期报废，也要有所储备，如狂犬病疫苗、抗蛇毒血清、非典疫苗、甲流疫苗等；有些药品即使无利可图，也必须保证生产供应，如氯化钠注射液、葡萄糖注射液等。

3．现代药品物流

现代药品物流是以符合我国药品管理法律、法规、管理要求的药品经营企业为主体，利用现代物流设施、设备、技术、方法与管理信息系统，为药品生产企业、流通企业（含药品分销、零售）、医院药房、社区（乡村）医疗服务机构及消费者提供物流支持服务的活动。药品物流支持服务活动主要包括药品的采购、进货验收、入库存储、在库保养、订单处理、拣选、出库、配送、客户服务、物流服务营销等。

【知识链接】

药品经营企业的定义、使命与类别

药品经营企业是中华人民共和国境内经营药品的专营或兼营企业。药品经营企业的使命是保证向医院药房和零售药店及时、准确、低成本供货，并形成自身的高效益、低成本循环。通常有药品批发（分销）企业、药品零售企业、药品物流企业。

（资料来源：《药品管理法》第一百零二条规定．）

1.1.2 我国现代药品物流的特点

（1）药品物流活动受众多法律、法规的严格规范与监管。

因药品属特殊商品，药品供应链担负着保障人民健康与生命安全的重任，因而药品供应链运作及药品管理受到众多法律法规的严格规范与监管，管理要求涵盖整个药品供应链，并深入到具体的药品品种、规格、批号。目前，对药品流通与物流活动相关的监管法律、法规有《药品管理法》及其实施条例、《药品经营质量管理规范》及其实施细则，以及《药品流通监督管理办法》《药品说明书和标签管理规定》《麻醉药品和精神药品管理条例》《医疗用毒性药品管理办法》《放射性药品管理办法》《药品类易制毒化学品管理办法》《国家基本药物目录管理办法（暂行）》《药品电子监管工作实施方案》《药品注册管理办法》《反兴奋剂条例》《危险品运输管理条例》《商品条码管理办法》《中华人民共和国商标法》《中华人民共和国产品质量法》《中华人民共和国消费者权益保护法》《中华人民共和国劳动者权益保护法》《中华人民共和国消防法》和交通运输管理相关法规等。

【药品经营质量管理规范】

根据医药行业法律、法规对药品供应链运作和药品管理范围及其深入度的不同，对涉及药品物流的药品管理法律体系及其管理对象、范围进行归纳，如图1.2所示。

（2）药品来源多样，类别、品种、规格繁多，物流作业活动复杂。

药品物流作业对象——药品，其来源多样，类别、品种、规格繁多，品种、规格更新速度快，法律、法规监管多且严格，监管深入到每一品种、规格、批号，致使物流作业活动纷繁复杂。

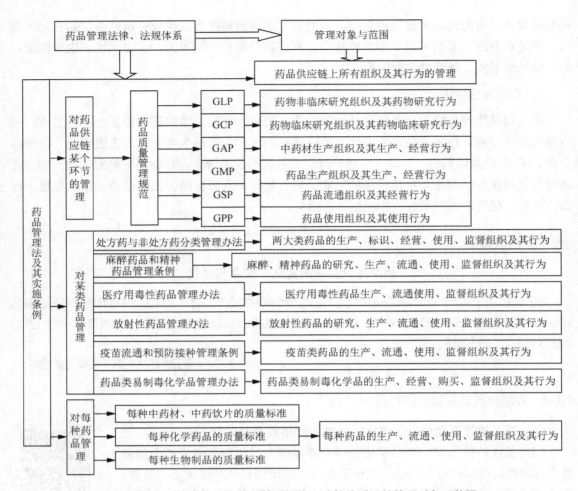

图 1.2 涉及药品物流的药品管理法律、法规体系及其管理对象、范围

【知识链接】

药品供应链

药品供应链如图 1.3 所示。

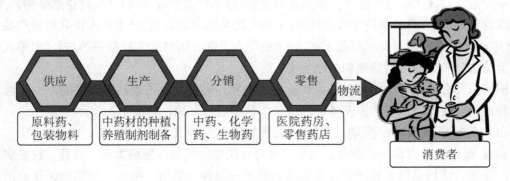

图 1.3 药品供应链

药品生产用原料药、包装物料供应给药品生产企业，生产企业生产成品药经药品分销（批发）、零售企业或医疗机构（组织）销售或分发给消费者。其中中药材的生产在种植（或养殖）场中进行，其产出中药材既可供应给中药饮片厂或中成药生产厂家用于生产中成药，也可经药品分销（批发）、零售企业或医疗机构（组织）销售给消费者。

【知识链接】

来源多样的中药材

药品来源多样，仅药品中的"中药材"，就可来自动物、植物、微生物、矿物。可通过从自然界采集、人工种植（或养殖）、工厂化生产而来。

【知识拓展】

来源繁多的药品品种、规格、批号

一家年销售额在4亿元左右的药品流通企业经营的药品大概有5 000种，而算上同一种药品不同规格与批号的情况则能达到7 000~9 000种，每一种批号的药品必须按照不同的要求进行存储管理，这是药品仓储管理难度所在。北京医药股份有限公司物流配送中心储存的药品品种达2万个；广州医药有限公司年销售额205亿元（2011年），经营医药商品品规达4万多种。

我国医院由于规模大小不一，每年在药品的销售上也有较大的差距，一般的小医院销售的药品多为1 000~3 000种，而一些大医院销售的药品品种能超过8 000种。

目前，不少百家连锁规模的医药零售企业经营的药品品规少则6 000余种，多者近1万种；随着企业规模进一步扩大，药品经营品规种类还有明显的增加。

（资料来源：http://www.bjpharmacy.com/，http://www.gzmpc.com/等.）

（3）药品物流活动经营主体多。

药品的分类管理致使药品流通渠道及销售（或分发）模式多样，药品物流活动的经营主体可以是药品生产企业、药品分销企业、药品零售企业（如连锁配送中心）、药品使用管理单位（如国家免疫规划用疫苗、计划生育用药、血液和血液制品使用管理单位）及社会物流企业。

【知识链接】

国家免疫规划及第一类疫苗的概念和种类

国家免疫规划是指按照国家或者省、自治区、直辖市确定的疫苗品种、免疫程序或者接种方案，在人群中有计划地进行预防接种，以预防和控制特定传染病的发生和流行。

第一类疫苗是指政府免费向公民提供，公民应当依照政府的规定受种的疫苗，包括国家免疫规划确定的疫苗，省、自治区、直辖市人民政府在执行国家免疫规划时增加的疫苗，以及县级以上人民政府或者其卫生主管部门组织的应急接种或者群体性预防接种所使用的疫苗。

第一类疫苗种类：目前国家免疫规划确定的疫苗包括皮内注射用卡介苗、重组乙型肝炎疫苗、口服脊髓灰质炎减毒活疫苗、吸附百白破联合疫苗及吸附白喉破伤风联合疫苗、麻疹减毒活疫苗等。

（资料来源：http://www.chinacdc.cn/.）

（4）药品物流企业（或组织）市场准入门槛高、运营成本高，药品物流服务社会化程度低。

药品物流服务企业（或组织）的设立，按法律法规管理要求，需要配置保障药品质量的硬件与软件并通过药品监管部门的审核，符合要求方能设立与运营；运营过程为保障药品质量，成本比一般商品高。社会上的物流企业基于上述原因，涉足药品物流较少，因而药品物流服务的社会化程度较低。许多类别药品的流通与物流活动还是专营的，如国家免疫规划用疫苗由我国疾病预防控制机构专营；计划生育用药由国家人口与计划生育委员会下属机构专营。

【知识链接】

GSP对药品流通企业的要求

新版GSP于2016年6月1日起实施，对药品批发企业的质量管理包括质量管理体系、组织机构与质量职责、人员与培训、文件（特别是质量管理制度）、设施设备、校准与验证、计算机系统、药品购进、收货与验收、储存与养护、出库、销售、销后退回、运输与配送、售后管理。

（资料来源：http://www.moh.gov.cn/publicfiles/business/htmlfiles/mohzcfgs/s7847/201204/54560.htm.）

【知识拓展】

现代药品物流中心（配送中心）的建设成本

据统计，长春市医药物流中心总投资1.2亿元；桐君阁的西部医药有限公司一期投资1.5亿元；江西南华医药有限公司总投资2.21亿元；湖南医药物流园总投资3.6亿元；成都五块石药品配送中心总投资7亿元；位于内蒙古的"北方药都"总投资高达10亿元；国药控股广州物流中心投资1.42亿元；九州通集团公司斥资1.6亿元，建成北京现代医药物流中心；广东康美药业计划依托普宁市中药材市场，投资8亿元着力打造中药物流港；中国澳洋集团在2007年投资2.8亿人民币在张家港购地253亩（1亩≈666.67平方米），新建可辐射华东地区的大型医药物流中心。

（资料来源：http://www.boraid.com/DARTICLE3/list1.asp?id=48281&pid=1540.）

（5）物流技术应用与物流管理水平、物流服务能力逐步提高。

随着药品质量管理规范与监管要求的不断提高，企业为获得经营许可及竞争优势，逐步重视现代物流技术的应用，药品物流企业在自动化物流设施设备的配置、物流技术应用，特别是企业信息管理现代化方面较其他类别商品物流企业（或行业）水平要高。例如，药品实施电子监管的进程如下：2007年对特殊管理药品（包括精神药品、麻醉药品、医疗用毒性药品、放射性药品），2008年对疫苗、中药注射剂、血液制品，2009—2015年对全部国家基本药物，2020年覆盖全部药品。随着监管要求的提高与监管范围的拓宽，国家通过强制执行的方式促使企业增加与实施电子监管相关的硬件设备与管理软件，提高物流管理水平及物流服务能力。

【知识拓展】

大力推动现代医药物流发展，提升行业现代化水平

现代物流的核心是利用信息技术有效整合上、下游资源，提高企业的服务水平，说到底是一个集成的概念。纵观全球，先进国家的医药物流体系建设均走在其他行业前列，国际医药物流中心都拥有先进物流科技和作业系统。商务部在全国药品流通行业"十二五"发展规划纲要中突出了"发展现代医药物流，提高药品流通效率"的任务。发展现代医药物流，必须引导和鼓励企业积极采用先进信息技术与现代科技手段，包括运用企业资源计划管理系统（enterprise resource planning，ERP）、供应链管理等新型管理方法，使用无线射频（radio frequency identification，RFID）、全球卫星定位（global positioning system，GPS）、无线通信、温度传感等物联网技术，配备自动分拣、立体仓库、冷链物流等先进设备，发展新型电子支付和电子结算方式等内容，改造业务流程，开展人员培训等多项工作。2010年拟建的现代医药物流仓库大多数面积在10 000平方米以上，将采用自动分拣系统、WMS（warehouse management system，仓库管理系统）、电子标签辅助拣货系统、RF手持终端等现代物流与信息化设施设备。

（资料来源：http://news.pharmnet.com.cn/news/2011/05/06/329124.html.）

南京医药实施药事服务管理为医药分开探路

我国新"医改"方案提及的药事服务是指向患者提供合理、安全用药方案及相应的药品供应保障服务。对于医药流通企业而言，药事服务主要包括药品的供应链服务和药学服务。

南京医药的药事服务管理是以为公众和社会提供健康利益管理与服务为目标，以处方集为载体，以品牌营销为手段，为客户医院提供标准化、专业化、个性化与增值化的综合药事服务解决方案。通过以订单为导向，重构供应链，有效地整合上下游的资源，提升整个产业链的效率，把传统的药品供应提升为供应链服务、药学服务、药房管理等多种方式的组合服务，实现了医药公司与患者、医院、上游药厂、政府多方的互利共赢。

基于利益协同的药事服务管理以集成化供应链为思想基础。南京医药的综合药事服务信息平台能够为各方提供支持服务，实现药品流通全过程的质量安全保证和信息监控与溯源。整个过程中，南京医药作为药品流和信息流的集中地和发散地，运用集约化供应链管理思想，设计优化各流程，降低供应链总成本，为医院提供基于药学服务的药品供应一揽子解决方案。

（资料来源：http://js.xhby.net/system/2011/03/10/010886661.shtml.）

（6）药品物流从业人员职业能力要求高。

由于药品品种繁多、物流活动规范要求多且监管严格、物流作业活动复杂、应用现代技术较多，因此对从事药品物流工作人员职业能力要求比一般商品物流人员要高。药品物流从业人员是复合型人才，从业人员基本职业能力如图1.4所示。具体要求如下：

① 明确各类药品管理法律、法规对药品及物流活动相关的管理规范与要求。
② 明确职业道德要求，严格依法规范职业行为。
③ 熟悉药品物流企业组织架构与物流运作流程。
④ 熟悉各类药品分类、编码、标识、包装及质量特性，能在物流过程中维护药品质量稳定。

⑤ 熟悉药品流通与物流特点。

⑥ 熟悉物流设施设备的使用与维护，能应用现代物流技术与管理方法完成物流作业并提高物流效率，降低物流成本。

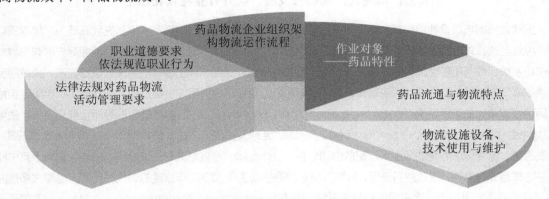

图 1.4　药品物流从业人员职业能力

综上所述，可把现代药品物流特点归纳为"三多、六高、一低"。"三多"：药品品种、规格、批号多，药品管理法律法规多，药品物流经营主体多。"六高"：药品物流企业市场准入门槛高，运营成本高，物流技术应用要求高，物流管理水平要求高，物流服务能力要求高，物流从业人员职业能力要求较高。"一低"：药品物流社会化程度较低。

药品物流特点之间的相互关系如图 1.5 所示。

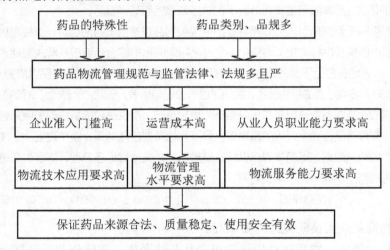

图 1.5　药品物流特点之间的相互关系

药品的特殊性，类别、品种、规格多的特点决定其要受众多法律法规的严格规范与监管（我国药品管理通常是对药品实施分类立法规范与监管），也决定了药品经营企业、物流企业市场准入门槛高，运营成本高，从业人员职业能力要求高；企业物流技术应用要求高、物流管理水平与物流服务能力要求高。通过严格规范与监管，企业及从业人员严格依法保证药品来源合法、流通过程质量稳定、使用时安全有效。

1.2 现代药品物流企业

1.2.1 现代药品物流企业的概念

现代药品物流企业是依托先进的物流设施、设备、信息技术和药品供应链管理系统，有效整合药品供应链上下游资源，通过建立高效的、对市场需求反应灵敏的药品供应保障体系，实现药品供应的自动化、信息化、规模化和效益化，保障人民群众安全用药的企业。

【知识链接】

国外药品供应体系

药品供应链体系建设也是国际药品流通行业发展的重要趋势。国际先进药品批发企业已经从传统商业购销模式向现代全产业链服务模式转变，将专业化、现代化的物流服务延伸到了药品生产和终端销售环节。

（资料来源：http://jiankang.cntv.cn/20120306/100345.shtml.）

1.2.2 现代药品物流企业的产生和发展

1. 现代药品物流企业的产生

我国医药产业发展规模的不断扩大，国家医药卫生体制改革的推进，药品管理法律法规的修订、更新与完善，催生了药品第三方物流企业，使其从原来属于药品分销（批发）或零售连锁企业的"储运职能部门"，演变为具有独立法人资格并以向社会提供物流服务为主营业务的经营主体。企业通过优化药品的验收、存储、分拣、配送等作业过程，提高订单处理能力，降低货物分拣差错，缩短库存及配送时间，减少流通成本，提高服务水平和资金使用效益。

2. 现代药品物流企业的发展历程

国家医药流通业发展规划及政策重点支持医药流通业发展。新修订的GSP 引导企业向药品第三方物流企业发展，以适应药品销售规模不断扩大而扩增的物流需求。

【全国药品流通行业发展规划】

1999 年，原国家经贸委（已撤销）已经将现代物流建设、连锁经营、电子商务作为国家技术改造项目的支持重点。更具有实际意义的是，2002年原国家经贸委争取到了 10 个国债贴息的医药物流中心建设项目，国药物流、重庆和平药房、广州医药公司及上海医药公司、新疆新特药公司的物流中心都位列其中。

2002 年，北京医药集团有限公司与西门子德马泰克公司合作引进具有先进水平的物流配送技术，开启了我国现代药品物流企业的建设进程。至今，全国各省区均在其药品批发或零售连锁企业的"储运职能部门"的基础上，引入现代物流设施、设备、技术，提高其物流管理与服务能力并从原有企业中剥离而向药品第三方物流企业过渡。

2005 年 7 月，对外经济贸易合作部又开始在江苏、浙江、广东、北京、天津、重庆、上海、深圳 8 地开展外资参股物流试点。很多地方政府也纷纷出台政策，鼓励医药企业加快提升自身的物流竞争力。

🌐 【知识链接】

外资投资药品流通企业

外资投资药品流通企业的例子有高盛给海王星辰注资，广州医药与欧洲的联合美华合资，日本铃谦与上海医药联姻，日本伊藤忠商事株式会社、日本东邦药业、荷兰发展银行、德意志投资开发公司等外资入股九州通等。

（资料来源：http://www.56518.com.cn/news/201131513258.htm.）

2009年，国家实施基本药物制度，国家基本药物集中招标及向具有现代物流能力的医药企业倾斜的政策，促使企业加快其药品物流（或配送）中心的建设。据2010年全国药品流通行业发展规划与医药物流建设大会资料显示：目前有30多个企业在进行药品物流中心的建设。2011年将新增开工建设的医药物流中心达到80家。

图1.6概括了我国药品物流企业的发展历程。

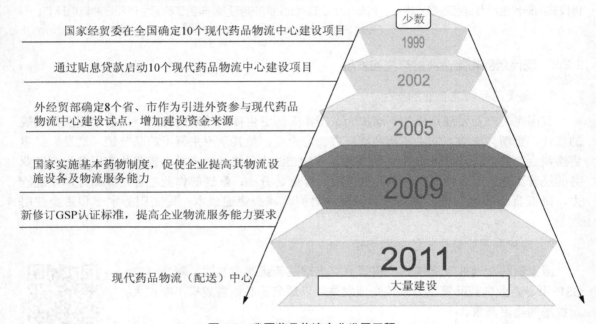

图1.6 我国药品物流企业发展历程

🌐 【知识链接】

国家基本药物制度

中国国家基本药物制度是对基本药物目录制定、生产供应、采购配送、合理使用、价格管理、支付报销、质量监管、监测评价等多个环节实施有效管理的制度。实施国家基本药物制度可以改善目前的药品供应保障体系，保障人民群众的安全用药。

（资料来源：http://www.gov.cn/ztzl/ygzt/content_1661112.htm.）

3. 现代药品物流企业发展存在的问题

在现代药品物流业发展过程中，药品物流企业的建设、企业物流运作模式、物流服务内容、从业人员职业能力要求均与传统药品储运发生了巨大的变革。如何适应不断创新的药品销售模式的变化，如何在国家政策的引导和支持下建设保障民众生命与健康的药品供应保障体系，怎样培养行业发展所需的合适人才，国家相关法律法规建设如何为药品流通业有秩序发展护航，已成为急需研究和解决的重要课题。

4. 现代药品物流企业的发展趋势

国家发展改革委员会正式对外发布的《物流业调整和振兴规划》强调"医药行业要实行医药集中采购和统一配送，推动医药物流发展"，旨在促进物流业自身平稳较快发展和产业调整升级，服务和支撑其他产业的调整、发展，扩大消费和吸收就业，促进产业结构调整、转变经济发展方式。

从以上政策可见，政府的"宏观之手"已经开始推动医药产业物流的发展，这无疑为医药经营企业的发展起到了推波助澜的作用，建立医药现代物流将成为未来医药经营企业发展的目标。国家会积极地推动并解决实施过程中的一系列问题。发展现代医药物流虽无坦途，却前途光明。规模化、专业化、信息化、自动化将是医药物流的"四个现代化"，必将带来产业发展的效益化。

国家政策鼓励药品流通企业从传统商业购销模式向现代全产业链服务模式转变，将专业化、现代化的物流服务延伸到药品生产和终端销售环节。例如，九州通、北京医药、南京医药等企业，其物流服务除了最基本的药品仓储、配送服务外，还包括药品在供应链全流域的调拨、托管等，服务范围向整个产业链上、下游延伸，服务内容不断丰富与创新，服务能力与服务水平逐步提高。

【知识拓展】

物流服务内容的拓展——药房托管：医药物流企业的新选择

南京市政府于2006年推行的全市近200家二级以下的医院全部实行"药房托管"，既给南京的医药流通企业带来了扩大市场占有率的机会，又是对其物流配送体系的极大考验。这次实行的"药房托管"政策，主要是指将医院药房的所有权和经营权进行分离，所有权仍归医院，经营权则交给托管企业，经营利润双方分成。具体而言，就是医院只专注于治病救人，将更多的时间、精力、财力、人员等资源用于为患者提供更多、更好的医疗服务上；而其药房则由被选中的医药流通企业进行经营、自负盈亏。这就意味着提供托管服务的企业将对医院药房进行直接管理、对医院的用药需求要保证满足。对绝大多数的医药流通企业而言，物流服务能力成了参与药房托管的关键。

（资料来源：http://www.boraid.com/DARTICLE3/list1.asp?id=58555&pid=1540.）

物流网络的拓展及服务向产业链下游延伸——九州通医药集团未来5年发展规划

九州通在原有物流网络基础上，未来5年内建成省级现代医药物流中心20家，地市级配送中心100家，终端配送点300家，形成覆盖全国、为集团供应链全流域的物流活动提供强力支持的物流网络。建成2 000家零售连锁药店，向产业链下游延伸。

（资料来源：http://www.jztey.com/jztey/index.html.）

1.2.3 现代药品物流企业的运营

根据从事药品物流的企业在药品供应链中所处位置及其经营目标和运营特点，将药品物流企业进行如下分类。

1. 企业自营物流

按企业在药品供应链所处位置不同，企业自营物流又分为生产企业、分销企业、零售企业自营物流。通常根据企业经营目标，由企业储运职能部门为企业本身提供物流支持服务活动。

（1）药品生产企业物流。

药品生产企业物流部门为企业提供药品生产原料、包装物料及其他生产用物料和成品销售物流服务。其服务对象为企业本身的生产部门（进行物料供应）、企业产成品的销售部门（对其客户——包括药品分销企业、零售连锁配送中心、零售药店、医院药房、社区医疗服务机构用药进行配送），如北京同仁堂物流配送中心、北京双鹤药业物流配送中心（如图 1.7 所示）。

图 1.7 北京双鹤药业物流配送中心

（2）药品分销企业物流。

药品分销企业物流部门为企业药品的进、存、销提供物流服务，主要服务对象是下级药品配送中心、医院药房、零售药店及社区医疗服务机构，如广州医药有限公司黄金围现代药品物流中心。

【知识链接】

广州医药有限公司黄金围现代药品物流中心

广州医药有限公司黄金围现代药品物流中心是目前华南地区面积最大、功能最齐、机械化和智能化程度最高的医药商业物流中心。中心建筑面积 3 万平方米，其中冷库容积达 1 000 立方米。广州市、珠江三角洲地区实现 7~12 小时配送（紧急订单响应时间 1~2 小时）；省内边远城市实现 24 小时配送；省外邻近城市实现 48 小时配送。该中心将与多个异地二级配送中心一起，构成公司响应速度快、配送能力强、服务水平高的物流体系。图 1.8 所示为该中心物流作业现场。

图 1.8 广州医药有限公司物流中心作业现场

(资料来源: http://www.gzmpc.com/business/logistics.php.)

(3) 药品零售连锁企业物流。

药品连锁配送中心为企业的连锁店进行药品统一采购、统一配送服务,如海王星辰连锁配送中心。

【知识链接】

海王星辰连锁药店物流配送与管理

1999 年,海王星辰全面启动 STAR II 管理信息系统,配送中心实行仓储货位的定位管理,一货一位,并对药品实行全方位条码化和商品批号管理,实现了门店要货、总部调拨与补货自动化管理。同时,参照国际先进的物流经验,采用先进的拣货方式,将摘果法与播种法相结合,提高拣货、配货速度,加快商品在配送中心的流转速度,提高日配送量,降低差错率,配送准确率达到 99.99%以上,物流水平已向国内知名企业看齐。2003 年,对 STAR II 管理信息系统进行全面升级后的 STAR III 系统利用电子交易平台逐步进行各分部的集中采购及调拨,提高了商品采购技术和配送能力。目前,海王星辰在全国有 16 个物流中心,满足全国集中采购、快速高效配送商品的需要。

(资料来源: http://www.56518.com.cn/news/2011315132422.htm.)

2. 药品使用管理单位专营物流

如国家免疫规划用疫苗,由我国疾病预防控制机构的冷链物流系统承担疫苗从生产企业到疫苗接种点的配送与分发工作;计划生育用药,由国家人口与计划生育委员会下属机构物流组织承担药品从生产企业到社会服务点的配送与分发工作。

【知识链接】

疫苗供应冷链

我国《疫苗流通和预防接种管理条例》中的冷链是指为保证疫苗从疫苗生产企业到接种单位运转过程中的质量而装备的储存、运输冷藏设施、设备及疫苗分发管理系统。

(资料来源: 中华人民共和国国务院令 第 434 号《疫苗流通和预防接种管理条例》.)

3. 药品第三方物流

我国药品第三方物流企业多来源于原药品分销企业的储运职能部门,目前除向原企业提供物流服务外,还向社会其他药品生产、经营企业提供物流服务。在国家政策的引导及药品营销模式不断创新的市场环境中,企业不断向规模化、专业化、信息化、自动化、效益化的方向发展，在市场竞争中其物流服务必将向药品供应链上、下游延伸，服务内容拓宽，服务能力与服务水平将不断提高，如国药物流、九州通物流、南京医药康捷物流等。

【知识拓展】

"物流批发一体化"成药企运营新趋势

物流批发一体化是指医药物流企业在做好传统的药品批发业务的同时，充分挖掘其本身已有的仓库、运输、终端网络等物流资源，积极开展针对上游药企和其他经营相关商品企业的第三方物流业务，实现企业资源经营效益的最大化。

（资料来源：http://www.boraid.com/DARTICLE3/list.asp?id=97989.）

【知识链接】

九州通延伸医药物流服务

九州通秉持"技术让服务更卓越"的理念，致力于现代物流技术的引进吸收和自主创新。目前，在全国自主建设了40多个现代医药物流中心，凭借10多年医药与医疗健康行业经验和技术积累，九州通将其领先的现代物流和信息技术运用到了整个医药产业链，而且专门成立了湖北九州通达科技公司，专注于现代物流、供应链和电子商务的技术服务与运营，已成为国内唯一一家具备独立整合物流规划、物流实施、系统集成能力的医药物流企业，并荣获5A级物流企业资质，跻身国家最高等级物流企业。九州通药业集团如图1.9所示。

图1.9　九州通药业集团

北京九州通医药物流配送中心的立体仓库（图1.10）共有8个巷道，约16 500个货位，集自动储存、自动补货、箱件拣选于一体，是国内目前医药流通行业中功能最齐全的自动化立体仓库，该中心负责公司在华北地区的医药配送服务。

图1.10　北京九州通医药物流配送中心建设模型图

（资料来源 http://www.hnszyy.com/newsshow.jsp?id=4060.）

广东恒畅物流有限公司

广东恒畅物流有限公司投资1.4亿元兴建一座占地总面积3.5万平方米,以采用先进的信息化仓储管理系统为支撑,拥有自动化的堆垛机、自动分拣系统、RF 无线射频、电子标签等现代物流设备,融立体库、平面库、冷库为一体,集仓储、零整分类、配送、大客户服务等功能于一身的现代化医药物流中心。该公司是广东省第一家拥有第三方药品物流资质的公司,为制药企业、医药经销商、医疗器械经销商等客户提供专业的物流解决方案,在两广统一规划配送,并依托国药物流构建全国运营一体化、现代化、信息化的医药物流网络,配送能力覆盖全省三级城市,服务于2 000多家客户,年吞吐量超过600万箱。公司致力成为华南区规模最大、网络最广、模式最全的专业医药物流配送企业。图1.11所示为企业仓库、立体库图。

图 1.11　广东恒畅物流有限公司

(资料来源:http://www.sinopharm-gz.com/main/catalog_6828.aspx.)

南京医药康捷物流有限公司

南京医药康捷物流有限公司是南京医药股份有限公司控股组建的新型物流企业。该公司具有健全的企业管理制度,先进的管理手段和现代的网络体系。公司占地11 000多平方米,标准仓储面积7 000多平方米,仓储设施齐全,并拥有各种车辆100多台,协作车辆200多台,全国运网达180多个,为医药、建材、食品、机电、化工等社会各界提供运输、仓储、货代、包装、分拣、配送、信息处理等系统的物流服务。同时,该公司还有一支精简高效、经验丰富、工作严谨的管理队伍。企业以"快捷、准确、安全、优质"为宗旨,以"真诚服务,严谨求实"为己任,积极运用ERP和EDI(electronic data interchange,电子数据交换)的现代信息技术,实现第三方物流企业的战略目标。图1.12为该公司的仓库。

图 1.12　南京医药康捷物流有限公司仓库

(资料来源:http://www.njyy.com/ywzs/yylt/wlyw/.)

1.3 药品物流企业业务流程与岗位设置

【导入案例】

南京医药康捷物流有限公司的运作

（1）打造物流网络。打造集成化供应链赖以生存和发展的物流网络，对全流域物流进行统一管理，为社会提供快速、便捷的物流配送服务。构建立体配送体系，其中一级物流中心为全国大中型医药生产企业与医药商业企业和终端客户搭建合作平台，对现代药品物流、农村两网建设、建立药品批发主渠道、南北医药产业转移及规范医药市场秩序发挥积极作用。构建二级物流配送体系，实现渠道扁平化，统一调配全流域的物资，提高资源的配置效率。

（2）以信息化为支撑，实现物流信息共享和商流、物流、信息流集成化的目标。

（3）做好现代医药物流人才的储备和培养。医药物流人才要求具有交叉跨越医药业、物流业两个领域的经验，国内目前真正意义上的此类人才极其短缺。因此，公司需要做好现代医药物流人才的招聘、培养及岗位设置等工作，使其发挥应有作用。

（4）运作方式：建立物流集中管理运营模式，如图1.13所示。

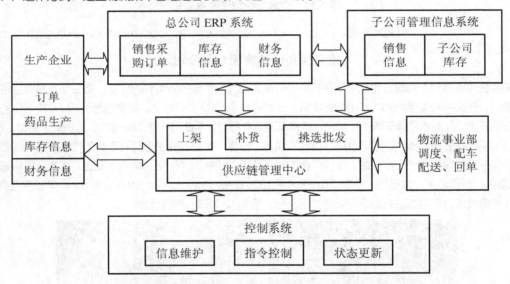

图1.13 南京医药康捷物流有限公司物流集中管理模式

（资料来源：http://www.njyy.com/ywzs/yylt/wlyw/.）

案例思考：

（1）公司着力构建的物流网络要达到什么目标？

（2）企业为什么如此重视物流信息管理？

（3）企业为什么如此重视医药物流人才的储备和培养？

（4）企业为什么要对集团供应链全流域物流进行统一管理？

1.3.1 现代药品物流企业典型业务流程与岗位设置

如图 1.14 所示，根据企业物流路线，企业设置物流一线作业岗位，包括收货员、验收员、保管员、养护员、拣货员、复核员、装箱员、提货员、送货员（通常司机兼），分属各作业环节组管理，每组有组长负责本组综合事务的管理；各组又属入库、库存、出库、运输各职能部门管理。

企业设置启动和支持一线物流作业工作岗位，包括客户服务、订单处理、采购、运输调度、物流单证（账务）处理、物流信息处理、物流设施设备运转与维护。

企业设置对物流作业全程进行管理岗位，包括物流作业调度、质量管理。

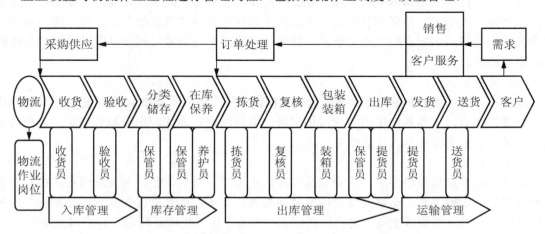

图 1.14 药品物流（配送）中心物流流程与岗位设置图

1.3.2 高职药品物流专业人才培养目标岗位群

1. 物流一线作业岗位群及其工作任务与要求

（1）收货员。

收货员对进货（或退换货）按企业标准操作规程进行收货作业，主要是货单核对，特别是运输包装质量、包装标识、药品数量检查，对有问题货物要分清供应商、承运商应负责任。

（2）验收员。

验收员对收货质量按法律、法规规定及企业标准操作规程进行质量验收作业，主要是对进货按规定进行抽样及做包装质量、包装标识、外观质量检查，对药品是否合格进行判断，以确定是否能入库储存。

（3）保管员。

保管员对验收合格药品按法律、法规规定及企业标准操作规程进行分类储存作业，主要是对药品分类、标识、存储到指定库区、货位、货架，录入并确认储存信息。同时负责库存药品在库（如库内调整、补货、移位、盘点等）作业。

（4）养护员。

养护员对在库药品按法律、法规规定及企业标准操作规程进行养护作业，主要是对药品实施分类质量维护，根据药品贮藏条件要求，通过在库药品质量检查，对储存环境温湿度、光线等因素进行控制，维护药品质量稳定。同时负责药品质量维护设施设备的管理与维护工作，企业经营药品中重点养护品种的确立及质量维护方案的制订与实施工作。

（5）拣货员。

拣货员根据出库单要求，按企业标准操作规程进行拣货作业，主要是按出库单从指定货位准确、快速地拣取货物并确认拣货信息。企业通常按区域分整件货区、散件货区拣选；按拣货所用设施设备不同分为 RF 拣选、PTL（pick to light）拣选、语音拣选等。

（6）复核员。

复核员根据出库单要求，按法律、法规规定及企业标准操作规程进行药品出库复核作业，主要是按出库单对拣货员拣出货品进行核对，保证出库药品的准确性及质量稳定。

（7）包装装箱员。

包装装箱员根据出库单要求，按企业标准操作规程进行包装装箱作业，主要是按出库单及货品质量特性要求，根据药品流向、运输要求选择包装物料及运输包装形式，应用包装设施设备对出库药品进行合理包装与装箱，使内装药品质量在运输过程受到包装的保护而维护药品质量稳定。

（8）提货员。

提货员（或发货员）根据运输调度运输工作任务的安排（发货路单），按企业标准操作规程进行提货作业，主要是按单到备货区相应货位取货并进行确认。指导和监督搬运人员将货物运至发货站台进行装车、发运作业。

（9）送货员。

送货员根据发货路单要求，按企业标准操作规程进行送货作业，主要是送货前核对发货路单与货物、运输工具、运输路线、运输时间与客户要求；运输过程中采取适当措施维护药品质量；送达时，按要求交货予客户，带回客户签收单证及物流周转箱、客户退换货等。

2. 物流一线作业现场管理——班组长工作任务与要求

企业通常针对一线作业各环节设置班组长进行现场综合管理。班组长负责本作业环节工作任务的安排，现场作业过程人、设施设备与用具、货品的管理；同时负责与前后作业环节各班组间的协调。

3. 职能部门管理——部门主管工作任务与要求

企业通常按物流流程设立入库、库存、出库、运输（送货）管理四大职能部门负责企业物流作业工作。每一部门设主管，主要负责本部门物流业务的安排及物流作业过程中人、设施设备与用具、货品的管理；同时负责与前后作业流程各部门间的协调工作。

4. 启动和支持一线物流作业的工作岗位

启动和支持一线物流作业的工作岗位负责客户服务、订单处理、采购、运输调度、物流单证（账务）处理、物流信息处理、物流设施设备运转与维护。

5. 对物流作业全程进行管理的岗位

对物流作业全程进行管理的岗位负责物流作业调度、物流质量管理。

1.3.3 药品物流从业人员职业发展路线

图 1.15 为一般情况下药品物流从业人员职业发展路线图。

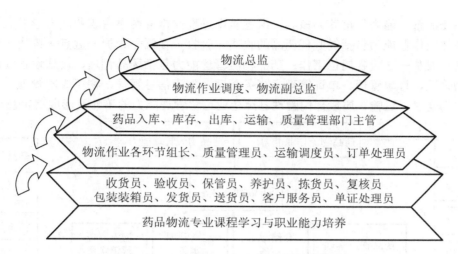

图 1.15　药品物流从业人员职业发展路线图

1.3.4　药品物流从业人员职业能力的培养

1．现代物流管理知识与能力培养

现代物流管理知识与能力培养由现代物流管理基础、商品知识、物流设施与设备应用、物流信息技术与应用、运输管理实务、仓储与配送实务、管理统计学、会计基础、物流成本管理、物流客户服务与服务营销等课程承担。

2．药品物流管理知识与能力培养

药品物流管理知识与能力培养由药品物流基础、药品物流实务课程承担。两门课程的教学内容与教学目标如下。

（1）药品物流基础。

药品物流基础介绍我国药品物流特点、药品物流相关管理法律法规、我国现代药品物流企业产生、发展历程与发展趋势、我国现代药品物流企业类别、运营特点、从业人员知识与职业能力要求；详细介绍药品物流作业对象——药品的分类、编码、条码标识、电子监管码与电子监管网络；药品包装材料、包装技术、包装标识；药品质量标准、质量检验、质量影响因素、质量管理、质量认证等在药品物流作业与管理过程中的应用。教学目标：培养学生具备从事药品物流作业与管理工作必需的与药品相关的知识和基础职业能力。

（2）药品物流实务。

药品物流实务以典型的现代药品物流企业物流运作为背景，以企业物流作业与管理流程为主线，介绍每一环节的工作任务、目标、标准操作规程、对应岗位设置及岗位工作职责与要求，在药品物流基础课程所获知识与能力基础上，通过模拟实训，培养学生形成承担药品一线物流作业岗位工作及客户服务员、单证（或账务）处理员，物流一线作业现场管理、质量管理、运输调度、订单处理岗位工作的职业能力，树立严格依法规范职业行为的意识并培养依法行为的职业习惯。为学习者在现代药品物流企业就业，实现零距离上岗及以后的职业发展奠定坚实的基础。

3．药品物流管理专业主要课程设置与职业能力培养的关系

图 1.16 列出了药品物流管理专业的主要课程，各课程教学内容设置以"药品物流作业能

力、药品物流管理能力"培养为核心,课程教学进程安排遵循学生职业能力形成规律。高职阶段药品物流作业能力包括能胜任药品的收货—验收—存储—养护—盘点—拣货—复核—包装—装箱—发货—送货各岗位工作;药品物流管理能力包括药品管理、设施设备管理、自我职业行为管理、订单管理、单证管理、账务管理、物流信息管理、物流成本管理、工作现场管理,并为仓储、运输、质量部门管理甚至企业运营管理能力的培养及形成奠定基础。

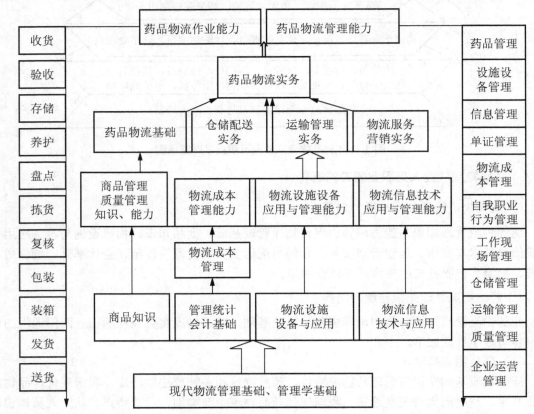

图1.16　药品物流管理专业主要课程设置与职业能力培养关系图

【榜样人物】

从汽车司机到技术能手——记北京同仁堂科技公司物流配送中心首席职工邹本诚

作为北京同仁堂科技公司物流配送中心的一名首席职工,2008年首都劳动奖章获得者邹本诚在工作中常说的一个词是"尽职尽责"。2005年,随着北京同仁堂科技公司物流配送中心的建成,他从一名司机成为一名巷道设备维修工人,负责物流配送中心巷道设备的维护、保养、修理,对设备的完好及正常运行负责。

在物流配送中心现代化设备从巷道设备调试到试运行,到正常运转,再到不断完善设备使用功能的过程中,邹本诚从熟悉设备、熟悉工作环境开始,整天待在工作现场,围着厂家技术人员转,不懂就学,不会就问,遇到问题从不放过。2006年夏天,一场大雨淋湿了输送机上的激光测距仪,领导将清理激光测距仪的任务交给了邹本诚。邹本诚将激光测距仪全部拆开、清理、恢复,经运行试验一次取得成功。同时还有一个意外的收获,发现这批激光测距仪的线路问题是导致激光测距仪黑屏的原因所在,为长期未解决的问题找到了症结。

堆垛机是在高层货架的窄巷道内作业的起重机，是自动化仓库的主要设备。物流配送中心的巷道设备共有 13 条，堆垛机 13 台。每天逐台开启堆垛机需要花费 45 分钟，工作人员需要在直线为 150 米的距离内工作，需要依次到每台机器前开启，启动后机器要进行自检，如果一次不通过就需要工作人员第二次进入现场，这样做既费时、费人工，又影响出入库效率。为此，邹本诚提出"给堆垛机加装远距离遥控器，解决人工开启机器问题"。经过两年多的试用，堆垛机遥控器运行良好，做到了 13 台堆垛机在瞬间开启，每天开机联网仅需 3~5 分钟，节约了电能和人力，提高了工作效率。此项目的成功使邹本诚被评为北京市经济技术创新标兵。

邹本诚与班组同事还完成了对堆垛机定位轴承注油孔进行改造和移动光电开关位置项目，解决了注油不便及入库货物通过能力低的问题。

面对庞大的机械设备，他想到了对设备进行规范管理，经过对这些机器设备的种类、型号、名称、部位进行编号，利用电脑绘制图纸，做成巷道设备编号示意图。物流出入库设备包括输送机、轨道机、升降机，仅输送机一项就有 165 台套。示意图的使用，方便了设备资产的管理，发生问题时能准确查看，让管理人员对设备一目了然。

（资料来源：http://sdjsb.ceepa.cn/show_more.php?doc_id=14358，有改动.）

案例思考
（1）案例人物的职业发展成就对你的职业发展规划有什么启示？
（2）如何在平凡岗位工作中表现出不平凡？
（3）如何理解掌握物流设施设备的使用与维护技术在现代药品物流中的重要性？
（4）药品物流从业人员是社会紧缺人才，如何学习、实践使自己快速成为适应现代药品物流企业需要的人才？

本章小结

药品 → 药品特殊性 → 药品物流特点 → 药品物流企业运营特点 → 从业人员特殊职业能力要求

（1）药品定义、药品特殊性；药品物流概念、特点。
（2）药品物流企业类别及运营特点。
（3）药品物流企业典型物流作业流程与岗位设置及岗位职能要求。
（4）高职药品物流专业人才培养目标岗位群。
（5）高职药品物流从业人员职业能力培养与相关专业课程的关系。
（6）药品物流从业人员职业发展路径。

练习思考题

一、单选题

1. 对整个药品供应链运作进行规范与监管的法律、法规是（　　）。
   A．GSP　　　　　　　　　　　　B．GMP
   C．GAP　　　　　　　　　　　　D．药品管理法及其实施条例
   E．药品流通监督管理办法

2．对某种药品进行规范与监管的法律、法规是（　　）。
　　A．GSP　　　　　　　　　　B．GMP
　　C．GAP　　　　　　　　　　D．药品管理法及其实施条例
　　E．药品标准
3．"药品用之得当，可以治病；使用不当，失之管理则可危害健康，甚至致命"，这是药品的（　　）表现。
　　A．两重性　　　　　　　　　B．使用专属性
　　C．质量可靠性　　　　　　　D．限时性
　　E．经济性
4．承担我国第一类疫苗物流活动最主要的经营主体是（　　）。
　　A．药品生产企业　　　　　　B．药品分销（批发）企业
　　C．零售连锁企业　　　　　　D．药品使用管理部门
　　E．药品第三方物流企业

二、多选题

1．对某类药品进行规范、监管的法律、法规有（　　）。
　　A．医疗用毒性药品管理办法　　B．放射性药品管理办法
　　C．麻醉药品和精神药品管理条例　D．处方药与非处方药分类管理办法
　　E．药品流通监督管理办法
2．对药品供应链的某个环节进行规范、监管的法律、法规有（　　）。
　　A．GSP　　　　　　　　　　B．GMP
　　C．GAP　　　　　　　　　　D．药品管理法及其实施条例
　　E．药品标准
3．我国药品定义中包括的药品有（　　）。
　　A．中药材　　　　　　　　　B．化学药
　　C．血液制品　　　　　　　　D．中成药
　　E．疫苗
4．药品质量特性有（　　）。
　　A．有效性　　　　　　　　　B．安全性
　　C．稳定性　　　　　　　　　D．均一性
　　E．经济性
5．药品物流的经营主体有（　　）。
　　A．药品生产企业　　　　　　B．药品分销（批发）企业
　　C．零售连锁企业　　　　　　D．药品使用管理部门
　　E．药品第三方物流企业

三、判断题

1．药品经营企业是中华人民共和国境内经营药品的专营或兼营企业。　　（　　）
2．药品质量判定只有合格与不合格之分，凡经批准进入市场流通的药品均为符合《中国

药典》规定的药品。（   ）

3. 对每一个药品品种进行规范和监管的法律、法规有国家药品标准（药典收载品种）。（   ）

4. 药品来源多样，类别、品种、规格繁多，致使药品物流作业活动复杂。（   ）

5. 药品现代物流的核心是利用信息技术有效整合上、下游资源，提高企业的服务水平。（   ）

6. 国家基本药物不是适应基本医疗卫生需求，剂型适宜，价格合理，能够保障供应，公众可公平获得的药品。（   ）

7. 药房托管是药品物流企业物流服务延伸的有效途径。（   ）

四、简答题

1. 简述药品物流特点。
2. 什么是国家基本药物制度？
3. 用流程图说明药品物流企业典型物流业务流程及对应一线物流作业岗位名称。
4. 简述药品物流从业人员所需的物流作业能力与管理能力。

实训 1.1　药品物流企业调查

实训目标

1. 了解不同类别药品物流企业（含承担物流服务职能部门）的经营目标、物流服务范围、物流服务流程、组织架构设置与岗位设置。
2. 了解各岗位人员工作任务与目标要求，人员职业能力与知识要求。

实训方法

1. 人员分组，每组承担一类药品物流企业的调查。
2. 主要利用公共信息平台进行调查，从药品物流企业公开信息了解相关内容。
3. 处理所获信息，按要求列表呈现。

实训步骤

参训人员分组→确定每组调查企业类别→每组确定组长，组长组织安排确定调查工作计划与实施方案，按实训任务及计划要求进行分工→利用计算机与网络资源搜索所要信息→各组按调查目标要求整理组员所搜集信息→列表说明相关内容。

实训结果呈现方式

1. 各组调查计划与实施方案。
2. 组长、组员分工与任务安排，组员所获信息及信息来源说明。
3. 各组对每一类企业经营目标、物流服务范围、物流服务流程、组织架构设置与岗位设置；各岗位人员工作任务与目标要求，人员职业能力与知识要求的归纳表。

实训效果评价

1. 调查计划与实施方案：完整、可执行性强。
2. 组员所获信息：符合或达到计划要求、全面并标注来源。
3. 各组对每类企业相关信息归纳（按要求格式、条目）列表呈示：信息归纳简洁、明确。

实训1.2 不同类别药品物流企业调查结果的比较

实训目标

1. 通过不同类别药品物流企业的比较，了解不同类别药品物流企业（含承担物流服务职能部门）在经营目标、物流服务范围、物流服务流程、组织架构设置与岗位设置；各岗位人员工作任务与目标要求，人员职业能力与知识要求上的异同。
2. 通过比较同类别处于不同发展阶段（主要以药品物流作业与管理的现代化程度高低判断）的物流企业物流服务能力及对从业人员职业能力、知识水平要求的区别，进一步明确企业处于不同发展阶段对从业人员职业能力与知识水平要求不一样，明确企业与药品物流行业的发展方向，为个人职业发展规划提供参考。

实训方法

1. 在实训1.1调查结果的基础上，教师指导各组将调查结果展示呈现（可以PPT加口头陈述或其他形式表现）。
2. 教师指导不同类别组两两进行比较，列出不同类别药品物流企业在经营目标、物流服务范围、物流服务流程、组织架构设置与岗位设置；各岗位人员工作任务与目标要求，人员职业能力与知识要求上的异同（列表呈现）。
3. 教师指导同类别组两两进行比较，列出同类别处于不同发展阶段的药品物流企业在物流服务能力、各岗位人员工作任务与目标要求，人员职业能力与知识要求上的不同（列表呈现）。

实训步骤

参训人员按组准备呈现实训1.1的结果→每组呈现各组的调查结果→在教师指导下不同类别企业进行两两比较，每两组之间列表说明比较结果（异同列表呈现）→教师评述比较结果，重点说明不同类别药品物流企业在各方面的相同之处，提醒学员们在以后的学习过程中要重点注意企业的共同需求→在老师指导下对同类别处于不同发展阶段的药品物流企业进行两两比较，每两组之间列表说明比较结果（不同之处列表呈现）→教师评述比较结果，重点说明同类别处于不同发展阶段的药品物流企业在各方面的不同之处，提醒学员们在以后的学习过程中要重点注意处于不同发展阶段企业的不同需要及药品物流企业的发展方向，为自身以后职业规划提供参考。

实训结果呈现方式

1. 各组实训1.1调查结果的呈现（可多种方式）。
2. 不同药品物流企业比较结果（异同表）。
3. 同类但处于不同发展阶段药品物流企业比较结果（不同之处列表）。

实训效果评价

1. 以实训 1.1 的结果对不同药品物流企业比较：通过比较了解异同，列表说明。达到理解药品物流企业共同点及差异性的目标。

2. 同一企业处于不同发展阶段药品物流企业比较：通过比较了解药品物流企业的一般发展历程，特别是企业所处发展阶段不同对人力资源能力要求的不同，理解不同发展阶段的企业对从业人员职业能力要求有所区别，为学生以后学习、择业、选择企业奠定基础。

第 2 章

药品分类、编码与电子监管码

【学习内容】

药品分类、编码、药品电子监管码

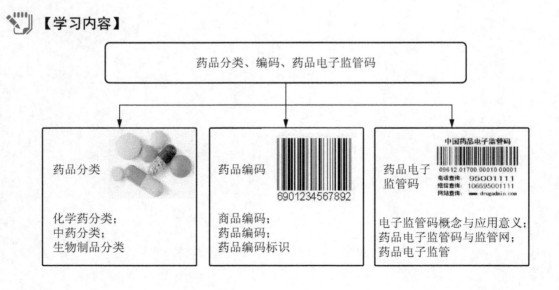

药品分类
- 化学药分类；
- 中药分类；
- 生物制品分类

药品编码
- 商品编码；
- 药品编码；
- 药品编码标识

药品电子监管码
- 电子监管码概念与应用意义；
- 药品电子监管码与监管网；
- 药品电子监管

【学习目标】
（1）了解来源广泛、质量特性复杂多样、类别品种繁多的药品如何分类及应用。
（2）熟悉按不同管理需要构建的药品分类体系、分类目录的组成及其应用。
（3）能通过药品分类体系及目录查询不同类别药品的质量特性，法律、法规的管理要求，每类药品流通渠道及对应的物流活动特点，为学习各类药品的物流作业与管理奠定基础。
（4）熟悉药品编码规则、编码结构与含义、编码标识表示方法及其应用。
（5）熟悉药品电子监管码编码结构与含义、编码标识表示方法及其在电子监管中的应用。

【导入案例】

药品即将进入"电子监管时代"

国家《关于基本药物进行全品和电子监管工作的通知》规定，在继麻醉药品、精神药品、血液制品、疫苗、中药注射剂之后，307 种基本药物也将全面纳入电子监管的范围。药品电子监管的实施已从重点药品普及至基本药品，我国基本药物目录药品即将进入"电子监管时代"。实施药品电子监管，企业要完成的主要任务有 3 个：一是下载电子监管码；二是将电子监管码附着到产品上；三是将使用的电子监管码及相关信息上传至全国电子监管码平台中心，以实现查询功能。

（资料来源：http://info.pharmacy.hc360.com/zt/dzjgm/index.shtml.）

案例思考：
（1）什么是麻醉药品、精神药品、血液制品、疫苗、中药注射剂、国家基本药物？
（2）药品为什么要分类？如何分类？分类结果如何表示？
（3）什么是药品电子监管码？国家为何制定法规推进实施药品电子监管？实施药品电子监管有何作用？
（4）药品供应链上企业及行政管理与技术监督机构要做什么才能实现药品电子监管目标？

2.1 药品分类基础知识

2.1.1 药品分类概述

1．药品分类的概念

药品分类是根据一定的管理目的，为了满足药品生产、流通、消费活动的全部或部分需要，选择适当的药品属性或特征作为分类标志，将一定范围内的药品集合体科学、系统地逐次由大到小划分成不同类别的过程。

2．药品分类的意义和作用

通过药品分类，可以将成千上万种药品在生产、交换、流通中，应用科学的方法进行条理化、系统化，以实现药品使用的合理化和流通管理的现代化。药品分类对发展生产、促进流通、满足消费、提高现代管理水平等有着重要作用。具体作用表现如下：

（1）药品科学分类有助于国民经济各部门的各项管理的实施。

（2）药品分类有助于药品商业经营管理。

（3）药品分类是实行现代化管理的前提。

（4）药品分类有利于了解各类药品的质量特性并按类别实施质量管理、质量监督。

（5）药品分类可促进药品质量特性研究与提高药品经营管理的教学工作。

3．药品分类应考虑的因素

（1）国家药品管理法律法规要求和质量监管要求。

（2）药品质量特性。

（3）必须明确要分类的药品所包括的范围。

（4）药品分类要有利于药品生产、流通、使用管理的需要，并保持药品分类上的科学性。

（5）选择的分类依据要适当。

（6）应具有科学的系统性。

4．药品分类的基本原则

（1）科学性原则。

分类目的和要求要明确，拟分类对象的范围应准确界定。分类对象的名称是唯一的，要防止出现概念不清或一词多义的现象。选择分类对象最稳定的本质属性或特征作为分类依据，使其能真正反映该分类对象有别于其他分类对象的本质特征，确保药品分类体系的唯一性和稳定性。

（2）系统性原则。

以分类对象的稳定本质属性或特征为基础，将选定的分类对象，按照一定的顺序排列，每个分类对象在这个序列中都占有一个位置，并反映出它们之间既有联系又有区别的关系。

（3）可延性原则。

在建立分类体系时，应该设置收容类目，留有足够的空位，以便安置新出现的药品而又不会打乱已建立的分类体系或将原分类体系推倒重来。同时，也为低层级的分类子系统在此分类体系基础上进行的延拓和细化创造条件。

（4）兼容性原则。

兼容性原则是指相关的各个分类体系之间应具有良好的对应与转换关系。在建立新的分类体系时，要尽可能与原有分类体系保持一定的连续性，使相关的分类体系之间能相互衔接和协调，同时考虑与国际通用的分类体系对应和协调，以利于推广应用，便于信息的查询、对比和交流。随着商品编码系统和商品信息技术的不断发展和完善，对于分类原则和类目设置的标准化要求越来越严格，这样有利于满足不同分类和编码体系之间的信息交换。

（5）整体最优化原则。

分类时应首先强调管理系统的整体经济和社会效益的最优化，要求各管理子系统要局部服从整体。在满足管理系统总任务、总要求的前提下兼顾各管理子系统在分类上的要求、实际需要和利益。

2.1.2 药品分类标志

1. 药品分类标志的概念

药品分类标志是表明药品特征、用以识别药品不同类别的记号，是编制药品分类体系和药品目录的重要依据和基准，如药品的物理状态、剂型特征、给药途径、有效成分等。

2. 药品分类标志选择原则

可供选择的药品分类标志很多，选择时应遵循以下基本原则：

（1）适用性原则。选择分类标志必须考虑满足部门或企业对药品管理的目的和需要。

（2）稳定性原则。药品具有本质的和非本质的多种属性特征，应选择药品最稳定的本质属性特征作为分类标志，以保证能区分明确、分类清楚和分类体系的相对稳定。

（3）唯一性原则。在药品分类时，同一层级范围内，只能采用一种分类标志，以确保每种药品只能出现在一个类别中，不能在分类体系或目录中重复出现。

（4）逻辑性原则。在分类体系或目录中，上一层级的分类标志与其下一层级分类标志之间应存在有机联系。每个下一层级分类标志应该是其上一层级分类标志的合乎逻辑的继续和具体化。

（5）包容性原则。分类标志的选择要能够包括分类体系或目录的全部药品，并有不断补充新药品的余地。

3. 常用药品分类标志

（1）药品的用途。药品的用途与消费者的需要密切相关，是体现药品使用价值的重要标志，也是探讨药品质量和品种的重要依据。以药品用途作为分类标志，便于分析和比较同一用途药品的质量和性能，利于生产企业改进和提高药品质量，也便于经营者按需对口经营，消费者按需进行选购，医生与药剂师对患者进行用药指导。但对多用途药品，不宜选用此分类标志，如复方中成药。

（2）药品的有效成分。药品的有效成分是形成药品质量并直接影响药品质量变化的基本因素，它决定药品的性能、用途、质量或储运条件。按药品有效成分对药品进行分类，对深入研究药品性能和质量、储运条件及使用方法均有重要意义。但对有效成分比较复杂或易发生变化的药品不宜选用此分类标志，如动物来源中药阿胶、龟板胶。

（3）药品的制备工艺。药品的制备工艺直接参与药品质量和药品品种的形成过程，是决定药品质量和品种的重要因素。同一用途的药品虽然使用相同的原材料，但由于加工工艺不同，其性能特征会有差异。用制备工艺作为药品分类标志，对那些可以选用多种工艺生产且性能和品种特征受其影响较大的药品更为合适，能够直接反映药品品种特征，如丹参滴丸和丹参注射液（图 2.1 所示为丹参原植物及其制剂）。对那些虽然加工工艺不同，但成品性能特征不会产生实质性区别的药品，则不宜采用此种分类标志，如退热片与退热散。

（4）药品剂型。药品剂型不同，除制备工艺不同外，药品的给药途径，药品在体内释放部位、起效时间、持续作用时间均有不同，如肠溶衣片。药品剂型决定药品的性能、用途、质量或储运条件。

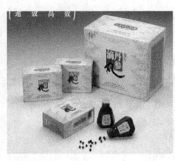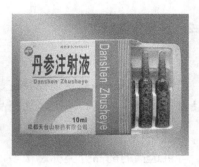

图 2.1 丹参原植物及其制剂

【知识拓展】

肠溶衣片

普通药片的崩解部位是在胃里。吞进口腔的药片和食物一样，先进到胃里，再进入肠道。普通药片到胃后，因胃酸的浸泡和胃壁的蠕动，药片溶解溃散成为粉末，相当于食物的"消化"；大部分稍后会进入到肠道，并逐渐被吸收。这就是药片的吸收过程。药物和胃壁的亲密接触，会造成胃不适（如恶心、呕吐、上腹部不适或疼痛），而长期或大剂量的使用甚至会使胃出血或溃疡。现在很多药物都做成了肠溶衣片，避开或减少药物与胃的接触，就是这个原因。例如，预防血栓的小剂量阿司匹林需长期服用，也只有做成肠溶衣片，或其他肠溶类型的制剂（胶囊、微粒）。肠溶衣片是通过在药片片芯上包裹一层抗酸的膜（即包衣）来实现。常用包衣材料有邻苯二甲酸乙酸纤维素。邻苯二甲酸乙酸纤维素在酸水中不溶，且更紧紧地团在一起，使胃酸对包衣中的药片无可奈何。而在药片随食物进到肠中后，由于中性的环境，包衣完成使命，膜溶解后药片崩解、释放出药物，被吸收后发挥作用。在阿司匹林肠溶衣片的药品说明书的"注意事项"就写明了："必须整片吞服，不得碾碎或溶解后服用。"

（资料来源：阿司匹林肠溶衣片的药品说明书.）

（5）药品的产地。药品中的中药材和中药饮片，产地不同，受其地理、气候条件、原料质量、加工方法、人文因素影响，均存在一定的差异，甚至差异很大，这就使同类药品表现出不同的质量、品性、外观、口感、味道及疗效。某些药品的产地甚至成为该类药品品质的代名词，如春砂仁、广陈皮、广藿香、化橘红等。

【知识拓展】

广东地道药材

图 2.2 为广东各种地道药材。

春砂仁：广东省阳春市特产。阳春砂为半遮荫植物，以花及果实入药，是一种常用的、贵重的中药，可化湿开胃，温脾止泻，理气安胎。用于脾胃虚寒、食积不消、呕吐泄泻、妊娠恶阻、胎动不安。与蜂蜜等名贵中药材精制而成春砂健维宝。

广陈皮：广东省江门市新会区所产的大红柑的干果皮，为新会著名特产。味苦、辛，性温。有理气、健脾、燥湿、化痰功能。用于胸脘胀满、嗳气呕吐、食欲不振、咳嗽痰多。

广藿香：按产地不同分石牌广藿香及海南广藿香。有芳香化湿和胃止呕、祛暑解表等功效。常用制剂有藿香正气丸。

化橘红：广东省化州产芸香科植物化州柚或柚的未成熟或近成熟的干燥外层果皮。橘红功能理气化痰、健胃消食，用于脾胃气滞所致脘腹胀满，疼痛，恶心呕吐，不思饮食之症。常用药品有橘红痰咳煎膏、口服液等。

图 2.2　广东地道药材

 2.2　药品分类方法与分类体系

2.2.1　药品分类方法概述

药品分类的常用方法为线分类法。将分类对象按照选定的若干分类标志，逐次地分成若干层级，每个层级分成若干类目，排列成一个有层次的、逐级展开的分类体系（图 2.3 所示为线分类体系）。在这个分类体系中，被划分的类目称为上位类；划分出来的下一级类目称为下位类。由同一个类目直接划分出来的所有下一级类目，彼此互为同位类。上位类与下位类目之间构成隶属关系，同位类目之间构成并列关系（图 2.4 所示为药品分类体系实例：第一层对所有药品按药品剂型的物理状态分类，分成固体、液体、半固体、气体剂型；第二层对固体制剂按剂型不同分为丸剂、胶囊、片剂等；第三层对胶囊剂按胶囊囊材的软硬分硬胶囊和软胶囊等；针剂按溶媒不同分为水针和油针）。线分类法的优点是信息容量大，层次性好，逻辑性强，符合传统应用习惯，既方便手工处理又适应计算机处理。其缺点是结构弹性差，分类结构一经确定，不易改动，故采用线分类法编制药品分类目录时，必须留有足够的后备容量。

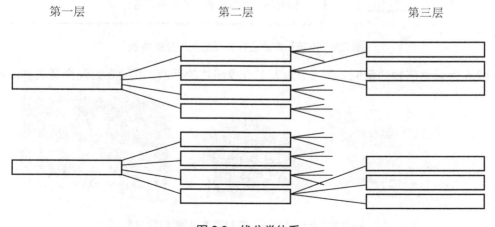

图 2.3　线分类体系

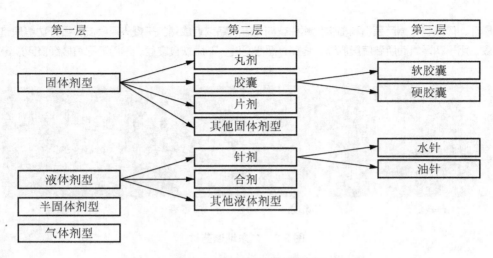

图 2.4　药品线分类体系实例

2.2.2　不同分类依据下的药品分类体系

根据药品法律、法规要求，药品质量特性，药品生产、流通、使用过程管理需要，采用线分类方法，合理选择分类标志，对药品进行科学合理的分类，构建分类体系，形成各类药品目录。

1. 根据药品来源对所有的药品进行分类

根据药品来源对所有的药品进行分类，分类结果如图 2.5 所示。

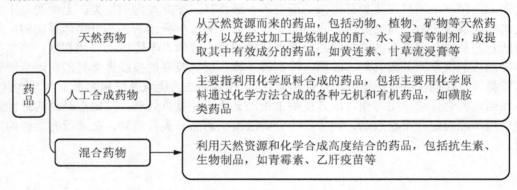

图 2.5　按药品来源进行分类的药品分类体系

图 2.6 为天然药物的示例，图 2.7 为人工合成药物的示例，图 2.8 为混合类药物的示例。

图 2.6　天然药物——药材黄连及黄连素制剂

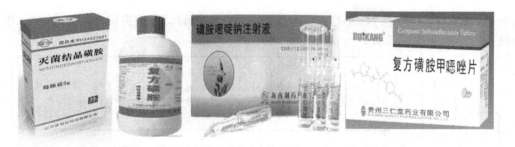

图 2.7 人工合成药物——磺胺类药物制剂

图 2.8 混合类药物——青霉菌、青霉素及其制剂

2．根据药品制剂工艺、制剂的形式与给药途径对制剂类药品进行分类

根据药品制剂工艺、制剂的形式与给药途径对制剂类药品进行分类，分类结果如图 2.9 所示。

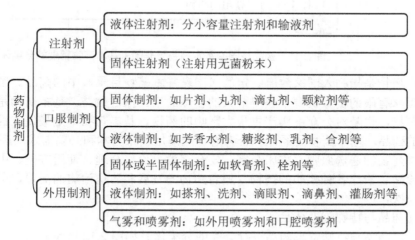

图 2.9 按药品制剂工艺、制剂形式与给药途径分类的制剂类药品分类体系

3．根据药品管理要求分类

（1）处方药与非处方药。

药品按处方药与非处方药分类管理的分类体系如图 2.10 所示。

按国际通行的药品分类管理办法，根据药品的安全性、有效性原则，依其品种、规格、适应证、剂量及给药途径等的不同，将药品分成处方药（R_x）与非处方药（OTC）并进行不同的管理。处方药和非处方药不是药品本质的属性，而是管理上的界定。其中OTC又根据其安全性不同分为甲类、乙类。

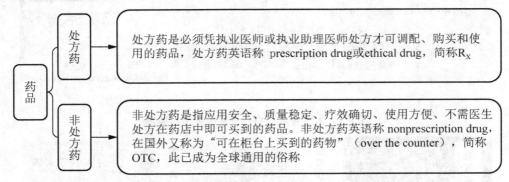

图2.10　药品按处方药与非处方药分类管理的分类体系

（2）国家基本药物与非国家基本药物。

药品按国家基本药物与非国家基本药物管理的分类体系如图2.11所示。

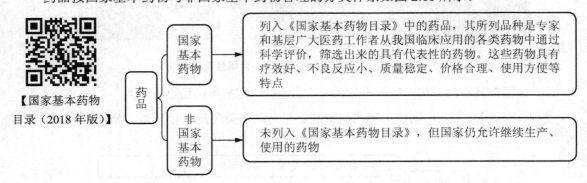

图2.11　药品按国家基本药物与非国家基本药物管理的分类体系

国家基本药物是指列入国家政府制定的《国家基本药物目录》中的药品。制定该目录的目的是要在国家有限的资金资源下获得最大的合理的全民保健效益。基本药物是公认的医疗中的基本的药物，也是对公众健康产生最大影响的药物。基本药物不是最便宜的药品，但可以说是最好的药品。基本药物是经过综合考虑，能满足临床基本和必要需求的药品。

国家基本药物的遴选原则：临床必需、安全有效、价格合理、使用方便、中西药并重，包括预防、诊断、治疗各种疾病的药物。随着药物的发展和防病治病的需要，国家基本药物每两年调整一次。

（3）普通药品与特殊管理药品。

药品按普通药品与特殊管理药品进行分类的分类体系如图2.12所示。

根据药品质量特性及其管理、使用不当对社会的影响，特别是对消费者生命安全与健康影响较大的药品，制定相应的管理法规实施分类管理，以保障药品使用安全有效，不对社会造成危害，如精神药品、麻醉药品、医疗用毒性药品、放射性药品列入特殊管理药品范围，对其研发、生产、流通、使用过程，实施特殊管理。而那些毒性较小、不良反应较少、安全范围较大、技术含量不高，市场上有多家生产企业生产或销售，产品进入市场比较容易，价格较低，临床已形成固定的用药习惯的且已经广泛使用或使用多年的常规药品，如葡萄糖，称为普通药品。

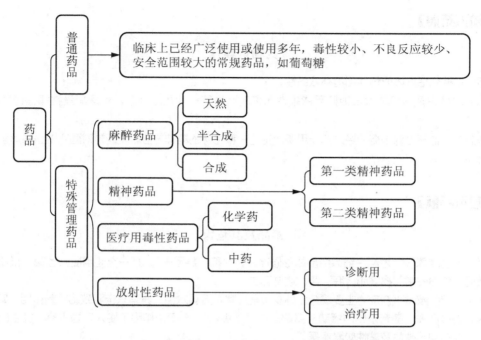

图 2.12 药品按普通药品与特殊管理药品进行分类的分类体系

其中特殊管理药品具体分类如下：

① 麻醉药品。具有依赖性潜力，不合理使用或者滥用可以产生身体依赖性和精神依赖性（即成瘾性）的药品、药用原植物或者物质，包括天然、半合成、合成的阿片类、可卡因、大麻类等。

【知识拓展】

麻醉药品与依赖性

麻醉药品是指连续使用易产生身体依赖性，能成瘾癖的药品。麻醉药品连续使用产生身体依赖性的特征是：强迫性地要求连续用药，并且不择手段地去搞到药品；由于耐受性，有加大剂量和增加使用次数的趋势；停药后有戒断症状（精神烦躁不安、失眠、肌肉震颤、心率加快、呕吐、腹泻、散瞳、流涕、流泪、出汗等）；对用药者本人及社会产生危害。

（资料来源：http://www.sfda.gov.cn/WS01/CL0844/26026.html.）

② 精神药品。作用于中枢神经系统使之兴奋或者抑制，具有依赖性潜力，不合理使用或者滥用可以产生药物依赖性的药品或者物质，包括兴奋剂、致幻剂、镇静催眠剂等。精神药品根据药品安全性与管理要求不同，又分为第一类精神药品和第二类精神药品，实施分类管理。国产的第一类精神药品有三唑仑、司可巴比妥、马吲哚、氯胺酮、丁丙诺啡等；国产常用的第二类精神药品品种有咖啡因、安钠咖、巴比妥、异戊巴比妥、阿普唑仑、苯巴比妥、匹莫林、硝西泮、咪达唑仑、甲丙氨酯等。

【知识拓展】

药物依赖性

药物依赖性包括躯体依赖性和精神依赖性。

躯体依赖性主要是机体对长期使用依赖性药物所产生的一种适应状态，包括耐受性和停药后的戒断症状。

精神依赖性指药物对中枢神经系统作用所产生的一种特殊的精神效应，表现为对药物的强烈渴求和强迫性觅药行为。

【知识拓展】

毒品及其危害

冰毒：甲基苯丙胺，为纯白细微结晶体形似冰块，又称"毒品王"。第一次使用便会上瘾。长期使用导致情绪低落，精神失常，损害心、肝、肾，甚至死亡。

摇头丸：苯丙胺类兴奋剂为主要成分。外观多呈片状，五颜六色。具有兴奋和致幻双重作用，吸食后，兴奋活跃，整夜狂舞，随音乐剧烈摆动头部，故称"摇头丸"，在幻觉作用下使人行为失控，发生自残与攻击行为，诱发精神分裂症及急性心脑疾病。

麻古：泰语的音译，属苯丙胺类兴奋剂，主要成分是甲基安非他明和咖啡因。毒品均为圆形。片剂，黄连素药片大小，呈玫瑰红、浅橘红、深橘红、苹果绿，上面印有"R""WY""66""888"标记。具有很强的成瘾性。服用后会使人体中枢神经系统、血液系统极度兴奋，能大量耗尽人的体力。长期服用会导致情绪低落及疲倦，精神失常，损害心脏、肾和肝，严重者甚至死亡，还有呈现健谈、性欲亢进等生理上的异常反应。因其迷幻作用又称"唠嗑药""抢劫药""性犯罪药"，极易被犯罪分子所利用。

K粉：氯胺酮，是医疗上使用静脉全麻药，形似白色结晶性粉末，故名K粉。K粉滥用可以采取气雾法摄取、口服、静脉注射、肌肉注射、鼻吸等多种方式。K粉具有很强的依赖性，一般人只要足量接触二、三次即可上瘾。鼻吸5~10分钟可产生轻微的做梦感，摄取100毫克可以产生自我感觉良好、幻觉、漂浮感。K粉对人体的危害，一是轻微的做梦感和漂浮感，重者出现幻觉、妄想、行为异常，记忆减退。二是引起高血压、心率加快。吸食反应：服药开始时身体瘫软，一旦接触到节奏狂放的音乐，便会条件反射般强烈扭动、手舞足蹈，"狂劲"一般会持续数小时甚至更长，直到药性渐散身体虚脱为止。吸食危害：服用后会产生意识与感觉的分离状态，导致神经中毒反应、幻觉和精神分裂症状，表现为头昏、精神错乱、过度兴奋、幻觉、幻视、幻听、运动功能障碍、抑郁，以及出现怪异和危险行为。同时对记忆和思维能力都造成严重损害。

咖啡因：从茶叶、咖啡果中提炼出来的生物碱。适度地使用有祛疲劳、兴奋神经的作用。滥用方式包括吸食、注射。大剂量长期使用会对人体造成损害，引起惊厥，导致心律失常，诱发消化性肠道溃疡，可导致吸食者下一代智能低下、肢体畸形，同时具有成瘾性，一旦停用会出现精神萎顿、浑身困乏疲软等各种戒断症状。

安纳咖：苯甲酸钠咖啡因，长期使用可产生与咖啡因相似的药物依赖性和毒副作用。

麦角乙二胺：服用后会产生幻视、幻听和幻觉，出现惊惶失措、思想迷乱、疑神疑鬼、焦虑不安、行为失控和完全无助的精神错乱的症状。同时会导致失去方向感、辨别距离和时间的能力，因而导致身体严重受伤甚至死亡。

γ-羟丁酸：又称"液体迷魂药"或"G"毒，是一种无色、无味、无臭的液体。使用后可导致意识丧失、心率缓慢、呼吸抑制、痉挛、体温下降、恶心、呕吐、昏迷或其他疾病发作。与酒精等其他中枢神经抑制剂合用可出现恶心和呼吸困难，甚至死亡。常被犯罪分子利用实施性犯罪。

（资料来源：http://www.mps.gov.cn/n16/n80209/index.html.）

③ 医疗用毒性药品。毒性剧烈、治疗剂量与中毒剂量相近，使用不当或超过极量会引起严重中毒反应，甚至死亡的药品。根据其来源不同常分为化学药品类与中药类毒性药品。

④ 放射性药品。用于临床诊断或者治疗用的放射性核素制剂或者其标记药物，分诊断、治疗用两大类。

4．根据药品对储运环境温度条件的要求分类

按药品贮藏温度要求分类的分类体系如图 2.13 所示。

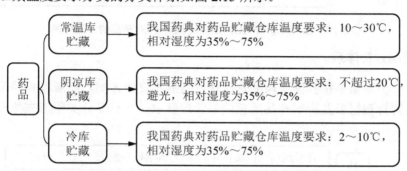

图 2.13　按药品贮藏温度要求分类的分类体系

按药品贮藏温度将药品分为常温、阴凉、冷藏药品，此分类适用于药品物流人员进行药品储存库区及储位、运输工具的选择。

5．根据传统药品保管习惯分类

针对繁多的药品，将质量特性中保管养护措施相近的药品归入同一大类，形成针、片、水、粉四大类，如图 2.14 所示。这样分类方便药品保管员对在库药品开展分类保管与质量维护工作。

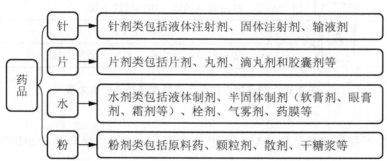

图 2.14　按药品仓库传统分类习惯的分类体系

6．根据药品制备与使用指导理论不同分类

按药品制备与使用指导理论不同对药品的分类体系如图 2.15 所示。

7．其他分类

按药品临床用途分类，适于药品销售管理、零售现场药品陈列与临床使用；按组成药品的化学成分分类，适于药品的在库管理与质量维护、临床医生的用药选择与药剂师对患者的用药指导等。

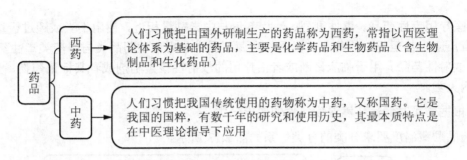

图 2.15　按药品制备与使用指导理论不同对药品的分类体系

2.2.3　常用药品分类体系

常用药品分类体系是按我国《药品管理法》药品定义中各类药品所包含的范围、药品供应链上企业运营管理需要及国家药品质量监督管理要求，对药品分类所形成的分类体系，如图 2.16 所示。

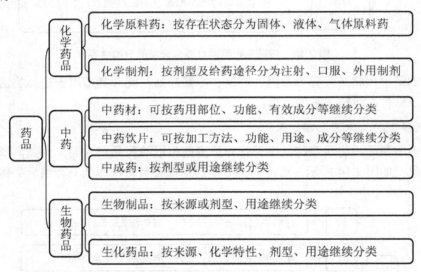

图 2.16　药品供应链各环节最常用药品分类体系

1. 化学药品

根据药品的形态及在药品供应链中应用环节的不同，将化学药品分为化学原料药与化学制剂。

（1）化学原料药。

化学原料药是药品生产企业用于制备各种化学制剂的原料。可按原料药的存在状态分为固体、液体、气体三大类，方便药品生产企业物料管理员及生产人员对原料药进行管理；按其来源可分为天然、半合成、全合成三大类，方便采购人员、物料管理人员对其进行管理。

（2）化学制剂。

化学制剂指人们有目的地并按一定质量标准，用化学方法，将原料药或中间体合成适合临床用药要求的且规定有适应症、用法和用量的药品。常用分类方法有如下几种。

① 按制剂形态分类：液体剂型，如溶液剂、注射剂等；固体剂型，如片剂、胶囊剂等；半固体剂型如软膏剂、凝胶剂等；气体剂型，如气雾剂、喷雾剂等。其特点是简单明了，有

一定实际意义。如形态相同时，制备、贮藏和运输方式比较接近；形态不同时，制剂起效的速率和作用时间往往不同，一般液体制剂起效最快，而固体制剂则起效较慢。不足之处是没有给出制剂的内在特性和给药途径的信息。按制剂形态对药品分类的各种剂型如图 2.17 所示（从左至右为液体、固体、半固体、气体剂型）。

图 2.17　按制剂形态对药品分类的各种剂型

② 按分散系统分类：溶液型、胶体溶液型、乳状液型、混悬液型、气体分散型、固体分散型。此分类法的特点是将所有的剂型看作分散系统，可以反映出制剂的分散状态，以及对制法的一般要求。适于药品生产人员及药品质量维护人员应用。不足之处是不能反映给药途径对制剂的要求，有时一种剂型由于辅料与制法的不同可能同时属于不同的分散系统，如注射剂就有溶液型、混悬型、乳状液型及固体分散型等。

③ 按给药途径分类：经胃肠道给药的剂型和不经胃肠道给药的剂型。后者又可下分为注射给药，如静脉注射、肌内注射、皮下注射和皮内注射等；呼吸道给药，如吸入剂、喷雾剂、气雾剂等；皮肤给药，如外用溶液剂、洗剂、搽剂、软膏剂、糊剂、贴剂等；黏膜给药，如滴眼剂、滴鼻剂、含漱剂、舌下片剂、栓剂、膜剂等（一般把直肠给药也归于黏膜给药一类，如灌肠剂、栓剂、直肠用胶囊等）。此分类法的特点是与临床使用关系比较密切，能反映给药途径对于剂型制备的特殊要求；缺点是一种制剂由于给药途径的不同，可能多次出现，如氯化钠溶液，可以是注射剂、滴眼剂、含漱剂或灌肠剂等。

2．中药

中药是以传统中医药理论为指导，并阐述其作用机理，应用于临床的药物，是中药材及其饮片和中成药的总称。

中药材是可供医疗应用（主要是供中医用）的原料药物，指未经精制的天然药物，包括动物、植物、矿物性原料药物。

中药饮片是指将原生药材经过炮制加工过程的制成品，主要用于中药方剂调配。两者均可直接入药，亦可作为制备中成药的原料药。

中成药是指以中药材或饮片为原料，以中医理论为指导，按规定配方和技术制成的中药剂型，常见剂型有膏剂、丹剂、丸剂、散剂、酒剂、胶剂、油剂、片剂、注射剂、搽剂、胶囊剂、滴丸剂、栓剂、微囊剂、静脉乳剂、气雾剂、膜剂、冲剂等。

根据其来源、制备工艺、用途、形态、化学成分等不同，各类中药常用分类体系如下。

（1）中药材与中药饮片。

① 按中药来源及药用部位不同分类。

A. 植物药又根据其药用部位分为植物的营养器官（含根、茎、叶，如葛根、人参、石斛、鸡血藤、桑叶、荷叶）、繁殖器官（花、果、种籽，如菊花、金樱子、马钱子）或全草（含真菌类的全株，如益母草、灵芝、黑木耳）。植物药药材及其入药部位如图 2.18 所示。

B. 动物药又根据其药用部位分为动物的组成部分（如鳖甲、鹿茸、墨鱼骨、桑螵蛸），动物分泌物（蜂房、蜂蜡）或排泄物（夜明砂），动物整体（如海马、僵蚕、蜈蚣、斑蝥）。动物药药材及其入药部位如图 2.19 所示。

C. 矿物药又按其药用有效部位分为阴离子（如碘化钠中的 I^-）、阳离子矿物药（如氯化钠中的 Na^+）。

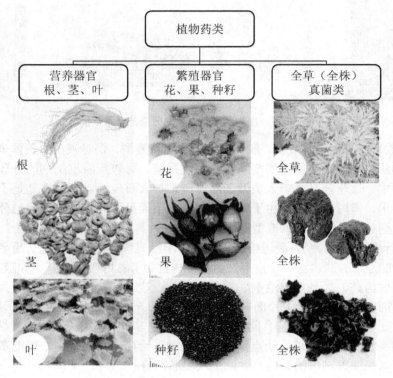

图 2.18　植物药药材及其入药部位

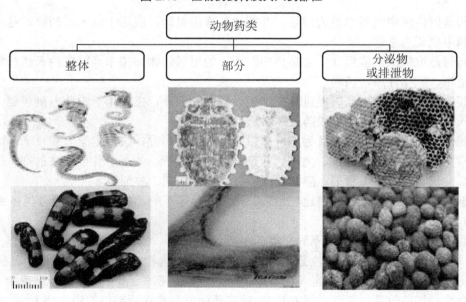

图 2.19　动物药药材及其入药部位

② 按中药的药理作用与功效分类。

A. 解表药类：凡能疏解肌表、促使发汗，用以发散表邪、解除表症的中药称为解表药，如麻黄、防风、细辛、薄荷、菊花、柴胡等。

B. 泻下药类：凡能引起腹泻或滑利大肠，促进排便的中药称为泻下药，如大黄、番泻叶、火麻仁、郁李仁等。

C. 清热药类：凡以清解里热为主要作用的中药称为清热药，如知母、栀子、玄参、黄连、金银花、地骨皮等。

D. 化痰止咳药类：凡能消除痰涎或减轻和制止咳嗽、气喘的中药称为化痰止咳药，如半夏、贝母、杏仁、桔梗、枇杷叶、罗汉果等。

E. 利水渗湿药类：凡以通利水道、渗除水湿为主要功效的中药称为利水渗湿药，如茯苓、泽泻、金钱草、海金沙、石苇等。

F. 祛风湿药类：凡以祛除肌肉、经络、筋骨风湿之邪，解除痹痛为主要作用的中药称为祛风湿药，如木瓜、秦艽、威灵仙、海风藤、海棠、雷公藤、络石藤、徐长卿等。

G. 安神药类：凡以镇静安神为主要功效的中药称为安神药，如酸枣仁、柏子仁、夜交藤、远志等。

H. 活血祛瘀药类：凡以通行血脉、消散瘀血为主要作用的中药称为活血祛瘀药，如鸡血藤、丹参、川芎、牛膝、益母草、红花、西红花等。

I. 止血药类：凡具有制止体内出血作用的中药称为止血药，如三七、仙鹤草、地榆、小蓟、白茅根、藕节、断血流等。

J. 补益药类：凡能补益人体气血阴阳不足，改善衰弱状态，以治疗各种虚症的中药称为补益药，如人参、西洋参、党参、黄芪、当归、白术、沙参、补骨脂、女贞子、绞股蓝等。

K. 治癌药类：凡用于试治各种肿瘤、癌症，并有一定疗效的中药，称为治癌药，如长春花、喜树、茜草、白英、白花蛇舌草、半枝莲、龙葵、天葵、藤梨根、黄独、七叶一枝花等。

③ 按中药的化学成分分类。按中药的化学成分分类，中药可分为生物碱类、黄酮类、苷类、香豆素类、挥发油类、糖类、蛋白质和氨基酸类、有机酸类、鞣质类、树脂类等。按化学成分分类便于学习和研究中药的有效成分和进行理化分析，利于研究有效成分与疗效的关系，方便药品在库质量维护。

④ 按中药材和饮片的等级、规格分类。中药材和饮片在进入流通市场时还按质量的优劣、产地的不同、采收季节等划分规格与等级，以便制订相应的销售价格。

A. 按中药材与饮片的产地不同分类。例如，麦冬分"杭麦冬"与"川麦冬"。

B. 按采集时间不同分类。因为采收时间不同，质量差异较大，中药商品常以此划分不同的规格。例如，三七分"春三七""冬三七"两种规格，前者于花前采收，体重质坚，质优；后者于果熟后采收，体较轻泡，质较次。

C. 按产地加工方法不同分类。例如，附子划分为"盐附子"和"附片"两类。

D. 按药材的外部形态不同分类。有些药材的外部形态或完整程度不同，其商品规格也不同。例如，浙贝母分为"大贝"和"珠贝"两种规格；川贝母依外部形态分为松贝、青贝、炉贝三种规格，其中松贝质量优于青贝、炉贝。

E. 按药材的重量或大小分类。单个药材的大小和轻重与其质量有密切关系。通常个大体重者质优，个小体轻者质次。例如，天麻每千克26支以内为一等，46支以内为二等。

F. 按药用部位的不同疗效分类。例如,当归按药用部位疗效差异分为"全归"和"归身";桑科植物桑树有"桑叶""桑枝""桑椹""桑白皮"。

G. 按药材的来源分类。有些药材因来源科、属、种不同,内在质量和形态不一,据此划分等级。例如,麻黄分为"草麻黄"与"木麻黄";葛根又分为"野葛"与"甘葛"。

(2) 中成药。

① 按中成药的剂型不同分类。此法突出药品剂型特点。在传统中成药的给药形式,如丸、散、膏、丹、酒、露、茶、锭剂剂型基础上,应用现代化学制剂的制备工艺与现代化的制药设备拓展中成药的剂型以适应临床用药需要。

② 按中成药的功效分类。此法突出药品的功能,适于临床给药及零售环节的商品陈列应用。

③ 按中成药治疗的病症分类。此法突出药品的功能,适于临床中医对症给药。

3. 生物药品

生物药品是利用生物体、生物组织或其成分,综合应用生物学、生物化学、微生物学、免疫学、物理化学和药学的原理和方法进行加工和制造而成的一大类预防、诊断和治疗疾病的药品。通常包括生物制品和生化药品及其相关的生物医药产品(包括从动植物和微生物中直接制取的各种天然生理活性物质和人工合成或半合成的天然物质类似物)。

(1) 生化药品。

生化药品通常按其化学本质与化学特性分类。

① 氨基酸及其衍生物类。包括天然氨基酸和氨基酸混合物及氨基酸衍生物。

② 多肽和蛋白质类。多肽有催产素、降钙素、胰高血糖素;蛋白质有血清白蛋白、球蛋白、胰岛素等。

③ 酶与辅酶类。酶按其功能可分成消化酶类、消炎酶类、心脑血管治疗酶类、抗肿瘤酶类、氧化还原酶类等。辅酶种类繁多,结构各异,一部分也属于核酸类药品。

④ 核酸及其降解物和衍生物类。包括DNA、RNA、多聚核苷酸、单核苷酸、核苷、碱基等。人工化学修饰的核苷酸、核苷、碱基等的衍生物,如5-氟尿嘧啶、6-巯基嘌呤。

⑤ 糖类。以粘多糖为主,如硫酸角质素、硫酸软骨素和透明质酸。

⑥ 脂类。主要是脂肪和脂肪酸类、磷脂类、胆酸类、固醇类、卟啉类。

⑦ 维生素。有水溶性维生素C及B族维生素,脂溶性维生素A、D、E。

(2) 生物制品。

生物制品通常按所采用的材料来源、制法或用途不同分类。

① 按来源、化学结构、制备方法和用途不同分类。

A. 疫苗类。又按来源及预防疾病的不同分为以下4类。细菌类疫苗,如卡介苗,一种用来预防儿童结核病的预防接种疫苗;病毒类疫苗,如重组乙型肝炎疫苗,一种用来预防乙型肝炎的疫苗;脊髓灰质炎疫苗,俗称"糖丸",一种用来预防儿童小儿麻痹症的疫苗;类毒素疫苗,如破伤风类毒素,破伤风梭菌产生的外毒素,经处理可预防破伤风;联合疫苗,如麻疹与风疹疫苗。

B. 抗体类。又分为多克隆抗体(如破伤风抗毒素,含特异性抗体,具有中和破伤风毒素的作用,可预防和治疗破伤风梭菌感染),单克隆抗体(如人乙型肝炎免疫球蛋白、人狂犬病免疫球蛋白),基因工程抗体(如抗人膀胱癌噬菌体单链抗体)。

C. 血液制品类。又分为血浆（如新鲜冷冻血浆、普通冷冻血浆），血细胞成分（红细胞、白细胞），血浆蛋白（如白蛋白、免疫球蛋白），血液代用品（如血浆代用品、红细胞代用品），全血。

D. 细胞因子类。如基因工程白细胞介素、促红细胞生成素、干扰素、肿瘤坏死因子、集落刺激因子、生长因子等。

E. 重组激素类。主要为多肽蛋白质激素，如重组人胰岛素、重组人生长激素。

F. 微生态制品。又称微生态调节剂，是指在微生态学理论指导下，用有利于人体的益生菌及其代谢产物或生长促进物质制成的制剂，如双歧杆菌、乳酸杆菌、酪酸梭菌等。

G. 其他生物制品。如组织制品，为衍化于人类细胞或组织的制品。

② 按制备方法和制剂物理性状不同分类。

A. 精制品。将原制品（一般为粗制品）用物理或化学方法除去无效成分，进行浓缩提纯制成精制品，如精制破伤风类毒素及抗毒素、精制人白细胞干扰素等。

B. 多联多价制品。一种剂型的成分包括几个同类制品者称多联制品。一种剂型的成分包括同一制品的不同群、型别者称为多价制品，如伤寒、副伤寒甲、乙三联菌苗和多价精制气性坏疽抗毒素等。

C. 混合制剂。一种剂型的成分包括不同类制品，同时可以起到预防几种疾病的作用，如百日咳菌苗、白喉和破伤风类毒素混合制剂等。

D. 冻干制品。冻干制品是将液体制品经真空冷冻干燥制成的固体制品。这类制品有利于保存、运输和使用，几乎所有活菌苗、减毒活疫苗都为冻干制品。

E. 吸附制品。吸附制品是在液体制剂中加入氢氧化铝或磷酸铝等吸附后制成的。这类制品具有延长刺激时间、增强免疫效果和减少注射次数及剂量等优点。

③ 按用途不同分类。

A. 预防疾病用生物制品。如疫苗类，在预防、控制人类传染病有着其他药品不可替代的作用。

B. 治疗用生物制品。如免疫血清——抗毒素、抗菌血清及抗病毒血清，一般用类毒素、细菌、病毒等特定抗原免疫马、牛、羊等动物，经采血、分离血浆或血清后精制而成，多为特异性免疫球蛋白，如白喉抗毒素、抗炭疽血清、抗狂犬病血清；血液制品——占治疗用生物制品的大部分，用于防止因病理或遗传缺陷所致的某种成分不足引起的疾病，常用有冻干人血浆、白蛋白、球蛋白、免疫球蛋白及凝血因子；免疫调节剂——可提高人体的非特异性免疫功能，以达到防病治病的效果，有细菌类免疫调节剂、细胞因子类制剂。

C. 诊断用生物制品。可根据临床诊断病源的不同分为细菌学诊断制剂、病毒学诊断制剂、免疫学诊断制剂；按在人体的使用部位分为体外与体内诊断试剂。

2.2.4 常用药品分类目录与应用

1. 《国家基本药物目录》

2018 年版《国家基本药物目录》已经发布。目录分为化学药品和生物制品、中成药、中药饮片 3 个部分。其中，化学药品和生物制品依临床药理学分类，共 417 个品种；中成药按功能分类，共计 268 个品种；中药饮法不列具体品种，用文字表述。化学药品、生物制品与中成药合计 685 个品种。目录中的化学药品和生物制品数量与世界卫生组织现行推荐的基本药物数量相近，并坚持中西药并重。

【知识链接】

《国家基本药物目录管理办法（暂行）》（节选）

第一条　基本药物是适应基本医疗卫生需求，剂型适宜，价格合理，能够保障供应，公众可公平获得的药品。政府举办的基层医疗卫生机构全部配备和使用基本药物，其他各类医疗机构也都必须按规定使用基本药物。

第二条　国家基本药物目录中的药品包括化学药品、生物制品、中成药。化学药品和生物制品主要依据临床药理学分类，中成药主要依据功能分类。

第三条　国家基本药物工作委员会负责协调解决制定和实施国家基本药物制度过程中各个环节的相关政策问题，确定国家基本药物制度框架，确定国家基本药物目录遴选和调整的原则、范围、程序和工作方案，审核国家基本药物目录，各有关部门在职责范围内做好国家基本药物遴选调整工作。委员会由卫生部、国家发展和改革委员会、工业和信息化部、监察部、财政部、人力资源和社会保障部、商务部、国家食品药品监督管理局、国家中医药管理局组成。办公室设在卫生部，承担国家基本药物工作委员会的日常工作。

第四条　国家基本药物遴选应当按照防治必需、安全有效、价格合理、使用方便、中西药并重、基本保障、临床首选和基层能够配备的原则，结合我国用药特点，参照国际经验，合理确定品种（剂型）和数量。

国家基本药物目录的制定应当与基本公共卫生服务体系、基本医疗服务体系、基本医疗保障体系相衔接。

第五条　国家基本药物目录中的化学药品、生物制品、中成药，应当是《中华人民共和国药典》收载的、卫生部、国家食品药品监督管理局颁布药品标准的品种。除急救、抢救用药外，独家生产品种纳入国家基本药物目录应当经过单独论证。

化学药品和生物制品名称采用中文通用名称和英文国际非专利药名中表达的化学成分的部分，剂型单列；中成药采用药品通用名称。

（资料来源：http://www.gov.cn/gzdt/2009-08/18/content_1395426.htm.）

2．《麻醉药品和精神药品品种目录》

这两类药品，目前的目录为2007年版（详见国家食品药品监督管理总局官网）。其中，麻醉药品目录包括123种麻醉药品，精神药品目录包括132种精神药品。

【知识链接】

《麻醉药品和精神药品管理条例》（节选）

第一条　为加强麻醉药品和精神药品的管理，保证麻醉药品和精神药品的合法、安全、合理使用，防止流入非法渠道，根据药品管理法和其他有关法律的规定，制定本条例。

第二条　麻醉药品药用原植物的种植，麻醉药品和精神药品的实验研究、生产、经营、使用、储存、运输等活动以及监督管理，适用本条例。麻醉药品和精神药品的进出口依照有关法律的规定办理。

第三条　本条例所称麻醉药品和精神药品，是指列入麻醉药品目录、精神药品目录（以下称目录）的药品和其他物质。精神药品分为第一类精神药品和第二类精神药品。

目录由国务院药品监督管理部门会同国务院公安部门、国务院卫生主管部门制定、调整并公布。

上市销售但尚未列入目录的药品和其他物质或者第二类精神药品发生滥用，已经造成或者可能造成严重社会危害的，国务院药品监督管理部门会同国务院公安部门、国务院卫生主管部门应当及时将该药品和该物质列入目录或者将该第二类精神药品调整为第一类精神药品。

第四条　国家对麻醉药品药用原植物以及麻醉药品和精神药品实行管制。除本条例另有规定的外，任何单位、个人不得进行麻醉药品药用原植物的种植以及麻醉药品和精神药品的实验研究、生产、经营、使用、储存、运输等活动。

第五条　国务院药品监督管理部门负责全国麻醉药品和精神药品的监督管理工作，并会同国务院农业主管部门对麻醉药品药用原植物实施监督管理。国务院公安部门负责对造成麻醉药品药用原植物、麻醉药品和精神药品流入非法渠道的行为进行查处。国务院其他有关主管部门在各自的职责范围内负责与麻醉药品和精神药品有关的管理工作。

省、自治区、直辖市人民政府药品监督管理部门负责本行政区域内麻醉药品和精神药品的监督管理工作。县级以上地方公安机关负责对本行政区域内造成麻醉药品和精神药品流入非法渠道的行为进行查处。县级以上地方人民政府其他有关主管部门在各自的职责范围内负责与麻醉药品和精神药品有关的管理工作。

（资料来源：http://www.sda.gov.cn/WS01/CL0784/23500.html.）

3.《医疗用毒性药品目录》

毒性药品管理品种目录，目前为1988年版（详见国家食品药品监督管理总局官网），包括毒性中药品种27种和毒药西药品种13种。

（1）毒性中药品种（27种）。

砒石（红、白）、砒霜、水银、生马钱子、生川乌、生草乌、生白附子、生附子、生半夏、生南星、生巴豆、斑蝥、青娘虫、红娘子、生甘遂、生狼毒、生藤黄、生千金子、生天仙子、闹羊花、雪上一枝蒿、白降丹、蟾酥、洋金花、红粉、轻粉、雄黄。

（2）毒性西药品种（13种）。

去乙酰毛花苷丙、阿托品、洋地黄毒苷、氢溴酸后马托品、三氧化二砷、毛果芸香碱、升汞、水杨酸毒扁豆碱、亚砷酸钾、氢溴酸东莨菪碱、士的宁、亚砷酸注射液、A型肉毒毒素及其制剂。

除亚砷酸注射液、A型肉毒毒素制剂以外的毒性药品西药品种是指原料药；中药品种是指原药材和饮片，不含制剂。毒性药品的西药品种士的宁、阿托品、毛果芸香碱等包括其盐类化合物。

【知识链接】

《医疗用毒性药品管理办法》（节选）

第二条　医疗用毒性药品（以下简称毒性药品），系指毒性剧烈、治疗剂量与中毒剂量相近，使用不当会致人中毒或死亡的药品。

毒性药品的管理品种，由卫生部会同国家医药管理局、国家中医药管理局规定。

第三条　毒性药品年度生产、收购、供应和配制计划，由省、自治区、直辖市医药管理部门根据医疗需要制定，经省、自治区、直辖市卫生行政部门审核后，由医药管理部门下达给指定的毒性药品生产、收购、供应单位，并抄报卫生部、国家医药管理局和国家中医药管理局。生产单位不得擅自改变生产计划，自行销售。

第四条　药厂必须由医药专业人员负责生产、配制和质量检验，并建立严格的管理制度，严防与其他药品混杂。每次配料，必须经两人以上复核无误，并详细记录每次生产所用原料和成品数，经手人要签字备查。所有工具、容器要处理干净，以防污染其他药品。标示量要准确无误，包装容器要有毒药标志。

第五条　毒性药品的收购、经营，由各级医药管理部门指定的药品经营单位负责；配方用药由国营药店、医疗单位负责。其他任何单位或者个人均不得从事毒性药品的收购、经营和配方业务。

第六条 收购、经营、加工、使用毒性药品的单位必须建立健全保管、验收、领发、核对等制度;严防收假、发错,严禁与其他药品混杂,做到划定仓间或仓位,专柜加锁并由专人保管。

毒性药品的包装容器上必须印有毒药标志,在运输毒性药品的过程中,应当采取有效措施,防止发生事故。

第七条 凡加工炮制毒性中药,必须按照《中华人民共和国药典》或者省、自治区、直辖市卫生行政部门制定的《炮制规范》的规定进行。药材符合药用要求的,方可供应、配方和用于中成药生产。

第八条 生产毒性药品及其制剂,必须严格执行生产工艺操作规程,在本单位药品检验人员的监督下准确投料,并建立完整的生产记录,保存五年备查。

在生产毒性药品过程中产生的废弃物,必须妥善处理,不得污染环境。

第九条 医疗单位供应和调配毒性药品,凭医生签名的正式处方。国营药店供应和调配毒性药品,凭盖有医生所在的医疗单位公章的正式处方。每次处方剂量不得超过二日极量。

(资料来源:http://www.sda.gov.cn/WS01/CL0056/10770.html)

4.《放射性药品目录》

各类许可证允许使用的放射性药品品种如下所述。

(1)第一类《放射性药品使用许可证》。

允许使用体外诊断用各种放射性分析药盒。各种体外放射性分析药盒品种如下:人促甲状腺激素放射免疫分析药盒、人促甲状激素免疫放射分析药盒、人促甲状激素纸片放射免疫分析药盒、人促甲状激素纸片免疫放射分析药盒、催乳素放射免疫分析药盒、人生长素放射免疫分析药盒、人促黄体生成激素放射免疫分析药盒、人促卵泡生成激素放射免疫分析药盒、人绒毛膜促性腺激素放射免疫分析药盒、人绒毛膜促性腺激素放免药盒(β抗体)、人绒毛膜促性激素放射性免疫分析药盒(测尿)、人胎盘催乳素放射免疫分析药盒、甲状腺素放射免疫分析药盒、三碘甲腺原氨酸放射免疫分析药盒、三碘甲腺原氨酸摄取药盒、游离甲状腺素放射免疫分析药盒、游离三碘甲原氨酸放射免疫分析药盒、反碘甲腺原氨酸放射免疫分析药盒、孕酮放射免疫分析药盒、雌二醇放射免疫分析药盒、雌三醇放射免疫分析药盒、睾酮放射免疫分析药盒、皮质醇放射免疫分析药盒、醛固酮放射免疫分析药盒、胰岛素放射免疫分析药盒、人C肽放射免疫分析药盒、胰高血糖素放射免疫分析药盒、血管紧张素Ⅰ放射免疫分析药盒、血管紧张素Ⅱ放射免疫分析药盒、心钠素放射免疫分析药盒、血栓烷B_2放射免疫分析药盒、6-酮-前列腺素F_1a放射免疫分析药盒、a-颗粒膜蛋白免疫放射分析药盒、肌红蛋白放射免疫分析药盒、铁蛋白放射免疫分析药盒、抗凝血酶Ⅲ放射免疫分析药盒、内皮质素放射免疫分析药盒、转运铁蛋白放射免疫分析药盒、胃泌素放射免疫分析药盒、胃动素放射免疫分析药盒、甘胆酸放射免疫分析药盒、$β_2$-微球蛋白放射免疫分析药盒、a_1-微球蛋白放射免疫分析药盒、TH糖蛋白放射免疫分析药盒、免疫球蛋白G放射免疫分析药盒、白蛋白放射免疫分析药盒、免疫球蛋白A放射免疫分析药盒、分泌型免疫球蛋白A放射免疫分析药盒、血清分泌型免疫球蛋白A放射免疫分析药盒、甲状腺球蛋白抗体分析药盒、甲状腺微粒抗体分析药盒、胰岛素抗体分析药盒、脱氧核糖核酸抗体分析盒、癌胚抗原放射免疫分析药盒、癌胚抗原免疫放射分析药盒、糖类抗原50免疫放射分析药盒、糖类抗原125免疫放射分析药盒、糖类抗原15-3免疫放射分析药盒、糖类抗原27-29放射免疫分析药盒、糖类抗原19-9放射免疫分析药盒、糖类抗原19-9免疫放射分析药盒、糖类抗原242免疫放射分析药盒、胃癌MG免疫放射分析药盒、前列腺特异抗原放射免疫分析药盒、前列腺特异抗原免疫放射分析药盒、甲胎蛋白放射免疫分析药盒、甲胎蛋白免疫放射分析药盒、酸性铁蛋白放射免疫分析药盒、铜蓝蛋白放射免疫分析药盒、透明质酸放射免疫分析药盒、人绒毛膜促性腺激素-β亚单位放射免疫分析药盒、人绒毛膜促性腺激素-β亚单位免疫放射分析药盒、地戈辛放射免疫分析药盒、吗啡放射免疫分析药盒、碳酸酐酶放射免疫分析药盒、超氧化物歧化酶放射免疫分析药盒、甲状腺球蛋白放射免疫分析药盒。

（2）第二类《放射性药品使用许可证》。

① 允许使用的体内诊断放射性药品品种如下：碘[^{131}I]化钠口服溶液、邻碘[^{131}I]马尿酸钠注射液、碘[^{131}I]化钠胶囊（诊断用）碘[^{123}I]化钠口服溶液、碘[^{123}I]化钠注射液、枸橼酸镓[^{67}Ga]注射液、氯化亚铊[^{201}Tl]注射液、铬[^{51}Cr]酸钠注射液、氙[^{133}Xe]注射液。

② 允许使用的体内治疗放射性药品品种如下：磷[^{32}P]酸钠口服溶液、磷[^{32}P]酸钠注射液、胶体磷[^{32}P]酸铬注射液、来昔决南钐[^{153}Sm]注射液、氯化锶[^{89}Sr]注射液（进口）、胶体金[^{198}Au]注射液。

③ 允许使用的即时标记的体内放射性药品品种如下：高锝[^{99m}Tc]酸钠注射液、锝[^{99m}Tc]依替菲宁注射液、锝[^{99m}Tc]二巯丁二酸盐注射液、锝[^{99m}Tc]植酸盐注射液、锝[^{99m}Tc]焦磷酸盐注射液、锝[^{99m}Tc]亚甲基二膦酸盐注射液、锝[^{99m}Tc]聚合白蛋白注射液、锝[^{99m}Tc]喷替酸盐注射液、锝[^{99m}Tc]双半胱乙酯注射液、锝[^{99m}Tc]甲氧异腈注射液、锝[^{99m}Tc]双半胱氨酸注射液。

（3）第三类《放射性药品使用许可证》。

① 允许使用第二类许可证项下规定的品种。

② 可利用放射性核素发生品及配套药盒配制和使用的放射性药品品种：高锝[^{99m}Tc]酸钠注射液（^{99}Mo-^{99m}Tc发生器）、锝[^{99m}Tc]二巯丁二酸盐注射液、锝[^{99m}Tc]植酸盐注射液、锝[^{99m}Tc]焦磷酸盐注射液、锝[^{99m}Tc]亚甲基二膦酸盐注射液、锝[^{99m}Tc]葡庚糖酸盐注射液、锝[^{99m}Tc]聚合白蛋白注射液、锝[^{99m}Tc]双半胱乙酯注射液、锝[^{99m}Tc]甲氧异腈注射液、锝[^{99m}Tc]双半胱氨酸注射液、锝[^{99m}Tc]喷替酸盐注射液、锝[^{99m}Tc]依沙美肟注射液、锝[^{99m}Tc]右旋糖酐105注射液、锝[^{99m}Tc]硫乙甘肽注射液、锝[^{99m}Tc]依替菲宁注射液、氯化铟[^{113m}In]注射液（^{113}Sn-^{113m}In发生器）、胶体磷酸铟[^{113m}In]注射液、铟[^{113m}In]泮替膦酸注射液。

③ 可利用市售的自动合成系统制备和使用，如氟[^{18}F]-脱氧葡糖注射液及氮[^{113}N]-氨注射液等正电子类放射性药品（注：目前还没有经国家批准生产的正电子类放射性药品）。

（4）第四类《放射性药品使用许可证》。

① 允许使用第三类许可证项下规定的品种。

② 可自行研制和使用新放射性药物制剂（仅限国内市场没有或由于技术条件限制而不能供应的品种）。

USP24收载的利用加速器生产的正电子类放射性药品品种：Carbon Monoxide C11，Flumazenil C11 Injection，Methionine Cqq Injection，Raclopride C11 Injection，Sodium Acetate C11 Injection，Fludeoxyglucose F18 Injection，Fluorodopa F18 Injection，Sodium Fluoride F18 Injection，Ammonia N13 Injection，Water O15 Injection。

部分核素半衰期：^{11}C为20分钟，^{18}F为110分钟，^{13}N为10分钟，^{15}O为2分钟，^{113m}In为1.66小时。

> 【知识链接】

《放射性药品管理办法》（节选）

第二条　放射性药品是指用于临床诊断或者治疗的放射性核素制剂或者其标记药物。

第三条　凡在中华人民共和国领域内进行放射性药品的研究、生产、经营、运输、使用、检验、监督管理的单位和个人都必须遵守本办法。

第四条　卫生部主管全国放射性药品监督管理工作。能源部主管放射性药品生产、经营管理工作。

第十二条　开办放射性药品生产、经营企业，必须具备《药品管理法》第五条规定的条件，符合国家的放射卫生防护基本标准，并履行环境影响报告的审批手续，经能源部审查同意，卫生部审核批准后，由所在省、自治区、直辖市卫生行政部门发给《放射性药品生产企业许可证》《放射性药品经营企业许可证》。无许可证的生产、经营企业，一律不准生产、销售放射性药品。

第二十条　放射性药品的包装必须安全实用，符合放射性药品质量要求，具有与放射性剂量相适应的防护装置，包装必须分内包装和外包装两部分，外包装必须贴有商标、标签、说明书和放射性药品标志，内包装必须贴有标签。

标签必须注明药品品名、放射性比活度、装量。

说明书除注明前款内容外，还须注明生产单位、批准文号、批号、主要成分、出厂日期、放射性核素半衰期、适应症、用法、用量、禁忌症、有效期和注意事项等。

第二十一条　放射性药品的运输，按国家运输、邮政等部门制定的有关规定执行。

严禁任何单位和个人随身携带放射性药品乘坐公共交通运输工具。

第二十二条　医疗单位设置核医学科、室（内位素室），必须配备与其医疗任务相适应的并经核医学技术培训的技术人员。非核医学专业技术人员未经培训，不得从事放射性药品使用工作。

第二十六条　放射性药品使用后的废物（包括患者排出物），必须按国家有关规定妥善处置。

（资料来源：http://www.sda.gov.cn/WS01/CL0056/10771.html.）

5．《国家基本医疗保险、工伤保险和生育保险药品目录》

该目录目前为2009年版，是我国基本医疗保险、工伤保险和生育保险基金支付药品费用的标准。目录分西药、中成药和中药饮片3部分，包括西药23种，中成药8种，中药饮片两类。

> 【知识链接】

《国家基本医疗保险、工伤保险和生育保险药品目录》的制定

2004年9月，国家劳动和社会保障部根据《国务院关于建立城镇职工基本医疗保险制度的决定》和《工伤保险条例》的要求，按照《城镇职工基本医疗保险用药范围管理暂行办法》，经过专家评审，会同有关部委制定了《国家基本医疗保险和工伤保险药品目录》。制定该目录是建立和完善社会保险制度的要求，是保障参保人员基本用药需求和适应医药科技进步的客观需要。2009年11月30日，国家人力资源和社会保障部正式发布《国家基本医疗保险、工伤保险和生育保险药品目录（2009年版）》（以下简称《药品目录》），调整后的新版《药品目录》的西药和中成药品种共2 151个。西药部分共有药品1 164个，其中甲类349个，乙类791个，另有20个仅限工伤保险用药，4个仅限生育保险用药；中成药部分共有药品987个，其中甲类154个，乙类833个。

（资料来源：http://www.gov.cn/gzdt/2009-11/30/content_1476934.htm.）

6.《药品类易制毒化学品品种目录》

2010年发布的药品类易制毒化学品品种目录如下：麦角酸、麦角胺、麦角新碱、麻黄素、伪麻黄素、消旋麻黄素、去甲麻黄素、甲基麻黄素、麻黄浸膏、麻黄浸膏粉等麻黄素类物质。说明：所列物质包括可能存在的盐类。药品类易制毒化学品包括原料药及其单方制剂。

【知识链接】

《药品类易制毒化学品管理办法》（节选）

第一条　为加强药品类易制毒化学品管理，防止流入非法渠道，根据《易制毒化学品管理条例》（以下简称《条例》），制定本办法。

第二条：药品类易制毒化学品是指《条例》中所确定的麦角酸、麻黄素等物质，品种目录见本办法附件1。

国务院批准调整易制毒化学品分类和品种，涉及药品类易制毒化学品的，国家食品药品监督管理局应当及时调整并予公布。

第三条　药品类易制毒化学品的生产、经营、购买以及监督管理，适用本办法。

第四条　国家食品药品监督管理局主管全国药品类易制毒化学品生产、经营、购买等方面的监督管理工作。

县级以上地方食品药品监督管理部门负责本行政区域内的药品类易制毒化学品生产、经营、购买等方面的监督管理工作。

第五条　生产药品类易制毒化学品中属于药品的品种，还应当依照《药品管理法》和相关规定取得药品批准文号。

（资料来源：http://www.sda.gov.cn/WS01/CL0053/47675.html.）

7.《中药保护品种目录》

国家食品药品监督管理局以公告的方式发布中药保护品种目录，每一条目均包括药品名称、保护级别、保护期限、保护品种号、生产企业。国家食品药品监督管理总局的官网上可以查询。

【知识链接】

《中药保护品种条例》（节选）

第一条　为了提高中药品种的质量，保护中药生产企业的合法权益，促进中药事业的发展，制定本条例。

第二条　本条例适用于中国境内生产制造的中药品种，包括中成药、天然药物的提取物及其制剂和中药人工制成品。

第三条　国家鼓励研制开发临床有效的中药品种，对质量稳定、疗效确切的中药品种实行分级保护制度。

第五条　依照本条例受保护的中药品种，必须是列入国家药品标准的品种。经国务院卫生行政部门认定，列为省、自治区、直辖市药品标准的品种，也可以申请保护。

受保护的中药品种分为一、二级。

第六条　符合下列条件之一的中药品种，可以申请一级保护：

（一）对特定疾病有特殊疗效的；

（二）相当于国家一级保护野生药材物种的人工制成品；

（三）用于预防和治疗特殊疾病的。

第七条　符合下列条件之一的中药品种，可以申请二级保护：

（一）符合本条例第六条规定的品种或者已经解除一级保护的品种；

（二）对特定疾病有显著疗效的；

（三）从天然药物中提取的有效物质及特殊制剂。

第十二条　中药保护品种的保护期限：

中药一级保护品种分别为三十年、二十年、十年。

中药二级保护品种为七年。

（资料来源：http://www.sda.gov.cn/WS01/cl0366/25226.html.）

8.《非处方药药品目录》

目前，我国正建立并不断完善处方药与非处方药分类管理制度。从1999年公布第一批非处方药目录起至今，国家食品药品监督管理局已颁布了《非处方药药品目录》若干批次。

【知识链接】

《处方药与非处方药分类管理办法（试行）》（节选）

《处方药与非处方药分类管理办法》（试行）于1999年6月11日经国家药品监督管理局局务会审议通过，自2000年1月1日起施行。

第一条　为保障人民用药安全有效、使用方便，根据《中共中央、国务院关于卫生改革与发展的决定》，制定处方药与非处方药分类管理办法。

第二条　根据药品品种、规格、适应症、剂量及给药途径不同，对药品分别按处方药与非处方药进行管理。

处方药必须凭执业医师或执业助理医师处方才可调配、购买和使用；非处方药不需要凭执业医师或执业助理医师处方即可自行判断、购买和使用。

第三条　国家药品监督管理局负责处方药与非处方药分类管理办法的制定。各级药品监督管理部门负责辖区内处方药与非处方药分类管理的组织实施和监督管理。

第四条　国家药品监督管理局负责非处方药目录的遴选、审批、发布和调整工作。

第五条　处方药、非处方药生产企业必须具有《药品生产企业许可证》，其生产品种必须取得药品批准文号。

第六条　非处方药标签和说明书除符合规定外，用语应当科学、易懂，便于消费者自行判断、选择和使用。非处方药的标签和说明书必须经国家药品监督管理局批准。

第七条　非处方药的包装必须印有国家指定的非处方药专有标识，必须符合质量要求，方便储存、运输和使用。每个销售基本单元包装必须附有标签和说明书。

第八条　根据药品的安全性，非处方药分为甲、乙两类。

经营处方药、非处方药的批发企业和经营处方药、甲类非处方药的零售企业必须具有《药品经营企业许可证》。

经省级药品监督管理部门或其授权的药品监督管理部门批准的其他商业企业可以零售乙类非处方药。

第九条　零售乙类非处方药的商业企业必须配备专职的具有高中以上文化程度，经专业培训后，由省级药品监督管理部门或其授权的药品监督管理部门考核合格并取得上岗证的人员。

第十条　医疗机构根据医疗需要可以决定或推荐使用非处方药。

（资料来源：http://www.sda.gov.cn/WS01/CL0053/24524.html.）

2.3 药品编码

2.3.1 国家药品编码的概念与适用范围

国家药品编码是指在药品研制、生产、经营、使用和监督管理中由计算机使用的表示特定信息的编码标识,包括本位码、监管码和分类码,以数字或数字与字母组合形式表现。

国家药品编码适用于药品研究、生产、经营、使用和监督管理等各个领域,以及电子政务、电子商务的信息化建设、信息处理和信息交换。

2.3.2 国家药品编码的管理

1. 国家药品编码的日常管理

国家食品药品监督管理局成立国家药品编码编制工作领导小组,领导小组下设办公室,办公室设在国家局信息中心。办公室负责国家药品编码以下日常管理工作。

(1) 落实国家药品编码工作原则和有关规定。

(2) 拟定国家药品编码编制规则、技术标准与方案、使用制度。

(3) 组织实施国家药品编码的编制、使用、修订、维护等工作。

(4) 承担药品编码的赋码、系统运行和管理等工作。

2. 国家药品编码的发布及变更

国家药品编码本位码由国家食品药品监督管理局统一编制赋码,药品在生产上市注册申请获得审批通过的同时获得国家药品编码,在生产、经营、使用和监督管理过程中使用。

药品注册信息发生变更时,国家药品编码本位码进行相应变更,行政相对人有义务配合药品监管部门及时更新国家药品编码相关信息;药品批准证明文件被注销时,国家药品编码同时被注销。药品编码变更、注销后,原有国家药品编码不得再被使用。国家药品编码及变更信息在国家食品药品监督管理局政府网站上统一发布。

在国家药品编码的基础上,对药品生产、经营实施药品电子监管和药品分类管理。监管码、分类码的发布和变更方式另行制定。

3. 我国药品编码工作进程

国家药品编码系统的建立涉及卫生信息学、医学、药学、分类学、代码学、统计学、商品学等学科,是药品监督管理的一项基础标准化工作。

借鉴国际通行做法并结合我国国情,我国已完成《国家药品代码编制规则》《国家药品分类代码》等各项标准,并分别规定了国家药品代码、分类代码、药品剂型代码、药品代码扩展条码的名称、简称、使用范围、编制规则及维护内容;初建《国家药品编码管理与服务网络系统》,并拟定《国家药品代码管理办法》;已开始对特殊管理药品、生物制品中的疫苗、血液制品、中药注射剂、国家基本药物实施电子监管。

2.3.3 国家药品编码的编制

1. 国家药品编码概要

国家药品编码包括本位码、监管码和分类码。

国家药品编码遵循科学性、实用性、规范性、完整性与可操作性的原则，同时兼顾扩展性与可维护性。

【知识链接】

药品编码相关名词解释

（1）国家药品代码：识别每一种药品的唯一标识，是国家食品药品监督管理部门用于管理药品生产、流通、使用全过程的代码。以数字与条码形式表现。

（2）国家药品分类代码：依照药品分类原则及一定的规律，用于代表药品分类特征和属性的数字组合，作为每一个药品分类相对稳定的唯一代码。

（3）国家药品剂型代码：依照一定的规律，用于代表药品剂型特征和属性的数字组合，作为每个药品剂型相对稳定的唯一代码。

（4）国家药品代码扩展条码：表示药品生产日期、有效期和批号等生产信息，推荐与国家药品代码同时使用，印在或贴在药品的各种包装上，单独使用无效。

（5）国家药品基础码：依照药品分类原则及一定的规律，用于代表药品类别、通用名、剂型、制剂规格特征和属性的数字组合，作为每个药品分类相对稳定的唯一代码。

2．国家药品本位码

（1）国家药品本位码的结构。

国家药品编码本位码共 14 位，由药品国别码、药品类别码、药品本体码和校验码依次连接组成，不留空格，其结构如图 2.20 所示。

示例：86900001000019

图 2.20　药品本位码结构

国家药品编码本位码国别码为"86"，代表在我国境内生产、销售的所有药品。

国家药品编码本位码类别码为"9"，代表药品。

国家药品编码本位码中本体码的前 5 位为药品企业标识，根据"企业法人营业执照"、"药品生产许可证"，遵循一照一证的原则，按照流水的方式编制；国家药品编码本位码中本体码的后 5 位为药品产品标识，是指前 5 位确定的企业所拥有的所有药品产品，药品产品标识根据药品批准文号，依据药品名称、剂型、规格，遵循一物一码的原则，按照流水的方式编制。

国家药品本体码由药品监督管理部门授权的维护管理机构统一编制赋码。

校验码是国家药品编码本位码中的最后一个字符,通过特定的数学公式来检验国家药品编码本位码中前13位数字的正确性,计算方法按照《全国产品与服务统一标识代码编制规则》执行。

(2) 国产和进口药品本位码查询。

① 药品本位码通过国产药品和进口药品两个数据库进行查询。

A. 国产药品数据库包括的主要信息为批准文号、药品本位码、药品本位码备注、产品名称、英文名称、商品名、生产单位、规格、剂型、产品类别、批准日期、原批准文号等。

B. 进口药品数据库包括的主要信息为注册证号、原注册证号、药品本位码、药品本位码备注、产品名称(中文)、产品名称(英文)、商品名(中文)、商品名(英文)、公司名称(中文)、公司名称(英文)、剂型(中文)、规格(中文)、注册证号备注、包装规格(中文)、生产厂商(中文)、生产厂商(英文)、厂商地址(中文)、厂商地址(英文)、厂商国家(中文)、厂商国家(英文)、分包装批准文号、发证日期、有效期截止日、分包装企业名称、分包装企业地址、分包装文号批准日期、分包装文号有效期截止日、产品类别、药品本位码、药品本位码备注、地址(中文)、地址(英文)、国家(中文)、国家(英文)。

② 药品本位码查询说明。以国产药品数据库查询为例:登录国家局网站,进入"数据查询"栏目的"国产药品",然后可以根据企业名称查询该企业所有批准的药品和药品本位码信息,或以药品名称查询该药品所有批准生产的企业和药品本位码信息,或以企业标识查询该企业所有批准的药品名称、批准文号和本位码信息。也可在知道一个具体的药品本位码情况下查询该码的药品名称、批准文号和企业名称等信息。

2.4 药品电子监管码

2.4.1 电子监管码与电子监管网

1. 电子监管码

电子监管码是中国政府对产品实施电子监管为每件产品赋予的标识。每件产品的电子监管码唯一,即"一件一码",好像商品的身份证,简称监管码。电子监管码标签如图 2.21 所示。

图 2.21 电子监管码标签

【知识链接】

电子监管码与商品条码的区别

应用在零售商品的 13 位商品条码（目前主要是 EAN-13/8）是国际组织公布的非强制标准，是"一类一码"，主要用于 POS 扫描结算，不能分辨真假和记录产品质量，不能实现产品流通跟踪，也不适用于珠宝、农资等复杂价格或不在超市销售的产品。

电子监管码是中国国家规定的产品标识，是"一件一码"，可以实现对产品生产、流通、消费的全程监管，实现产品真假判断、质量追溯、召回管理与全程跟踪等功能，可以方便为珠宝、农资等特殊产品赋码。（资料来源：http://www.gdfda.net.cn/a/dianzijianguanma/fumagongzuo/2010/0812/13495.html.）

2007 年 12 月 4 日，国家质量监督检验检疫总局在《关于贯彻〈国务院关于加强食品等产品安全监督管理的特别规定〉实施产品质量电子监管的通知》中，决定对纳入工业产品生产许可证和强制性产品认证管理的重点产品实施电子监管。食品、家用电器、人造板、电线电缆、农资、燃气用具、劳动防护用品、电热毯、化妆品 9 大类 69 种重点产品将在 2008 年 6 月底前全面实施电子监管，所有产品加贴电子监管码才能上市。

目前电子监管码为 20 位，企业准确登记其产品的商品编码后，电子监管码可以建立与商品编码的对应关系，完成在零售领域的结算计价功能。

生产企业通过电子监管码将产品的生产、质量等源头信息传输到监管网数据库中，流通企业通过电子监管码进行进货检查验收并将进货信息传输到监管网数据库中，在销售时将销售信息传输到监管网数据库中。这些数据信息可供消费者进行真假与质量查询，供政府进行执法打假、质量追溯和产品召回管理，供企业了解市场供求情况、渠道销售情况和涉假信息。

2. 电子监管网

（1）电子监管网与电子监管码的关系。

电子监管网为每件产品赋予唯一的电子监管码，实现"一件一码"管理。将电子监管码对应产品的生产、流通、消费等动态信息实时采集到数据库中，通过覆盖全国的无缝网络、支持数百万家企业数千万亿件产品的超大型数据库和专业化的客户服务中心，为政府从源头实现质量监管建立电子档案、对市场实现跟踪追溯、索证索票、实施进货检查验收、建立购销电子台账和缺陷产品召回提供了信息技术保障。最终建立了从原料进厂、生产加工、出厂销售到售后服务的工业品全过程电子监管链条，建立了从种植养殖、生产加工、流通销售到餐饮消费的食品全过程电子监管链条，为建立产品质量和食品安全的质量追溯和责任追究体系提供了信息技术平台，建立了覆盖全社会的产品质量电子监管网络。

（2）电子监管网的特点。

① "一件一码"。突破了传统"一类一码"的机制，做到对每件产品唯一识别、全程跟踪，实现了政府监管、物流应用、商家结算、消费者查询的功能统一。

② 数据库集中存储动态信息。为突破质量信息和流通动态信息无法事先印刷的局限，监管网对产品动态信息实时集中存储在超大规模监管数据库中，同时满足了生产、流通、消费、监管的实时动态信息共享使用需求。

③ 全国覆盖。由于产品一地生产、全国流通销售的特点，只有做到全国统一、无缝覆盖的系统网络平台才能满足全程监管的要求。

④ 全程跟踪。监管网对产品的生产源头、流通消费的全程闭环信息采集，具备了质检、工商、商务、药监等各相关部门信息共享和流程联动的技术功能，为实现对产品的质量追溯、责任追究、问题产品召回和执法打假提供了必要的信息支撑。

（3）电子监管网的作用。

中国产品电子监管网的作用如图 2.22 所示。通过监管网，生产企业和经销企业可以迅速了解产品市场情况，保护知识产权，实现品牌推广，掌握物流信息；消费者可以借助短信、电话、网络及终端设施等形式查询产品真实性和质量信息；监管执法部门可以及时掌握有关产品假冒违法的信息并迅速采取执法行动，对质量问题进行流程追溯和责任追究，对问题和缺陷产品进行及时准确的召回管理，将政府监管、企业自律和社会监督很好地结合起来，推动和谐社会的建设。

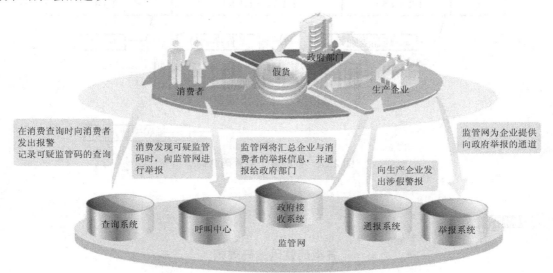

图 2.22　中国产品电子监管网的作用

2.4.2　药品电子监管码与药品电子监管系统

1．药品电子监管码

（1）样式。

药品电子监管码是由一组排列规则的黑白（黑为"条"，白为"空"）线条按照一定的编码规则组合起来，表示一定信息的药品标识符号。在进行辨识的时候，用条码阅读机扫描，得到一组反射光信号，此信号经光电转换后变为一组与线条、空白相对应的电子讯号，经解码后还原为相应的文数字，再传入电脑，它的意义是通过在计算机系统的数据库中提取相应的信息而实现的。药品电子监管码如图 2.23 所示，左为样式 A，右为样式 B。

样式 A

样式 B

图 2.23　药品电子监管码

（2）编码规则与含义。

药品电子监管码采用16或20位数字构成，采用Code 128C条码标识；监管码长度为20位，药品类别码与国家14位药品本位码关联；标志位——普药（药监码前两位为标志位——80或81或82或83或84或85或88，如图2.24所示）；特药（16位特药药监码第一位为标志位——1；20位特药的药监码前两位为标志位——89，如图2.25和图2.26所示）；每件药品最小包装上赋予唯一的监管码。

图2.24 药品电子监管码结构

【知识拓展】

各类药监码编码规则

麻醉药品与第一类精神药品16位药监码编码规则如图2.25所示。

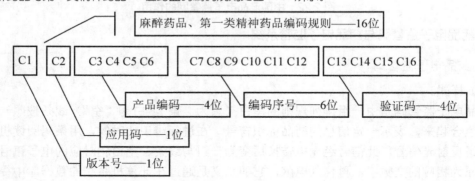

图2.25 16位特殊管理药品电子监管码结构

说明：①版本号1位，确定为"1"；②应用码1位，确定药监码的应用分类，"0/1"分别描述麻醉和第一类精神药品的小包装和外包装编码；③产品编码包含2位企业码和2位产品码；④编码序号与产品编码的组合长度为10位。

第二类精神药品20位药监码编码规则如图2.26所示。

说明：①标志位1位，确定为"8"；②应用码1位，确定为"9"；③产品编码包含3位企业码和3位产品码，其中C2为9；④编码序号与产品编码的组合长度为14位。

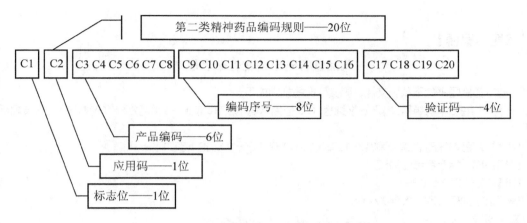

图 2.26　20 位特殊管理药品电子监管码结构

血液制品、疫苗、中药注射剂 20 位药监码编码规则如图 2.27 所示。

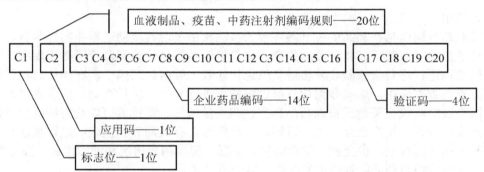

图 2.27　疫苗、中药注射剂、血液制品 20 位药品电子监管码结构

说明：①药品的标志位 1 位，确定为"8"；②应用位 1 位，不同数值确定企业药品编码中企业编码及药品编码的位数，如 0 对应企业编码 5 位、药品编码 9 位，2 对应企业编码 6 位、药品编码 8 位，9 对应特殊药品，1/3/4/5/6/7/8 预留；③企业药品编码，混编企业和药品，用来在药监码中描述药品的每一个独立包装。

国家基本药物 20 位药监码编码规则如图 2.28 所示。

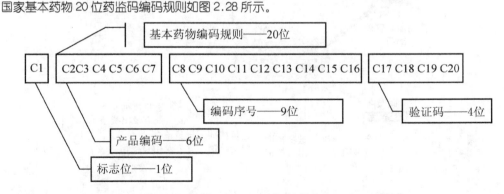

图 2.28　基本药物 20 位药品电子监管码结构

说明：①药品的标志位 1 位，确定为"8"；②药品的产品编码 6 位，用来在药监码中描述药品的生产企业和药品信息，根据使用情况，监管网平台为入网药品的每种包装规格自动分配产品编码；③药品的编码序号 9 位，用来在药监码中描述药品的每一个独立包装；④标志位与产品编码组合可以形成与药品本位码的对照表。

【应用案例】

药品监管码申请文件命名规则

企业从药监网平台下载码文件,码文件命名规则如下。

"药品通用名_申请单号_码开始序列号(20位监管码的前16位)-文件序号(3位数字)_包装规格_包装级别"

例:复方苦参注射液_20090813-1_8200008400050520-000_盒5支_1

药品名称:复方苦参注射液

申请单号:20090813-1

码开始序列号:8200008400050520

文件序号:000

包装规格:盒5支

包装级别:1(包装级别中1为最小包装)

(3)使用。

通过对监管码信息在药品供应链各环节的核注核销呈现其流动过程并实行监管,即药品生产企业通过电子监管码,将药品的生产、质量等源头信息传输到监管网数据库中,流通企业通过监管码进行进货检查验收并将进货信息传输到监管网数据库中,在销售时将销售信息传输到监管网数据库中。这些数据信息可供消费者进行真假与质量查询;消费者借助短信、电话、网络及终端设施等形式查询药品真实性和质量信息。消费者可以获得的信息有药品通用名、剂型、规格;生产企业、生产日期、生产批号、有效期等。供政府进行执法打假、质量追溯和产品召回管理;供企业了解市场供求情况、渠道销售情况和涉假信息。图2.29为国家药品电子监管网与药品监管码信息在供应链的流动过程。

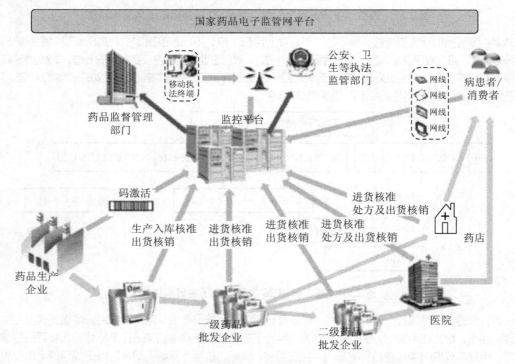

图2.29 国家药品电子监管网与监管码信息在供应链中的流动过程

2. 药品电子监管系统

药品电子监管码管理系统是针对药品在生产及流通过程中的状态监管，依靠覆盖全国的国家药监网平台完成产品状态查询、追溯和管理，实现监管部门及生产企业产品追溯和管理，维护药品生产商及消费者的合法权益。

药品电子监管系统功能包括药品从生产出厂、流通、运输、储存直至配送给医疗机构的全过程在药品监管部门的监控之下。可实时查询每一盒、每一箱、每一批重点药品生产、经营、库存及流向情况，遇有问题时可以迅速追溯和召回。可进行信息预警，如各企业超资质生产和经营预警；药品销售数量异常预警，可以指示是否有药物滥用，或可能某种药物短时间大量售出提示可能的疾病流行预警；药品发货与收货数量和品种核实预警，及时发现药品是否流失。终端移动执法，即药品监管和稽查人员可以通过移动执法系统，如通过上网，或通过手机便利地在现场适时稽查。

通过监管网，药品生产企业和经销企业可以迅速了解产品市场情况，保护知识产权，实现品牌推广，掌握物流信息；消费者可以借助短信、电话、网络及终端设施等形式查询产品真实性和质量信息；药品监管执法部门可以及时掌握有关产品假冒违法的信息并迅速采取执法行动，对质量问题进行流程追溯和责任追究，对问题和缺陷产品进行及时准确的召回管理，将政府监管、企业自律和社会监督很好地结合起来，推动和谐社会的建设。有利于监管部门严格监控药品从生产出厂、流通、运输、储存直到药品消费的全过程，实时查询每一盒、每一箱、每一批药品的生产、库存、销售及物流配送具体流向等情况，遇到问题药品时，能迅速追溯问题药品批次、数量、所在地、在线生产数量、尚余库存量等，最大限度地降低召回成本。

3. 药品电子监管码的赋码

药品电子监管码的赋码，依靠药监码赋码系统来实现。整个过程包括药监码的获取、药监码的分配、药监码的印刷或喷印、药监码的扫描、药监码及药品信息的上传及查询。

【知识拓展】

药品电子监管码赋码流程

1. 申请监管码及下载监管码

生产企业根据自身的生产计划，在中国药品电子监管网（www.drugadmin.com）上申请，监管码通过该网络系统或相关认证系统核发。

2. 数据导入赋码系统

生产企业获取各级（根据包装层数需要，如一级、二级、三级）监管码后，根据规定的格式，通过赋码系统的监管码导入功能，将新的药品监管码导入赋码系统，供生产包装使用。

3. 一级码赋码方式

打码贴标方式（提前打码提前贴标、在线打码贴标）；激光刻码方式（在线刻码，离线刻码）；喷码方式（在线喷码、离线喷码）；变码印刷方式（变码印刷厂家印刷条码）。

4. 赋码系统实现方式

全自动、半自动、手工包装赋码。

5. 异常处理

在包装生产过程中，系统对每个包装进行赋码，通常会出现一些异常情况需要处理，如条码无法读取、产品取检、拼箱、非整包装封箱、更换内部包装等,流通过程中可能发生包装、标签损坏,导致更换监管码标签。对应的异常处理功能如下。

（1）更换外包装功能。当最小独立包装条码无法读取或包装损坏时,需要更换包装,使包装完善,并且条码能够进入更高一级的包装扫描。

（2）重新打印条码标签。当条码损坏或无法正常打印时,需要重新打印该条码来满足包装的需要。

（3）产品取检。产品取检是解决生产包装过程中,对最小独立包装的抽检,只有被赋予相应权限的人员才能进行取检作业。通过扫描产品取检功能指令条码和最小独立包装条码,系统记录取检作业。

（4）拼箱。在包装生产或仓储过程中,将不同生产批次的产品合并包装,需要通过拼装功能实现,系统记录拼装过程并修改监管码关联数据。

（5）零箱。生产过程中最后的尾数不足整箱包装时,系统通过非整包装扫描来决定零箱的封箱,系统将对应的零箱监管码做数据关联。

（6）更换中间包装。已经包装完成的产品需要更换中间包装时,扫描功能指令条码,再扫描新旧包装监管码,赋码系统记录更换包装过程并修改监管码关联数据,被更换的中间包装做废弃处理。

（7）更换大包装。已经包装完成的产品需要更换大、中型号包装时,扫描功能指令条码,再扫描新旧包装监管码,赋码系统记录更换包装过程并修改监管码关联数据,被更换的中间包装做废弃处理。

（8）流通包装损坏。流通过程中,如发现包装或监管码损坏,需要通知生产厂商,记录损坏的监管码并重新打印新的监管码条码,系统记录过程,将原先的监管码做废弃处理。

6. 核注入库及上传数据到监管网

在包装车间赋码关联结束后,进行入库操作流程。在进行入库操作时,仓库操作人员需要通过手持终端扫描最外包装条码,记录入库信息。在进行出库操作时,可以在建立出库单后直接扫描最外层的包装条码进行出库,系统进行详细的出库记录。如果需要将出入库数据上传给药监网络平台,需要使用手持终端与中国药品电子监管网客户端联机才能将数据上传到药监网络平台;根据实际情况,仓库的出入库,系统可以采用一次扫描批量入库处理。医贸公司入库采用批量入库、逐一扫描出库处理,具体涉及产品流向及销售渠道等管理另议。

（1）药品电子监管码赋码系统。

药品生产企业生产的药品,通过药品电子监管码包装赋码系统来完成药品包装过程中关联关系的建立,通过对条码的逻辑分析与处理,建立底层核心数据,从而实现对药品的生产、流通、消费终端等链式环节的监管。

（2）电子监管码使用管理要求。

管理电子监管的流程及使用,通过生产过程的包装监管码关联数据来实现。此管理要求包括监管码使用管理,条码标签设计,生产线、工位、人员编码管理,现场作业要求、流通管理要求。要求目的在于规范作业过程,确保赋码系统能够充分为监管码的推行服务。

① 监管码使用管理。电子监管码由电子监管监控信息网络统一核发,数量有限,当有监管码包装或条码被废弃时,可以通过系统来重新利用,以免监管码损失过多,不能满足后续生产需要。如监管码确实有过剩,则废弃的监管码不必重新利用,但需要导出成规定的文件,登录上传给监控信息网络系统。经过申请获取监管码后,所有赋码须经赋码系统实现,原则上不允许人为干预,确保赋码系统数据与实际包装情况的一致性。

② 条码标签设计。监管码条码采用 Code 128C 码制,编码长度为 20 位,条码密度大于 7mil,宽度大于 4cm,高度大于 5mm。根据生产企业的管理需要,条码标签除了监管码外,可以包含产品编码、产品名称、生产日期、批号、有效期至等信息。

③ 生产线、工位、人员编码管理。生产企业通常包含多条生产线,同一条生产线可能有多个工位。为有效管理现场作业,对包装数据关联加以严格控制,需要对生产线及工位进行

编码,各工位对应的数据采集及信息反馈即可依次加以控制和区分;作业过程中的不同人员,通过人员编码,并赋予相应的作业权限,使每位作业人员能够按照分工各司其职。

④ 作业指令条码标签。现场包装作业过程中,存在包装正常数据采集及各种异常处理,作业人员需要在不同的系统功能间切换。为方便作业,将功能指令制作成条码,并粘贴在工作站方便的位置(具体位置在项目过程中确定),当需要执行某系统功能时,扫描切换即可。

⑤ 现场作业要求。赋码系统将包装过程中收集的包装监管码数据形成关联数据后导出成规定格式文件,供流通、使用过程监控使用。于是,实际的包装必须与监管码关联数据一致,若生产过程中,因为人为或其他因素导致实际包装的情况与赋码系统的关联数据不一致(如二级包装完成后,已经装箱的一级包装被人为更换,但没有做系统处理),在流通、使用的过程中将会发生较大问题,而此问题赋码系统在生产过程中是难以发觉和管理的,必须通过管理制度、行政手段、绩效考核等辅助管理,确保包装与监管码关联的一致性。

⑤ 流通管理要求。在仓储流通过程中,相关的管理系统需要能够支持监管码的管理,如在仓库管理中,需要进行包装变化时,因此而带来的监管码关联数据变化需要得以体现,否则原先的关联数据已经导入到电子监管监控信息网络系统,相应的关联数据与实际包装就会出现偏差,给流通过程的监管带来麻烦。

【知识链接】

药品电子监管码在药品运输包装上的粘贴位置

药品最大包装赋监管码时,要将同一监管码标签打印至少两份,分别水平粘贴在外包装的两个相互垂直的平面上,如 2.30 所示。

图 2.30 药品电子监管码在运输包装上的粘贴位置

(资料来源 http://www.sda.gov.cn/WS01/CL0460/57273.html.)

4. 实现药品电子监管的基础

(1) 赋码标识、信息关联与传递。

为实现药品的监管目的,需要对药品进行包装编码控制(即监管码),并将监管码通过条码的形式标记在包装外面,可以通过扫描识读或肉眼识读。监管码是依据质监部门制定的生产计划,在产品监控信息网络上申请核发,监管码与生产的产品相关。在生产前,通过数据接口将监管码导入赋码系统(即生产线监管码赋码系统),在生产包装过程中,赋码系统给每个产品的数层包装加以赋码,并通过扫描将不同层次包装的条码关系加以关联,储存在数据库中,系统根据事先设定的规则或人为决定的时间点,将监管码关联数据通过数据接口发送到产品监控信息网络系统，监管码被激活后可以在该产品进入流通或使用过程中进行查询、管理。

（2）赋码系统操作。

赋码系统对外与监控信息网络系统通过数据接口进行原始监管码的导入，并将关联好的监管码上传至监控信息网络系统；对内与扫描系统、显示屏幕、条码打印系统、贴标系统等通过接口进行联系，通过现场数据收集传送到赋码系统后台，经过后台逻辑处理，将信息反馈给现场指导作业人员如何进行下一步作业，如果是自动生产线，可以通过数据接口指导自动设备进行自动生产处理。图 2.31 为药品电子监管码赋码关联系统的基本架构和基本业务流程。

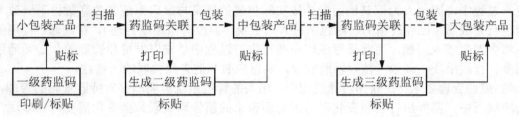

图 2.31　药品电子监管码赋码关联系统的基本架构和基本业务流程

【知识拓展】

药品监管码赋码所用配套硬件设备

药品监管码赋码所用配套硬件设备如图 2.32 所示。

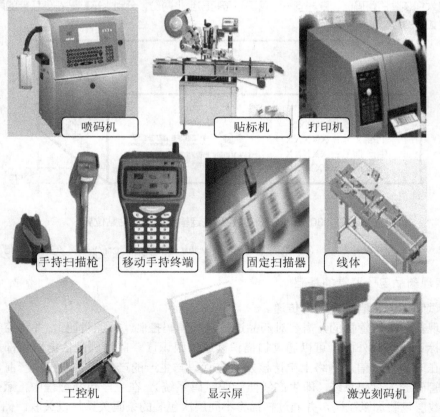

图 2.32　赋码配套设备

喷码机是一种通过软件控制，使用非接触方式在产品上进行标识的设备。

贴标机（Labeller）是以粘合剂把纸或金属箔标签粘贴在规定的包装容器上的设备。

打印机是一种将计算机的运算结果或中间结果以人所能识别的数字、字母、符号和图形等，依照规定的格式印在纸上的输出设备。

手持扫描枪是为适应一些现场数据采集和扫描笨重物体的条码符号而设计的一种便携式的条码读取设备。

移动手持终端是集激光扫描、汉字图形显示、数据采集、数据处理、数据通信等功能于一体的高科技产品，它相当于一台小型计算机，可以处理大量信息。

固定扫描器是不需要人工处理，可以实现精确、自动化数据采集的条码读取设备。

显示屏是将计算机的计算结果以数字、图形等形式通过屏幕展示给用户的一种输出装置。

线体是软件系统的执行机构，是和现场生产线的衔接融合机构。

激光刻码机是利用激光束在各种不同的物质表面打上永久标记的机器。

工控机是一种可适用于特殊环境下应用的计算机，它可以作为一个工业控制器在工业环境中可靠运行。

（资料来源：http://www.gdfda.net.cn/a/dianzijianguanma/fumagongzuo/2010/0713/13369.html.）

2.4.3 我国药品电子监管规划与实施

1. 药品电子监管现状与工作目标

（1）现状。

国家食品药品监督管理总局从 2006 年开始实施药品电子监管工作，至 2012 年 2 月底，已分三期将麻醉药品、精神药品、血液制品、中药注射剂、疫苗、基本药物全品种纳入电子监管。

第一期，将麻醉药品、第一类精神药品制剂和小包装原料药自 2007 年 11 月 1 日起全部纳入电子监管，涉及药品生产企业 19 家，药品批准文号 72 个，全国性批发企业 3 家，区域性批发企业 599 家。

第二期，将第二类精神药品、中药注射剂、血液制品、疫苗自 2008 年 11 月 1 日起全部纳入电子监管，涉及药品生产企业 568 家，药品批准文号 2 471 个，药品批发企业（含非法人）1.3 万家。

第三期，将国家基本药物全品种于 2012 年 2 月底前全部纳入电子监管，涉及药品生产企业近 2 800 家，药品批准文号约 5.4 万个。同时已于 2011 年 12 月 31 日前将含麻黄碱类复方制剂、含可待因复方口服溶液、含地芬诺酯复方制剂 3 类药品纳入电子监管，涉及药品生产企业近 600 家，药品批准文号近 2 000 个。截至 2012 年 2 月底，已纳入电子监管药品涉及批准文号 5.6 万个。

按照国家食品药品监督管理总局《关于实施药品电子监管工作有关问题的通知》中"逐步将已批准注册的药品和医疗器械的生产、经营纳入电子监管"的工作要求，剩余尚未纳入电子监管的药品制剂批准文号共计 11.9 万个，已入网药品制剂占全部药品制剂的 32%；药品制剂生产企业约 4 600 家，其中已入网生产企业 2 900 多家，占生产企业总数的 63%；药品批发企业已全部入网。

（2）工作目标。

① 总体目标。2015 年年底前实现药品全品种全过程电子监管，保障药品在生产、流通、

使用各环节的安全,最有力地打击假劣药品行为、最快捷地实现问题药品的追溯和召回、最大化地保护企业的合法利益,确保人民群众用药安全。

② 具体目标包括以下几个:

A. 在当前已实施的麻醉药品、精神药品、血液制品、中药注射剂、疫苗、基本药物全品种电子监管的基础上,逐步推广到其他药品制剂,实现药品电子监管的全品种覆盖;适时启动高风险医疗器械电子监管试点工作,并探索实施原料药电子监管。

B. 在当前已实现的药品生产、批发环节电子监管基础上,推广到药品零售和使用环节,从而实现覆盖生产企业、批发企业、零售药店、医疗机构的药品生产、流通和使用全过程可追溯。按照卫生部的总体部署,开展医疗机构药品电子监管工作。

C. 拓展药品电子监管系统的深度应用,充分利用药品电子监管数据,为各级政府和监管部门提供决策支持服务,为广大社会公众提供药品信息检索、监管码查询、真伪鉴别等服务,探索电子监管系统与医保卡系统互联互通的可行性。

【知识拓展】

已公布实施电子监管的药品

(1) 特殊管理药品(麻醉药品和第一类精神药品品种目录)(2007年)。

(2) 血液制品、疫苗、中药注射剂及第二类精神药品(2008年)。

(3) 国家基本药物目录(共307种)(2011年)。

(4) 含"麻黄碱类复方制剂、含可待因复方口服溶液、含地芬诺酯复方制剂"的参考目录(2012年)。

2. 药品电子监管实施过程各环节主要工作

(1) 药品生产企业。

药品生产企业应按期完成入网和监管码赋码工作,并通过药品电子监管网进行数据采集和报送。

【知识拓展】

药品生产企业实施药品电子监管情况

华北制药集团实施基本药物品种电子监管,涉及下属10个单位或部门、56条生产线,粉针、水针、片剂、胶囊等126个文号的基本药物。为此,该公司投资389万元,建立了比较完善的电子监管操作系统。为适应新的要求和形势,下一步该公司还将继续投资318万元,对13个单位或部门实施电子监管。目前各项工作正在按期推进,确保所有品种具备实施电子监管的条件。

神威药业负责人介绍,公司投资近千万元上线电子监管码设备,目前21条电子监管码包装生产线,每日可赋码160万小盒。在神威集团注射剂生产车间,记者看到,一台激光刻码机正在将自中国药品电子监管网下载的监管码刻在包装小盒上。药品在线装盒后,扫码器对包装小盒自动扫码,装箱完毕后自动形成外箱关联码,打印外箱赋码标签,手持扫描器对外包装箱标签进行扫码,进行数据采集。

(资料来源:http://www1.drugadmin.com/show.php?contentid=1298.)

(2) 药品经营企业。

药品经营企业应按要求配备监管码采集设备,对所经营的药品通过药品电子监管网进行数据采集和报送。

（3）各级药监部门。

各级药监部门应对药品电子监管网的入网管理、企业信息、药品信息等基础数据进行维护，并对药品数量和流向进行实时监控。

【知识拓展】

药品生产、经营与监管企业实行药品电子监管的操作要求

药品生产企业《中国药品电子监管网操作手册生产企业 V5.2》（详见 http://www.sda.gov.cn/WS01/CL0461/50134.html）。

药品经营企业《中国药品电子监管网使用手册——经营企业分册》（详见 http://www.sda.gov.cn/WS01/CL0461/29478.html）。

药品监管部门《中国药品电子监管网使用手册——监管部门分册》（详见 http://www.sda.gov.cn/WS01/CL0461/29476.html）。

【知识拓展】

消费者如何通过药品电子监管码查询药品信息并辨别真伪

药品监管网为消费者提供手机短信、语音电话、网站查询和终端查询4种方式，见表2-1。

表2-1　药品电子监管码查验方式

查验方式	查验方法说明	资费说明
短信方式	将20位（或16位）监管码数字作为短信内容发送至106695001111，将收到查验结果回复短信	无信息费，短信通信费每发送一条0.10元，为电信运营商收取
电话方式	拨打电话95001111，根据语音提示操作，输入监管码后将收听到查验结果。也可拨打电话114，告知查询电子监管码，然后按语音提示操作	普通市话费，为电信运营商收取
网站方式	访问监管网网站 www.95001111.com，输入监管码数字查验	免费，上网费用自理
终端方式	部分商超布设了标有"中国产品质量电子监管网"的触摸屏终端机，可根据终端机界面提示，将产品监管码条形码部分对准终端机扫描口，扫描后屏幕将显示查验结果	免费

消费者进行药品监管码查询后，监管网将返回查询结果，包括以下5种情况：

（1）正常反馈药品的相关信息，请与购买的实物进行核对，如信息不符即可向当地药监部门进行投诉举报。

（2）第二次查询，请核对购买实物和第一次查询时间，如有疑问请投诉举报。

（3）多次查询，请核对第一次查询时间，如有疑问请投诉举报。

(4) 药品监管码不存在,请确认输入的是正确的 20 位监管码,如有疑问请投诉举报。
(5) 涉嫌假冒的监管码,请立即投诉举报。

(资料来源: http://www.95001111.com/websiteserv/web/com/lw_content2.jsp, http://www.gdfda.net.cn/a/dianzijianguanma/fumagongzuo/2010/0812/13495.html.)

本章小结

（1）药品分类概念、分类作用、分类应考虑因素、分类基本原则、常用分类方法、分类体系与分类目录概念。

（2）药品分类基本方法、常用分类标志与据此形成的分类体系和分类目录在药品供应链各环节的应用。

（3）国家药品编码的编制与管理,药品本位码结构、含义及查询方法、在药品供应系统特别是物流过程中的应用。

（4）药品电子监管码的结构、含义,药品电子监管网的结构,药品实施电子监管的意义。

（5）我国药品电子监管范围与实施进程。

练习思考题

一、单选题

1. 按国际通行的药品分类管理办法,根据药品的安全性、有效性原则,依其品种、规格、适应证、剂量及给药途径等的不同,将药品分成（　　）并进行不同的管理。
   A. 天然药物　　　　　　　　B. 处方药与非处方药
   C. 口服制剂　　　　　　　　D. 外用制剂
   E. 西药

2. （　　）是毒性剧烈、治疗剂量与中毒剂量相近,使用不当或超过极量会引起严重中毒反应,甚至死亡的药品。
   A. 麻醉药品　　　　　　　　B. 精神药品
   C. 医疗用毒性药品　　　　　D. 放射性药品
   E. 毒品

3. （　　）是用于临床诊断或者治疗用的放射性核素制剂或者其标记药物。
   A. 麻醉药品　　　　　　　　B. 精神药品
   C. 医疗用毒性药品　　　　　D. 放射性药品
   E. 毒品

4.（　　）指作用于中枢神经系统使之兴奋或者抑制，具有依赖性潜力，不合理使用或者滥用可以产生药物依赖性的药品或者物质，包括兴奋剂、致幻剂、镇静催眠剂等。
    A．麻醉药品　　　　　　　　　B．精神药品
    C．医疗用毒性药品　　　　　　D．放射性药品
    E．非处方药

5.（　　）指具有依赖性潜力，不合理使用或者滥用可以产生身体依赖性和精神依赖性（即成瘾）的药品、药用原植物或者物质，包括天然、半合成、合成的阿片类、可卡因、大麻类等。
    A．麻醉药品　　　　　　　　　B．精神药品
    C．医疗用毒性药品　　　　　　D．放射性药品
    E．非处方药

6．我国药典对药品贮藏仓库相对湿度的要求是（　　）。
    A．35%～95%　　　　　　　　B．10%～75%
    C．70%～90%　　　　　　　　D．20%～80%
    E．35%～75%

7．根据我国药典对药品贮藏仓库温度要求，常温库的温度是（　　）。
    A．10～30℃　　　　　　　　　B．0～10℃
    C．2～20℃　　　　　　　　　 D．0～20℃
    E．2～10℃

8．根据我国药典对药品贮藏仓库温度要求，阴凉库的温度是（　　）。
    A．2～30℃　　　　　　　　　 B．不超过20℃
    C．2～20℃　　　　　　　　　 D．0～20℃
    E．2～8℃

9．根据我国药典对药品贮藏仓库温度要求，冷藏库的温度是（　　）。
    A．2～30℃　　　　　　　　　 B．0～10℃
    C．2～20℃　　　　　　　　　 D．0～20℃
    E．2～10℃

10．（　　）是可供医疗应用（主要是供中医用）的原料药物，是未经精制的天然药物，包括动物、植物、矿物性原料药物。
    A．中药材　　　　　　　　　　B．化学药
    C．生物药品　　　　　　　　　D．中药饮片
    E．中成药

11．（　　）是指将原生药材经过炮制加工过程的制成品，主要用于中药方剂调配。两者均可直接入药，也可作为制备中成药的原料药。
    A．中药材　　　　　　　　　　B．化学药
    C．生物药品　　　　　　　　　D．中药饮片
    E．中成药

12．（　　）是利用生物体、生物组织或其成分，综合应用生物学、生物化学、微生物学、免疫学、物理化学和药学的原理和方法进行加工和制造而成的一大类预防、诊断和治疗疾病的药品。
    A．中药材　　　　　　　　　　B．化学药

C. 生物药品 D. 中药饮片
E. 中成药

13. （　　）由药品国别码、药品类别码、药品本体码、校验码依次连接而成。
    A. 本体码 B. 分类码
    C. 监管码 D. 国别码
    E. 本位码

14. 依照一定的规律，用于代表药品剂型特征和属性的数字组合，作为每个药品剂型相对稳定的唯一代码是（　　）。
    A. 本体码 B. 分类代码
    C. 监管码 D. 剂型代码
    E. 本位码

15. 表示药品生产日期、有效期和批号等生产信息，推荐与国家药品代码同时使用，印在或贴在药品的各种包装上，单独使用无效的代码是（　　）。
    A. 本体码 B. 分类代码
    C. 监管码 D. 剂型代码
    E. 药品代码扩展条码

二、多选题

1. 药品分类应考虑的因素有（　　）。
   A. 国家药品管理法律法规要求和质量监管要求
   B. 药品质量特性
   C. 必须明确要分类的药品所包括的范围
   D. 药品分类要从有利于药品生产、流通、使用管理需要，并保持药品分类上的科学性
   E. 选择的分类依据要适当，分类应具有科学的系统性

2. 药品分类应遵循的基本原则是（　　）。
   A. 科学性原则 B. 系统性原则
   C. 可延性原则 D. 兼容性原则
   E. 整体最优原则

3. 药品分类标志选择原则包括（　　）。
   A. 适用性 B. 稳定性
   C. 唯一性 D. 逻辑性
   E. 包容性

4. 药品常用分类标志包括（　　）。
   A. 药品用途 B. 药品的有效成分
   C. 药品剂型 D. 药品制备工艺
   E. 药品的产地

5. 根据药物的来源常将药物分为（　　）三大类。
   A. 天然药物 B. 人工合成药物
   C. 中药 D. 混合药物
   E. 西药

6. 按药品制剂工艺、制剂的形式与给药途径，对制剂类药品进行分类，常分为（　　）三大类。
   A．天然药物	B．注射剂
   C．口服制剂	D．外用制剂
   E．西药
7. OTC药品根据其安全性不同分成（　　）进行分别管理。
   A．天然药物	B．处方药与非处方药
   C．甲类	D．外用制剂
   E．乙类
8. 国家基本药物的遴选原则包括（　　）。
   A．临床必需	B．安全有效
   C．价格合理	D．使用方便
   E．中西药并重
9. 根据对储运环境温度条件的要求不同，将药品分成（　　）三大类别进行管理。
   A．10～30℃	B．0～20℃
   C．不超过20℃	D．0～30℃
   E．2～10℃
10. 按传统药品保管习惯将药品分成（　　）四大类进行保管。
    A．固	B．片
    C．水	D．粉
    E．针
11. 生物制品按用途可分为（　　）三大类。
    A．预防疾病用	B．治疗疾病用
    C．精制品	D．冻干制品
    E．诊断疾病用
12. 国家药品编码包括（　　）三大类。
    A．本位码	B．分类码
    C．监管码	D．国别码
    E．校验码
13. 目前已实施电子监管的药品类别包括（　　）。
    A．中药注射剂	B．精神药品
    C．疫苗	D．麻醉药品
    E．基本药物
14. 目前监管网支持的查询药品电子监管码的方式有（　　）。
    A．短信	B．电话
    C．网络	D．终端
    E．打印机

三、判断题

1. 在建立分类体系时，应该设置收容类目，留有足够的空位，以便安置新出现的药品而又不会打乱已建立的分类体系或将原分类体系推倒重来。同时，也为低层级的分类子系统在此分类体系基础上进行的延拓和细化创造条件。这是药品分类应遵循的可延性原则。
（   ）

2．以分类对象的稳定本质属性或特征为基础，将选定的分类对象，按照一定的顺序排列，每个分类对象在这个序列中都占有一个位置，并反映出它们之间既有联系又有区别的关系。这是药品分类应遵循的可延性原则。（   ）

3．药品分类常用分类方法是面分类法。（   ）

4．人工合成药物主要指利用化学原料合成的药品，包括主要用化学原料通过化学方法合成的各种无机和有机药品，如磺胺类药品。（   ）

5．混合药物主要指利用天然资源和化学合成高度结合的药品，包括抗生素、生物制品，如青霉素、乙肝疫苗等。（   ）

6．天然药物是从天然资源而来的药品，包括动物、植物、矿物等天然药材，以及经过加工提炼制成的酊、水、浸膏等制剂，或提取其中有效成分的药品，如黄连素、甘草流浸膏等。
（   ）

7．处方药是必须凭执业医师或执业助理医师处方才可调配、购买和使用的药品，处方药英语称 prescription drug，ethical drug。（   ）

8．非处方药是指应用安全、质量稳定、疗效确切、使用方便，不需医生处方在药店中即可买到的药品。非处方药英语称 nonprescription drug，在国外又称为"可在柜台上买到的药物"（over the counter），简称 OTC，此已成为全球通用的俗称。（   ）

9．我国根据精神药品的安全性与管理要求不同将精神药品分为第一类、第二类、第三类进行分类管理。（   ）

10．临床用药中通常根据药品制备与使用指导理论不同，把药品分成中药、西药。
（   ）

11．化学制剂指人们有目的地并按一定质量标准，用化学方法将原料药或中间体合成适合临床用药要求的且规定有适应症、用法和用量的药品。（   ）

12．中成药是指以中药材或饮片为原料，以中医理论为指导，按规定配方和技术制成的中药剂型。（   ）

13．百白破疫苗可预防3种疾病，是混合制剂。（   ）

14．国家药品代码是识别每一种药品的唯一标识，是国家食品药品监督管理部门用于管理药品生产、流通、使用全过程的代码，以数字与条码形式表现。（   ）

15．国家药品分类代码是依照药品分类原则及一定的规律，用于代表药品分类特征和属性的数字组合，作为每一个药品分类相对稳定的唯一代码。（   ）

16．电子监管码与商品条码一样，是一类一码。（   ）

17．药品电子监管码在药品外包装正确的粘贴位置是外包装的两个相互平行的平面上。
（   ）

四、简答题

1．简述线分类法的特点。
2．列举7种常用的按药品管理要求分类的药品目录。
3．简述国家药品编码的适用范围。

4. 图示药品本位码的结构并简述其含义。
5. 简述电子监管网的作用。
6. 流程图示药品电子监管码赋码操作流程。

 项目实训

实训 2.1　药品分类与分类体系构建

实训目标

1. 应用线分类法，按国家药品管理法律、法规要求及药品物流作业活动对药品管理的需要，根据药品质量特性，选择合适的药品分类标志，尝试对企业经营的药品进行分类并构建药品的分类体系。

2. 在应用过程中检验分类及分类体系的合理性、对提高物流作业效率的效果。

实训方法

1. 人员分组，每组分别作为收货、验收、保管、养护、发货各环节工作人员。

2. 各组根据其选定的物流作业环节，查询我国药品管理法律、法规对该环节的管理规定（列出管理要求）；调查物流作业各环节完成其岗位工作任务对药品有何管理要求（列出管理要求）；选择合适的药品分类标志对药品进行分类并构建分类体系（呈现分类体系）。

3. 每两组配对互审对方构建的分类体系：分类标志选择是否合理；分类体系是否能满足该物流环节管理药品的需要。

4. 汇总代表不同作业活动各岗位人员针对其岗位职能管理需要而构建的药品分类表；比较并熟悉各环节法律法规管理要求与各岗位完成本岗位任务对药品进行管理的需要，以及常用药品分类管理方法。

实训步骤

参训人员分组→确定每组承担药品物流哪一环节物流活动→每组确定组长，组长组织安排确定完成项目任务工作计划与实施方案，按任务要求进行分工→利用计算机与网络资源或其他途径搜索所要信息（药品管理法律、法规对药品物流作业活动的管理要求，企业物流各环节要完成的工作任务）→根据信息搜索结果列出法律、法规管理要求与各岗位完成本岗位工作任务对药品进行管理的需要（图表说明）→按管理需要，应用线分类法，选择合适的药品质量特性作为分类标志对药品进行分类，构建药品分类体系（图表说明）→组内对所选分类标志、构建的分类体系是否满足管理需要进行自评→配对组进行互评→汇总代表不同作业活动各岗位人员针对其岗位职能管理需要而构建的药品分类表；比较并熟悉各环节法律、法规管理要求与各岗位完成本岗位任务对药品进行管理的需要，以及常用药品分类管理方法。

实训结果呈现方式

1. 各组工作计划与实施方案。
2. 组长、组员分工与任务安排，组员所获信息及信息来源说明。
3. 各组根据信息搜索结果列出法律法规管理要求与各岗位完成本岗位工作任务对药品进行管理的需要（图表说明）。
4. 各组按管理需要，应用线分类法，选择合适的药品质量特性作为分类标志对药品进行分类，构建药品分类体系（图表说明）。
5. 配对组互评表。
6. 各组药品分类与分类体系汇总比较表。

实训效果评价

1. 所构建分类体系充分考虑我国法律、法规对药品规范管理的要求。
2. 所构建分类体系选用分类标志恰当、层次分明，能满足物流作业与管理的需要。

实训 2.2　药品目录查询与信息应用

实训目标

1. 熟悉各类药品目录在药品物流过程中的应用。
2. 熟悉各类药品目录的使用及目录中各类药品品种信息的查询方法。
3. 在药品物流作业与管理过程中，能准确、快速地获取药品信息。

实训方法

1. 分小组，小组内两两配对，从熟悉的药品物流企业或药品经营企业产品目录表中随机抽出药品，根据其包装或说明书上的信息和实训 2.1 的基础知识，判断药品是否属国家基本药物、是否属城镇居民医保药品、是否属农村合作医疗保险药品、是否是四大特殊管理药品、是否属易制毒药品、是否属兴奋剂药品、是否属中药保护品种等。
2. 以小组间竞赛方式，熟悉常用药品的分类及各类药品的流通管理与物流路径。

实训步骤

参训人员按组准备药品物流企业或药品经营企业产品目录表及相关品种信息（如常用药品包装标识、说明书或药品质量标准）和各类药品目录与品种表→一组或一个人员随机抽出企业经营药品品种并介绍产品相关信息→其他组或其他人根据此产品信息，利用前述学习的药品分类知识及各类药品目录，判断药品属哪一类→重复并交换角色使每一位学员熟悉药品及分类，为其在药品物流作业过程对药品能准确分类并按各类药品流通及物流管理要求进行操作奠定基础。

实训结果呈现方式

1. 各组按组准备药品物流企业或药品经营企业产品目录表及相关品种信息（如常用药品包装标识、说明书或药品质量标准）和各类药品目录与品种表。
2. 药品类别判断结果（表格说明：药品品种与分类类别、对错与速度）。

实训效果评价

1. 熟悉我国按不同管理要求对药品分类形成的不同类别药品目录（重点：基本药物目录、四大类特殊管理药品目录、医保药品目录）及其品种查询方法，能快速查询并准确确定药品类别。

2. 熟悉不同类别药品流通渠道及国家法律、法规对该类药品物流过程的管理要求，依法进行物流作业活动。

实训 2.3　药品本位码的查询与应用

实训目标
1. 熟悉药品本位码查询方法。
2. 熟悉药品本位码结构、含义及其在药品物流作业与管理过程中的应用。

实训方法
1. 分小组，各小组应用所学药品本位码查询方法搜集常用药品标识中的本位码。
2. 小组内两两配对，从前述准备的常用药品标识中的本位码中随机抽出本位码，根据所学药品本位码知识，说明码的含义。
3. 以小组间竞赛方式，从各小组搜集的常用药品标识本位码随机抽出本位码，根据所学药品本位码知识，说明码的含义。

实训步骤
参训人员应用所学药品本位码查询方法，按组搜集准备常用药品标识中的本位码并打印→一组或一个人员随机抽出药品本位码→其他组或其他人根据此码结构及所学知识说明码的含义→重复并交换角色，使每一位学员熟悉药品本位码结构及含义，指导药品经营及物流作业活动。

实训结果呈现方式
1. 各组按组准备常用药品品种名称、标识中的本位码并打印。
2. 药品本位码释义（表格说明：药品品种名称、本位码、码含义说明、对错、速度）。

实训效果评价
1. 熟悉药品本位码查询途径与方法，能快速查询并获得药品相关信息。
2. 能对药品本位码进行准确释义，为物流作业过程中的药品管理提供准确信息。

实训 2.4　药品电子监管码的查询与应用

实训目标
1. 熟悉药品电子监管码查询方法。
2. 熟悉药品电子监管码结构、含义及其在药品物流作业与管理过程中的应用。

实训方法
1. 分小组，各小组应用所学药品分类知识，从列入电子监管的药品类别中，查询相关药品电子监管码。
2. 小组内两两配对，从前述准备的各大类实施电子监管药品的电子监管码中随机抽出电子监管码，根据所学相关知识说明码的含义。
3. 以小组间竞赛方式，一人从各小组搜集的各大类实施电子监管药品的电子监管码中随机抽出电子监管码，其他人根据所学药品电子监管码知识，说明码的含义。

实训步骤
参训人员各小组应用所学药品分类知识，从列入电子监管的药品类别中，查询相关药品电子监管码并打印→一组或一个人员随机抽出药品电子监管码→其他组或其他人根据此码结构及所学知识说明码的含义→重复并交换角色，使每一位学员熟悉药品电子监管码结构及含义，指导药品经营及物流作业活动，保障药品质量信息准确及时传递，方便药品质量监管活动进行。

实训结果呈现方式
1. 各组按组准备列入电子监管药品品种名称、标识中的电子监管码并打印。
2. 药品电子监管码释义（表格说明：药品品种名称、电子监管码、码含义说明、对错、速度）。
3. 明确并理解应用电子监管码与电子监管网实施药品电子监管的意义。

实训效果评价
1. 熟悉 4 种药品电子监管码查询途径与方法，能快速查询并获得药品相关信息。
2. 能对药品电子监管码进行准确释义，为物流作业过程药品管理提供准确信息。
3. 熟悉药品电子监管码与监管网在药品供应链各环节的作用，能以消费者、监督者、流通环节企业工作人员的角色熟练应用监管码与监管网信息。

第 3 章

药品包装及其材料、技术与标识

【学习内容】

药品包装、材料、技术、标识

药品包装概述

概念、类别、特点、作用；
药品包装管理要求；
主要形式、发展与存在问题

药品包装材料

药品包装材料、基本要求；
包装材料质量标准体系；
常用药品包装材料类别、特点、应用

药品包装技术

包装技术基础；
药品包装技术类别、特点、物流应用；
药品包装检测技术与应用

药品包装标识

包装标识基础；
药品包装标识类别、功能与管理要求；
药品商标与管理要求

【学习目标】

（1）明确药品包装概念、类别及其管理要求。
（2）明确各类药品包装材料的管理要求和特性，在药品物流过程中能按需选择，维护药品质量稳定。
（3）熟悉药品运输包装技术及其应用。
（4）明确药品包装标识类别、内涵、管理要求，能利用药品包装标识指示信息，指导物流作业活动并提高物流效率及物流服务的准确性。

【导入案例】

铬超标胶囊的危害

自《每周质量报告》曝光了部分药企使用的胶囊中铬含量超标，国家食品药品监督管理局已发出紧急通知，要求对 13 个药用空心胶囊产品暂停销售和使用。之所以胶囊中会发生铬超标，是因为黑心企业在制作胶囊时，用工业明胶代替了药用明胶。合格的药用明胶所用的猪皮和牛皮应是未经铬盐鞣制或未经有害金属污染的制革生皮或新鲜皮、冷冻皮。而制革厂的边角料只能用来生产工业明胶。作为一种金属，铬非常容易失去电子带上电荷。六价的铬离子是强氧化剂，对皮肤黏膜有很强的刺激和腐蚀作用，是公认的致癌物，而三价的铬却广泛分布在人全身的组织中。据估计，健康人体中的铬总量在 6 毫克左右。

（资料来源：http://songshuhui.net/archives/66325.）

案例思考：
（1）药品胶囊是直接接触药品并随同药品进入人体的物质，属药品内包装材料，其受污染会有什么后果？
（2）药品包装材料供应商、药品生产厂家、药品批发商、零售商、医院、监管部门，应该如何做以避免药品包装对人体健康造成损害？

3.1 药品包装概述

3.1.1 药品包装的概念、类别及作用

1. 药品包装概念

药品包装指选用适当的材料或容器、利用包装技术对药物制剂的半成品或成品进行分、封、装、贴签等操作，为药品提供品质保护、分类与说明的一种加工过程的总称。

2. 药品包装类别

药品包装分内包装和外包装。内包装指直接接触药品的包装材料和容器，内包装以外的称外包装。

内包装材料与容器的选择，受药品特性、给药途径、给药量、药品剂型、包装材料特性等影响，其使用与管理须严格按我国《直接接触药品的包装材料和容器管理办法》的要求执行。药品内包装按其装量与用药剂量的关系通常分为单剂量包装和多剂量包装，如图 3.1 所示。单剂量包装常指成人一次使用完的剂量，如注射剂、口服液为单剂量包装；多剂量包装指内包装药品量可满足多次用药剂量需求，特点是可反复从一内包装取用药品，多数药品均采用多剂量包装，常见的如丸剂、片剂、胶囊剂等，适用于质量较稳定的药品。

在生产、流通、使用过程中，人们常把药品包装按内包装、中包装、外包装分类，如图 3.2 所示，其中中包装通常指将数个或数十个内包装药品装于一个容器或材料内的过程；外包装指将已完成内包装、中包装的药品装入箱中或其他袋、桶和罐等容器中的过程。中包装与外包装的目的是将小包装的药品进一步集中于较大的容器内，以便药品的贮存与运输。

3．药品包装的作用

药品包装的作用主要有：保护内装药品，防止药品在有效期内变质，防止药品在储运过程中受破坏，方便使用、促进销售。

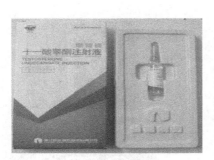
单剂量包装

多剂量包装

图 3.1　药品单剂量与多剂量包装

内包装　　　　　　　　　中包装　　　　　　　　　外包装

图 3.2　药品内、中、外包装

3.1.2　我国药品包装管理要求

《药品管理法》对直接接触药品的包装材料和容器、药品的包装、药品标签和说明书 3 个方面的监督管理做了规定。

1．直接接触药品的包装材料和容器

《直接接触药品的包装材料和容器管理办法》对直接接触药品的包装材料和容器实施注册管理。直接接触药品的包装材料和容器必须符合药用要求，符合保障人体健康、安全的标准，并由药品监督管理部门在审批药品时一并审批。药品生产企业不得使用未经批准的直接接触药品的包装材料和容器。对不合格的直接接触药品的包装材料和容器，由药品监督管理部门责令停止使用。

2．药品的包装

药品的包装必须适合药品质量的要求，方便储存、运输和医疗使用。

3．药品标签和说明书

《药品说明书和标签管理规定》对药品包装、标签、说明书的使用进行管理规范。药品说明书和标签由国家食品药品监督管理局予以核准。

标签或者说明书上必须注明药品的通用名称、成分、规格、生产企业、批准文号、产品批号、生产日期、有效期、适应症或者功能主治、用法、用量、禁忌、不良反应和注意事项（具体要求详见本章的"药品包装标识"）。

麻醉药品、精神药品、医疗用毒性药品、放射性药品、外用药品和非处方药的标签，必须印有规定的标志，如图3.3所示。

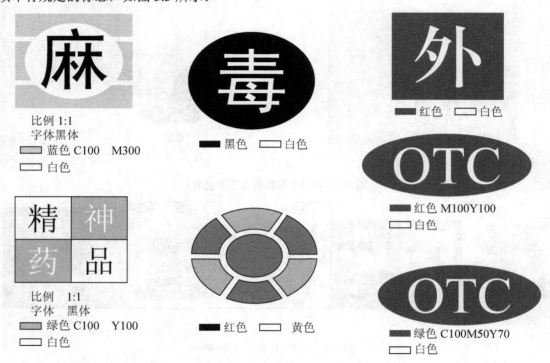

图3.3　特殊管理药品及非处方药甲乙类、外用药品标志

3.1.3　我国药品包装主要形式

我国药品包装主要有泡罩包装、条形包装、双铝包装、袋包装、水针剂塑料包装、软质塑料瓶包装等形式。

1．泡罩包装

泡罩包装又称水泡包装，如图3.4（左）所示。泡罩包装的产品具有直观性好、密封性好的特点，目前已广泛用于轻工、医药和化工行业，特别是药品包装。常用泡罩包装材料有聚氯乙烯（PVC）、聚偏二氯乙烯（PVDC）或复合材料 PVC/PVDC、PVC/PE、PVC/PVDC/PE、PVDC/OPP/PE 等。

2．条形包装

条形包装是利用两层药用条形包装膜（SP 膜）把药品夹在中间、两层 SP 膜内侧热合密封、药品之间压上齿痕、单位药品之间相互间隔开而形成的一种单位包装形式，如图 3.4 中图所示。其主要用于一些较大剂型、吸湿性强、对紫外光敏感、要求耐热耐寒、要求有效期长的药品。SP 膜多用聚乙烯铝塑复合膜。

3. 双铝包装

双铝包装是采用两层涂覆铝箔将药品夹在中间，然后热合密封、冲裁成一定板块的包装形式，如图 3.4（右）所示。由于涂覆铝箔具有优良的气密性、防湿性和遮光性，所以双铝包装主要用于要求密封或遮光的片剂、胶囊、丸剂、颗粒、粉剂等的包装。

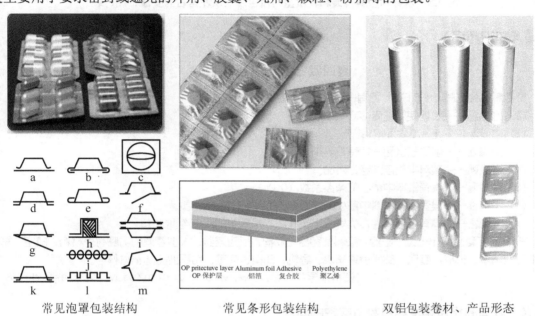

图 3.4　泡罩包装、条形包装、双铝包装

4．袋包装

袋包装是药品常用软包装形式，主要用于片剂、颗粒剂、粉剂、散剂、丸剂、膏剂及输液制剂等药品的包装。

5．水针剂塑料包装

水针剂塑料包装（如图 3.5 左图所示）目前已发展到塑料安瓿成型、灌、封一体化的水平，即在一台设备上完成塑膜放卷、安瓿成型、灌装、封尾、打批号、切尾、分切等工作，克服了玻璃安瓿灌封的许多不足。

6．软质塑料瓶包装

软质塑料瓶包装主要用于输液、口服液、酊水、糖浆及外用液体制剂等剂型的包装，如图 3.5 中、右图所示。输液软质瓶常用 PP 无毒塑料；酊水、糖浆、眼用药水等剂型的软质瓶常用聚碳酸酯（PC）、聚对苯二甲酸乙二醇酯（PET）共混物；药膏、洗剂、配剂等外用液体制剂的软瓶主要用聚四氟乙烯（PTFE）；软膏类包装采用内涂层的印字铝管、塑料管和复合管灌装软膏，以取代铅锡管。

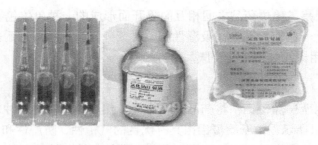

图 3.5 水针剂塑料包装和软质塑料瓶包装（从左至右为安瓿、瓶、袋）

【知识拓展】

聚四氟乙烯（PTFE）特性

聚四氟乙烯（F4，PTFE）具有一系列优良的使用性能。
（1）耐高温——长期使用温度 200~260℃。
（2）耐低温——在-100℃时仍柔软。
（3）耐腐蚀——能耐王水和一切有机溶剂。
（4）耐气候——塑料中最佳的老化寿命。
（5）高润滑——具有塑料中最小的摩擦系数（0.04）。
（6）不粘性——具有固体材料中最小的表面张力而不粘附任何物质。
（7）无毒害——具有生理惰性；优异的电气性能，是理想的 C 级绝缘材料。

PTFE 广泛应用于化工、医药、染料业容器、贮槽、反应塔釜、大型管道的防腐衬里材料；航空、军事等重工业领域；机械、建筑、交通桥梁滑块、导轨、印染、轻工、纺织业的防粘材料等。

（资料来源：http://www.szgycl.com/shownews.asp?id=168.）

3.1.4 我国药品包装发展趋势与存在的问题

1. 我国药品包装发展趋势

因技术进步，人类对健康的关注和环保意识的增强，使药品包装向着更安全、更全面和无污染方向发展。

（1）环境调节包装。

环境调节包装是使包装内的气体状态发生变化，较长时间地保证被包装产品的质量，如封入干燥剂（或吸氧剂）（如图 3.6 所示）的包装、空气置换包装等。这些包装通常能更好地保护药品，延长药品的保质期。

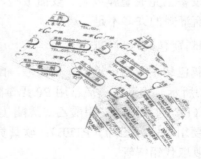

图 3.6 干燥剂与吸氧剂

环境调节包装所用的干燥剂、吸氧剂等根据药品的物性来使用，一般有氯化钙、硅胶等，这些物质不会与药品产生反应而使药品失效或改性。一些新材料也在用于环境调节包装。

（2）少剂量包装。

为方便配药，要求包装具有准确计量的作用，即少剂量包装。

少剂量包装包括具有计量功能的包装材料（如软管中的少剂量软管）和一次性用量包装，后一种是常见的少剂量包装。例如，复合材料的开发和灭菌包装技术的发展，能有效地保证液体剂和固体剂一次用量包装的准确性。一次用量包装是药品生产厂在药品出厂前按常规药方的剂量进行包装，并以原包装卖给消费者。美国已于1990年全部普及了一次用量包装，英国现在也有55%的药品采用一次用量包装。

（3）环境保护包装。

环境保护包装通常使用后的包装材料要做废物处理，而且不能污染环境，尤其是在ISO 14000标准生效后，环境保护包装的开发成为必需的工作。来自药品包装中的污染主要是带有病毒的"白色污染"。在处理药品包装时，为防止用物因接触患者而可能带有的病毒不断扩散，消毒是必不可少的，只有这样才能真正使药品起到保护人类健康的作用。

（4）系列化包装。

药品包装系列化就是同一厂家生产的药品采用统一的画面格局、变化色调、文字、图案的构图位置、艺术处理方法等，给人一种协调统一的感觉，从而形成独特的风格，能便于消费者辨认，增强宣传效果。系列化包装近几年来在国内发展迅速，包装系列化举国重视。

随着我国医药OTC的推行，药品包装装潢系列化也将大展其能。例如，西安杨森公司的息斯敏、吗丁啉、易蒙停、西比灵等产品（如图3.7所示），采用相同的格局、图案和标准色——红色，不同的是它们分别采用蓝、黄、绿等不同的产品色，画面中采用的看似枯燥的分子结构式，因产品的不同而富有变化，更确切地区分开了不同的药物品种，特色鲜明，风格独特，在患者心目中树立了一种系列形象，同时也赢得了市场。

图3.7 药品包装装潢系列化

2．我国药品包装存在的问题

（1）包装简单，款式陈旧。

（2）有的包装仍采用铝皮瓶盖或软木瓶塞。

（3）标签含糊不清。

（4）包装华而不实。

【知识链接】

国产药品、合资药品的包装差异

1．外包装

国产药品外包装质量较差。例如，片剂多数以瓶装为主，尤其是塑料瓶，由于密封程度不高，在贮存期内难以保证药品质量，如谷维素片保存不到一年就有少量受潮变质，感冒清片、安络痛片的损耗率甚至高达

10%。而且国产药品瓶装数量较多,基层医疗单位大多没有分药室,因此药品受污染的机会增多。

合资药品外包装质量较高。外包装较精致、坚固,故一般无破损,如片剂采用铝箔气泡眼包装,不仅适应机械化生产,而且也便于保管。因其包装量适中,进入药房既减少了药房工作人员的工作量,减少发药差错,也减少了药品受污染的机会,保证了药品的质量。

2. 药品说明

国产药品的说明书差距甚大,大多数只在瓶签或盒面上做简要说明,特别是药理作用说明,而其副作用、不良反应、注意事项、禁忌等内容介绍得很少。

合资药品的说明书不仅每个包装单元都有,而且其内容介绍详尽,基本符合世界卫生组织《药物促销的伦理准则》中的规定。

3. 批号

国产药品的生产批号比较混乱,或印不清、模糊,或印注于单元包装的内面,不易被发现。

合资药品的生产批号则标识规范,且十分清楚。

(资料来源: http://news.pack.cn/hydt/market/2005-09/2005091209330746.shtml.)

【知识拓展】

世界卫生组织在《药物促销的伦理准则》中规定药品说明书应有的内容

(1) 用国际药品通用名注明其有效成分;

(2) 商品名;

(3) 每一单位剂量有效成分;

(4) 已知其他成分;

(5) 获审批的治疗作用;

(6) 剂量或治疗方案;

(7) 副作用和主要药物不良反应;

(8) 主要的相互作用,注意事项,禁忌症和警告;

(9) 制造商及销售商的名称和地址;

(10) 参考文献。

(资料来源: 罗贤臣. WHO 倡导的药物促销伦理准则[J]. 药物流行病学杂志, 1995, 03: 176~178.)

 ## 3.2 药品包装材料

3.2.1 药品包装材料的概念

药品包装材料是指直接接触药品的包装材料和容器,简称"药包材",属于专用包装范畴,它具有包装的所有属性。

3.2.2 药品包装材料的基本要求

药品包装材料要能保护药品在贮藏、使用过程中不受环境的影响,保持药品原有属性;药品包装材料自身在贮藏、使用过程中性质应有一定的稳定性;药品包装材料在包裹药品时不能污染药品生产环境;药品包装材料不得带有在使用过程中不能消除的对所包装药物有影响的物质;药品包装材料与所包装的药品不能发生化学、生物意义上的反应。

3.2.3 药品包装材料的分类

1. 按药品包装材料、容器所使用的成分分类

按药品包装材料、容器所使用的成分分类，药品包装材料可分为塑料、橡胶（或弹性体）、玻璃、金属、复合材料及其他类（如布类、陶瓷类、纸类、干燥剂类），如图 3.8 所示。

图 3.8 常见药包材（从左至右为纸、塑料、橡胶或弹性体、玻璃、金属、复合膜）

（1）塑料。

塑料是一种合成的高分子化合物，具有很多优越的性能，可用来生产刚性或柔软容器。塑料比玻璃或金属轻，不易破碎，但在透气性、透湿性、化学稳定性、耐热性等方面则不如玻璃。塑料分为热塑性塑料、热固性塑料。图 3.9 为两种塑料树脂分子结构。

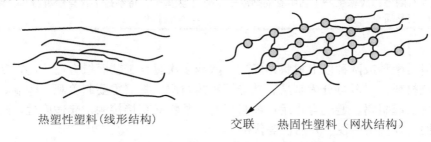

图 3.9 两种塑料树脂分子结构

① 热塑性塑料。加热时变软以至流动，冷却变硬，这种过程是可逆的，可以反复进行。聚乙烯、聚丙烯、聚氯乙烯、聚苯乙烯、聚甲醛、聚碳酸酯、聚酰胺、丙烯酸类塑料、其他聚烯烃及其共聚物、聚砜、聚苯醚、氯化聚醚等都是热塑性塑料。热塑性塑料中树脂分子链都是线型或带支链的结构，分子链之间无化学键产生，加热时软化流动，冷却变硬的过程是物理变化。人们日常生活中使用的大部分塑料属于这个范畴。

② 热固性塑料。第一次加热时可以软化流动，加热到一定温度，产生化学反应——交联固化而变硬，这种变化是不可逆的，此后，再次加热时，已不能再变软流动了。正是借助这种特性进行成型加工，利用第一次加热时的塑化流动，在压力下充满型腔，进而固化成为确定形状和尺寸的制品。这种材料称为热固性塑料。热固性塑料的树脂固化前是线型或带支链的，固化后分子链之间形成化学键，成为三度的网状结构，不仅不能再熔融，在溶剂中也不能溶解。酚醛、三聚氰胺甲醛、环氧、不饱和聚酯、有机硅等塑料，都是热固性塑料，主要用于隔热、耐磨、绝缘、耐高压电等。在恶劣环境中使用的塑料，大部分是热固性塑料，最常用的是炒锅锅把手和高低压电器。

（2）金属。

金属在制剂包装材料中应用较多的只有锡、铝、铁与铅，可制成刚性容器，如筒、桶、

软管、金属箔等。用锡、铝、铁、铅等金属制成的容器，光线、液体、气体、气味与微生物都不能透过；能耐受高温也耐低温。为了防止内外腐蚀或发生化学作用，容器内外壁上往往需要涂保护层。

（3）玻璃。

玻璃具有优良的保护性，其本身稳定、价廉、美观。玻璃容器是药品最常用的包装容器。玻璃清澈光亮，基本化学性质呈惰性，不渗透，坚硬，不老化，配上合适的塞子或盖子与盖衬，可以不受外界任何物质的入侵，但光线可透入。需要避光的药物可选用棕色玻璃容器。玻璃的主要缺点是质重和易碎。

（4）橡胶。

橡胶具有高弹性、低透气和透水性、耐灭菌、良好的相容性等特性，常用的为天然橡胶和丁基橡胶，两者性能特点见表 3-1。橡胶制品在医药上的应用十分广泛，尤其是作为胶塞使用。

表 3-1　两种橡胶性能比较

	天然胶塞	丁基胶塞
性能	成分不纯；化学稳定性差；易老化；屏蔽性、密封性差；含有对人体有害的杂质，对人体健康存有隐患；胶塞生产工艺中有助剂溢出，会影响药品质量	气密性好；耐水蒸气；穿透性、化学稳定性都远远高于天然胶塞；与天然胶塞相比，杂质大大降低，特别是不含异性蛋白，拥有更安全的生物性能

（5）复合材料。

复合材料是两种或两种以上材料，经过一次或多次复合工艺而组合在一起，从而构成一定功能的包装材料。一般可分为基层、功能层和热封层。基层主要起美观、印刷、阻湿等作用；功能层主要起阻隔、避光等作用；热封层与包装物品直接接触，起适应性、耐渗透性、良好的热封性，以及透明性、开启性等作用。

① 铝塑泡罩包装。药品的铝塑泡罩包装又称水泡眼包装，简称 PTP（图 3.11 左图为药用铝塑泡罩包装）。铝塑泡罩包装是先将透明塑料硬片吸塑成型后，将片剂、丸剂或颗粒剂、胶囊等固体药品填充在凹槽内，再与涂有粘合剂的铝箔片加热粘合在一起，形成独立的密封包装（图 3.10 为泡罩包装结构及其制作设备）。这种包装是当今制药行业应用广泛，发展迅速的药品软包装形式之一，正逐步取代传统的玻璃瓶包装，成为固体药品包装的主流。

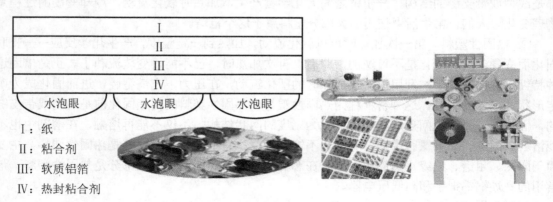

图 3.10　泡罩包装结构及其制作设备

② 复合膜条形包装。条形包装（图3.11右图为SP条形包装复合膜）是利用两层药用SP膜把药品夹于中间，单位药品之间隔开一定距离，在条形包装机上把药品周围的两层SP膜内侧热合密封，药品之间压上齿痕，形成的一种单位包装形式（单片包装或成排组成小包装）。取用药品时，可沿着齿痕撕开SP膜即可。

图 3.11　药用铝塑泡罩包装和SP条形包装复合膜

【知识拓展】

药用复合膜类别

1. 普通复合膜

典型结构为 PET/AL/PE，其生产工艺为干式复合。产品特点：①良好的印刷适应性，有利于提高产品档次；②良好的气体、水蒸气阻隔性。广泛应用于一般药品，如片剂、颗粒剂、散剂的包装，也可作为其他剂型药品的外包装。

2. 药用条状易撕包装材料

典型结构为 PT/PE/AL/PE，其生产工艺为挤出复合。产品特点：①具有良好的易撕性，方便消费者取用药品；②良好的气体、水蒸气阻隔性，保证药品较长的保质期；③良好的降解性，有利于环保。适用于泡腾剂、涂剂、胶囊等药品的包装。

3. 纸铝塑复合膜

典型结构为纸/PE/AL/PE，其生产工艺为挤出复合。产品特点：①良好的印刷适应性，个性化印刷，有利于提高产品档次；②良好的挺度，保证了产品良好的成型性；③对气体或水蒸气有良好的阻隔性，可以保证药品较长的保质期；④良好的降解性，有利于环保。主要应用于片剂、胶囊、散剂、颗粒剂等剂型药品的包装。

4. 高温蒸煮膜

典型结构为 PET/CPP 或 PET/Al/CPP，其生产工艺为干式复合。产品特点：①基本能杀死包装内所有的细菌；②可常温放置乳品包装，无须冷藏；③对水蒸气和气体有良好的阻隔性，耐高温蒸煮；④可以里印，具有良好的印刷适应性。主要应用于输液袋、血液袋等液体的包装。

（资料来源：http://www.zhong-jin.com/list.php?fid=8.）

③ 输液软袋包装。输液软袋包装具有较输液瓶轻便、不怕碰撞、携带方便等优点。特别适用于大剂量加药，加药后不漏液。输液瓶加药后会增加瓶内压力，造成液体从通气管漏出，既浪费药又增加污染机会。而软袋包装液体是完全密闭式包装，不存在瓶装液体瓶口松动、裂口等现象，柔韧性强，可自收缩。避免了开放式输液方式的安全隐患，提高了输液的安全性。塑料软袋输液包装技术，根据软袋的材质分为非PVC软袋包装技术和PVC软袋包装技术。

【知识链接】

非 PVC 软袋包装的优点

非 PVC 软袋包装，如图 3.12 所示。非 PVC 多层共挤膜软袋包装无毒、与药液相容性强，输液时因软袋自动回缩，所以不需要加进气管而消除了输液过程中的二次污染；生产环境及袋子用后的废弃处理更为环保；隔气隔水性好、保质期长；耐 120℃高温灭菌；抗低温性好、运输方便。非 PVC 膜软袋输液已成为国际上输液行业的发展趋势。

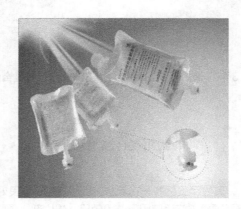

图 3.12　非 PVC 软袋输液包装

（资料来源：http://www.chiminpharm.com/about.asp?info_kind=003005.）

2．按药品包装材料、容器的形状分类

按药品包装材料、容器的形状分类，药品包装材料可分为：容器（如口服固体药用高密度聚乙烯瓶等）、硬片或袋（如 PVC 固体药用硬片、药品包装用复合膜、袋等）、塞（如药用氯化丁基橡胶塞）、盖（如口服液瓶撕拉铝盖）、辅助用途（如输液接口）5 类。

3．按使用方式分类

（1）直接使用，如固体药用聚烯烃塑料瓶等。

（2）需清洗后再使用，如安瓿等。

（3）间接使用或非直接接触药品，如药用玻璃管、抗生素瓶铝盖等。

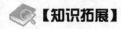【知识拓展】

药包材分类：根据药包材的管理要求分类

Ⅰ类药包材指直接接触药品且直接使用的药品包装用材料、容器。实施Ⅰ类药包材管理的有药用丁基橡胶瓶塞、药品包装用 PTP 铝箔、药用 PVC 硬片、药用塑料复合硬片、复合膜（袋）、塑料输液瓶（袋）、固体、液体药用塑料瓶、塑料滴眼剂瓶、软膏管、气雾剂喷雾阀门、抗生素瓶铝塑组合盖。

Ⅱ类药包材指直接接触药品，但便于清洗，在实际使用过程中，经清洗后需并可以消毒灭菌的药品包装用材料、容器。实施Ⅱ类药包材管理的有药用玻璃管、玻璃输液瓶、玻璃模制抗生素瓶、玻璃管制抗生素瓶、玻璃模制口服液瓶、玻璃管制口服液瓶、玻璃（黄料、白料）药瓶、安瓿、玻璃滴眼剂瓶、输液瓶天然胶塞、抗生素瓶天然胶塞、气雾剂罐、瓶盖橡胶垫片（垫圈）、陶瓷药瓶、中药丸塑料球壳。

Ⅲ类药包材指Ⅰ、Ⅱ类以外其他可能直接影响药品质量的药品包装用材料、容器。实施Ⅲ类药包材管理的药包材产品有抗生素瓶铝（合金铝）盖、输液瓶（合金铝）、铝塑组合盖、口服液瓶（合金铝）、铝塑组合盖。

（资料来源：http://www.sda.gov.cn/ws01/CL0053/24504.html.）

【知识拓展】

药包材的应用范围

药品类别与适用包装材料见表 3-2。

表 3-2　药品类别与适用包装材料

药品类别	应用药包材名称
注射剂 50mL	A. 输液瓶、胶塞（天然或丁基）、铝盖（合金、铝塑）； B. 输液袋（包含密封件）； C. 塑料输液瓶（包含密封件）
注射剂 50mL	A. 冻干输液瓶、胶塞（天然或丁基）、铝盖（合金、铝塑）； B. 同上 A 类； C. 模制注射剂瓶、胶塞、铝盖（合金、铝塑）； D. 管制注射剂瓶、胶塞、铝盖（合金、铝塑）； E. 安瓿
片剂、胶囊剂、丸剂、栓剂	A. 塑料瓶、充填物（干燥材料）、封口膜（可不用）； B. 玻璃药瓶、充填物（干燥材料）、封口膜、盖； C. 螺纹口玻璃药瓶、充填物（干燥材料）、封口膜（可不用）、盖（可加密封件）； D. 铝塑泡罩包装（常用 PVC 和铝箔热封）； E. 双铝包装（常用 PA/AL/PET，又称易撕包装）； F. 冷冲压成型泡罩包装（常用 PA/AL/PVC 和铝箔热封）
滴眼剂	A. 玻璃管、橡胶； B. 滴眼剂用塑料瓶（三件套）； C. 滴眼剂用塑料瓶（二件套，需带开启方式）； D. 复合硬片（仅适用一次量）
糖浆剂、口服溶液剂、混悬剂、乳剂	A. 玻璃药瓶、盖、密封件； B. 液体塑料瓶； C. 管制口服液瓶、口服液铝盖（铝塑盖）
散剂、冲剂、颗粒剂	A. 复合膜； B. 复合膜与泡罩包装复合； C. 铝管
气雾剂、喷雾剂	罐、阀门、导向管（可不用）
原料药	A. 聚乙烯膜等； B. 复合膜； C. 特殊产品再加铝瓶
中药饮片	A. 纸； B. 膜； C. 复合膜

续表

药品类别	应用药包材名称
软膏、眼膏剂	A. 玻璃药瓶、盖； B. 铝管； C. 复合塑料管
酊剂、擦剂、洗剂	A. 玻璃药瓶、盖（密封件）； B. 液体塑料瓶

3.2.4 药品包装材料的相关标准体系

为确保药品的安全、有效使用，各国均对药品包装材料和容器进行质量控制，其标准体系主要有药典体系、ISO 体系、各国工业标准体系、我国"药包材"标准（简称 YBB 标准）。

1. 药典体系

各发达国家药典附录均收载有药品包装材料的技术要求，包括以下两个项目：

（1）安全性项目。如异常毒性、溶血、细胞毒性、化学溶出物、玻璃产品中的砷、聚氯乙烯中的氯乙烯、塑料中的添加剂等。

（2）有效性项目。材料的确认、水蒸气渗透量（溢出量）、密封性、扭力。

2. ISO 体系

国际标准化组织（International Organization for Standardization，ISO）制定的国际标准是国际间贸易顺利进行的技术保证，其中，ISO/TC 76 以制定药品包装材料、容器标准为主要工作内容，根据材料及形状制定标准（如铝盖、玻璃输液瓶），基本上涉及药包材的所有特性，但缺少材料确认项目，也缺少证明使用过程中不能消除的其他物质（细菌数）和监督抽查所需要的合格质量水平。

3. 各国工业标准体系

例如，英国工业标准 BS 等，已逐渐向 ISO 标准转化。

【知识拓展】

各国药品包装容器质量标准体系内容介绍

1. 美国药典

对玻璃产品控制的项目有透光率试验、耐水性试验、砷浸出量试验等。

对 PE 或 PET 产品（适用于口服固体制剂）控制的项目有红外测定、热分析、透光率试验、水蒸气透过量测定、重金属、不挥发物测定等。

2. 日本药局方

对注射剂用玻璃容器的检测项目有封口要求、可溶性碱（耐水性）测定、铁测定（避光容器）、透光率测定。

对塑料容器的特殊要求：①应考察容器的溶出或迁移；②应考察容器的物理性能；③应考察容器的阻隔性能；④应考察容器对恶劣气候的耐受力；⑤应考察容器的耐灭菌性能；⑥在设计阶段对容器毒性的评价。

对注射剂用胶塞的检测项目有镉、铅、浸出液试验、急性毒性试验、溶血试验、热原试验。

对 PE 或 PP 注射剂用容器的检测项目有透明度、水蒸气透过量、重金属、铅、浸出液试验、细胞毒性试验。

对 PVC 注射剂用容器的检测项目有厚度、透明度、渗漏性、柔韧性、水蒸气透过量、镉、铅、锡、氯乙烯单体、不溶性微粒、浸出液试验、细胞毒性等。

3. 欧洲药典

主要应用的塑料材料有 PE（分为不含添加剂和含添加剂的 PE）、PP 及 PET。上述材料主要控制的项目有鉴别（采用红外光谱和密度试验）、浸出液试验、金属离子、灰分试验、添加剂检查。

对玻璃容器控制的项目有耐水性、透光率、抗热震性、砷等。

PVC 材料分为静脉输液容器用 PVC（含增塑剂）和不含增塑剂的 PVC（适用于非注射剂用的液体瓶）。

上述材料的控制项目有红外鉴别、浸出液试验、金属离子、灰分试验、添加剂检查、氯乙烯含量测定和氯乙烯单体控制等。

对胶塞的控制项目有鉴别、浸出液试验、挥发性硫化物、穿刺力、穿刺落屑、自密封性等。

4. 我国"药包材"标准（YBB 标准）

为加强药品包装容器的质量控制，在前期对产品质量充分调研的基础上，国家食品药品监督管理局于 2002 年制定并颁布实施了《国家药品包装容器（材料）标准（试行）》（YBB 标准）。目前为 2005 年修订版。

YBB 标准对不同材料控制的项目涵盖了鉴别试验、物理试验、机械性能试验、化学试验、微生物和生物试验。这些项目的设置为安全合理选择药品包装材料和容器提供了基本的保证，也为国家对药品包装容器实施国家注册制度提供了技术支持。

根据药包材的特性，一般认为药包材的标准应包含以下项目。

（1）材料的确认（鉴别）。

材料的确认（鉴别）主要是确认材料的特性。这是因为根据材料的不同需设置特殊的检查项目，如聚氯乙烯材料应检查氯乙烯单体、聚对苯二甲酸乙二醇酯（PET）材料应检查乙醛残留量。其次防止掺杂。最后用户能确认材料来源的一致性。

（2）材料、容器的检查项目。

① 检查材料的化学性能。首先检查材料在各种溶媒中浸出物的量，主要检查有害物质、低分子量物质、未反应物、制作时带入物质、添加剂等。常用的溶媒为水、乙醇、正己烷。通常检测项目：还原性物质、重金属、蒸发残渣、pH 值、紫外吸收度等。

然后检查材料中特定的物质，如聚氯乙烯硬片中氯乙烯单体、聚丙烯输液瓶催化剂的量、复合材料中溶剂残留量。

最后材料加工时所添加物，如橡胶中硫化物、聚氯乙烯膜中增塑剂（邻苯二甲酸二辛酯）、聚丙烯输液瓶中抗氧剂的量。

② 检查材料、容器的使用性能。例如，容器需检查密封性、水蒸气透过量、抗跌落性、滴出量（若有定量功能的容器）；片材需检查水蒸气透过量、抗拉强度、延伸率；如该材料、容器需组合使用，需检查热封强度、扭力、组合部位的尺寸等。

③ 检查材料、容器的生物安全项目。微生物数：根据该材料、容器被用于何种剂型，测定各种类微生物的量。安全性：根据该材料、容器被用于何种剂型，需选择测试异常毒性、溶血细胞毒性、眼刺激性、细菌内毒素等项目。

国际标准、各国药典都是药品包装国际市场共同遵循的技术依据。其中，药典侧重于材料、容器的安全性评价，国际标准侧重于产品使用性能的评价。

3.2.5 药品包装材料选择的基本要求——材料与药物的相容性试验

1. 试验简介

药包材与药物的相容性试验是指考察药包材与药物间是否发生迁移或吸附等现象,进而影响药物质量而进行的一种试验。广义来说是指药包材与药物间的相互影响或迁移,它包括物理相容、化学相容、生物相容。选用对药物无影响、对人体无伤害的药用包装材料必须建立在大量的实验基础上。

(1) 试验条件。

药用包装材料与药物的相容性(药品包装材料与药品稳定性)试验是在一个具有可控性的环境内,选择一个实验模型,使药用包装材料与药物互相接触或彼此接近地持续一定的时间周期,考察药用包装材料与药物是否会引起相互的或单方面的迁移、变质,从而证实在整个使用的有效期内药物能保持其安全性、有效性、均一性,并能使药物的纯度继续受到控制。

(2) 试验内容。

① 影响因素试验。探讨药物固有的稳定性、影响其稳定性的因素及可能的降解途径和降解产物或发生物质迁移的途径与迁移物质,为药物生产工艺、包装材料的选择、贮存条件与建立降解产物的分析方法提供科学依据。有高温试验、湿度试验、强光照射试验。

> **【知识链接】**
>
> **影响因素试验内容简介**
>
> 1. 高温试验
>
> 将供试品于 40℃温度下放置 10 天,于第 5 天和第 10 天取样,按本试验所设计的药品及药包材相应的考察项目进行检测;若供试品有明显变化的话,则宜在 25℃条件下同法进行试验;若 40℃无明显变化,可不再进行 25℃试验。对温度特别敏感的药物,预计只能在冰箱中(4~8℃条件下)同法进行试验。
>
> 2. 湿度试验
>
> 将供试品置于恒湿密闭容器中,在(25±2)℃、相对湿度(90±5)%的条件下放置 10 天,于第 5 天和第 10 天取样,按本试验所设计的药品及药包材相应的考察项目进行检测,同时准确称量试验前后供试品的重量,以考察供试品的吸湿、潮解的性能。必要时,可在(25±2)℃、相对湿度(20±2)%的条件下,同法进行试验。
>
> 3. 强光照射试验
>
> 将供试品置于装有日光灯的光照箱或其他适宜的光照装置内,于照度为(4 500±500)Lux 条件下放置 10 天,于第 5 天和第 10 天取样,按本试验所设计的药品及药包材相应的考察项目进行检测,特别要注意供试品的外观变化。
>
> 此外,根据药物及药包材的性质,必要时可设计试验,探讨迁移、富氧及其他条件对产品的影响,着力研究分解产物的分析方法。
>
> (资料来源:http://news.pack.cn/hydt/market/2004-12/20041230160 35001.shtml.)

② 加速试验。此试验是在超常的条件下进行的。在温度(40±2)℃、相对湿度(75±5)%的条件下放置 6 个月。在试验期间于第 1 个月、2 个月、3 个月、6 个月末取样一次,按本试验所设计的药品及药包材相应的考察项目进行检测。对溶液剂、混悬剂、乳剂、注射液可

不要求相对湿度。对温度特别敏感的药物，预计只能在冰箱中（4～8℃条件下）保存的药物制剂，可在（25±2）℃、相对湿度（60±10）%的条件下进行试验，时间为6个月。乳剂、混悬剂、软膏剂、滴眼剂、栓剂、气雾剂、泡腾片及泡腾颗粒宜直接在温度（30±2）℃、相对湿度（60±5）%的条件下进行试验，时间为6个月。对于包装在半透性容器的药物制剂，如塑料袋装溶液、滴眼剂用塑料容器、滴鼻剂用塑料容器等，宜在相对湿度（20±2）%的条件下进行试验，时间为6个月。

③ 各种贮存条件与长期试验。长期试验是在药品包装材料、容器包装药物后，在模拟药物的实际贮存的条件下进行试验，以考察药用包装材料对药物的保护功能，确保药物在有效期内的质量。试验时，取供试品于温度（25±2）℃、相对湿度（60±10）%，放置12个月。每3个月取样一次，分别于0个月、3个月、6个月、9个月、12个月按本试验所设计的药品及药包材相应的考察项目进行检测。12个月以后，仍需继续考察，分别于18个月 24个月、36个月取样进行检测。将结果与0个月比较，以考察药用包装材料对药品的保护功能。由于实验数据的分散性，一般应按95%的可信限进行统计分析。如3批统计分析结果差别较小，则取平均值；若差别较大，应取最小值作为体现药用包装材料的保护功效指标；若数据显示数值较稳定，可不做统计分析。对温度特别敏感的药物制剂，长期试验可在温度（6±2）℃的条件下，放置12个月，按上述时间要求进行检测。12个月以后，仍需按有关规定继续考察，以证实药用包装材料对药物制剂的保护功效。此外，对药物制剂和药用包装材料还应考察使用过程中的稳定性。对于试验方法尚需进行方法学的验证，应使实验方法具有足够的准确性、适宜的灵敏性和专属性，试验的结果应具有重复性和重现性。必要时可对药品及药用包装材料、容器进行留样观察试验。

（3）试验应注意的问题。

① 密闭容器及物理相容。

② 温、湿度变化，光照变化。

③ 贮存温度、不同气候带来的影响。

④ 降解或分解产物。

⑤ 材料中的添加剂的控制。

2. 常用药品包装材料的主要试验内容

（1）玻璃主要考察的项目应包含碱性离子的释放、不溶性微粒（或脱片试验）、金属离子向药物制剂的释放、药物与添加剂的被吸附性、有色玻璃的避光性。

（2）橡胶主要考察的项目应包含溶出性、吸附性、化学反应性、不溶性微粒。

（3）金属主要考察的项目应包含被腐蚀性、金属离子向药物制剂的释放性、金属覆盖层是否有足够的惰性。

（4）塑料主要考察的项目应包含双向穿透性、溶出性、吸附性、化学反应性。

【知识拓展】

塑料瓶药品包装材料的选用原则

1. 塑料瓶的主原料、助剂配方选择

固体用塑料瓶的产品标准分别规定了适用的主原料，且必须符合无毒、无异味等要求。由于可供选用的主原料又有多种，这就需要对原料的综合性能加以选用。一般片剂选用高密度聚乙烯、聚丙烯瓶，如需要透明度可选用 PET 瓶；如药品需要阻隔性能更高，且阻光、不透明，则选用棕色 PET 瓶、阻隔性能更佳的 PEN 瓶（聚萘二甲酸乙二醇酯，其化学结构与 PET 相似，不同之处在于分子链中 PEN 由刚性更大的萘环代替了 PET 中的苯环，萘环结构使 PEN 比 PET 具有更高的物理机械性能、气体阻隔性能、化学稳定性及耐热、耐紫外线、耐辐射等性能）；液体剂型药品一般选用聚丙烯瓶或聚酯瓶作为主原料。

2. 瓶体与盖的密封性、水蒸气渗透性

密封性与水蒸气渗透性是药用塑料瓶的两个重要技术指标，它们对装药稳定性起着至关重要的影响。

3. 塑料瓶产品质量标准

从生产厂的产品质量标准中可以分析判断产品质量的优劣。药用塑料瓶生产企业均应制定严于国家标准、行业标准的企业标准。

4. 质量保证体系

对供应商进行审计已成为采购塑料瓶必不可少的重要环节。通过审计，可对生产厂的软、硬件设施，技术设备，质量综合水平做出全面正确评估。

5. 塑料瓶的装药稳定性与相容性

选用塑料瓶，尤其是新药选用新型塑料瓶（或新材质、新工艺），应该先进行装药试验，以考察装药稳定性和塑料瓶与药物间的相容性。药物、塑料瓶材质相互间的渗透、溶出、吸附、化学反应、变性必须通过科学检测才能判定。

3.2.6 药品包装常用材料及应用

1. 药品包装用塑料

（1）聚乙烯塑料（PE）。

聚乙烯塑料由乙烯单体聚合而成，是乙烯聚合高分子化合物的总称。聚乙烯树脂一般无色、无臭味、无毒、吸水性小、耐寒性强，是口服药品包装中最常用的一种塑料。

① 低密度聚乙烯（LDPE）为乳白色圆珠形颗粒，无毒、无味、无臭，表面无光泽，密度为 $0.916\sim0.930g/cm^3$，性质较柔软，具有良好的延伸性、电绝缘性、化学稳定性、加工性能和耐低温性（可耐-70℃），但机械强度、隔湿性、隔气性和耐溶剂性较差，分子结构不够规整，结晶度低（55%～65%），结晶熔点也较低（108～126℃）。用途：适用于制薄膜、重包装膜、电缆绝缘层材料、吹注塑及发泡制品。

② 高密度聚乙烯（HDPE）是第二代聚乙烯，跟 LDPE 一样，化学稳定性好、耐寒、耐磨、阻湿性较好，比 LDPE 的强度高，耐油性也稍好一些，药用塑料瓶一般用 HDPE 制成。由于 PE 阻味性较差，耐油性不强，因此，HDPE 制成的塑料瓶一般不宜存放芳香性的、油脂性的药品，也不宜存放对氧气或水蒸气特别敏感的药品。PE 中即使有单体的迁移也无安全上的问题，只要对使用的添加剂品种和数量进行控制，在安全性上是没有问题的。

【知识拓展】

PE 塑料制备方法

吹塑法制造各种瓶、罐及各种工业用槽、桶等容器。

注射成型制造各种盆、桶、篮、筻、筐等日用盛器、日用杂品和家具等。

挤出成型制造各种管材、捆扎带及纤维、单丝等。此外，还可用于制造电线电缆的包覆材料和合成纸；加入大量无机钙盐以后，还可以制造钙塑包装箱和家具、门窗等。

HDPE 用于制造高强度超薄薄膜（PE 薄膜加工一般用普通吹膜加工或平挤加工法），做食品、农副产品和纺织品的包装材料发展很快。

（2）聚丙烯塑料（PP）。

PP 无色、无臭、无毒，耐热性和化学稳定性都较强，拉伸强度比 PE 大，在常用塑料中是唯一能在水中煮沸和在 130℃消毒的塑料。其缺点是耐寒性较差，透明性较差。在药品包装上可制成固体制剂塑料瓶、口服液塑料瓶，还可由双向拉伸法制成输液瓶等。PP 在复合膜中经常做单膜使用。在复合膜中使用的 PP 膜有拉伸膜和流延膜两种。

① 双向拉伸的 PP 膜（BOPP）：透明度好，光亮美观，缺点是撕裂强度大幅降低，热封性也不好，所以双向拉伸 PP 膜一般作为复合膜的外表层。

【知识拓展】

BOPP 的制备

BOPP 的生产是将高分子聚丙烯的熔体首先通过狭长机头制成片材或厚膜，然后在专用的拉伸机内，在一定的温度和设定的速度下，同时或分步在垂直的两个方向（纵向、横向）上进行拉伸，并经过适当的冷却或热处理或特殊的加工（如电晕、涂覆等）制成薄膜。其制备流程如图 3.13 所示。

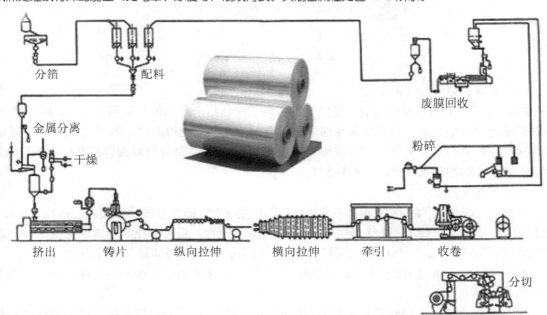

图 3.13 BOPP 制备流程

常用的 BOPP 包括普通型双向拉伸聚丙烯薄膜、热封型双向拉伸聚丙烯薄膜、香烟包装膜、双向拉伸聚丙烯珠光膜、双向拉伸聚丙烯金属化膜、消光膜等。

② 流延 PP 膜（CPP）：保持了撕裂强度和热封性好的特点，一般可作为复合膜的内封层。

【知识拓展】

CPP 的制备

CPP 是通过熔体流延骤冷生产的一种无拉伸、非定向的平挤薄膜。与吹膜相比，其特点是生产速度快、产量高，薄膜透明性、光泽性、厚度均匀性良好。同时，由于是平挤薄膜，后续工序如印刷、复合等极为方便，因而广泛应用于纺织品、鲜花、食品、日用品的包装。其制备设备如图 3.14 所示。

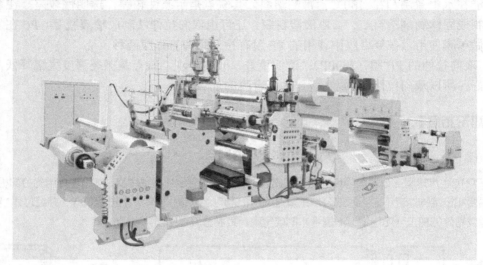

图 3.14 CPP 制备设备

（3）聚氯乙烯塑料（PVC）。

PVC 由氯乙烯单体聚合而成，是世界上实现工业化生产最早的塑料品种之一。PVC 原本的形态是透明而坚硬的，只有加入足够多的增塑剂才能使之变得柔软。PVC 是油类、挥发的和不挥发的醇类的优良阻隔物。一般作为药品或食品的 PVC 包装材料或容器及所用的粒料，对氯乙烯单体的控制都较严，一般控制为≤1ppm。

（4）聚酯（PET）。

聚酯是一类树脂的总称，"聚酯"通常是指其中的一种，即聚对苯二甲酸乙二醇酯（PET）。PET 透明、强度大，耐热性能和耐低温性能都很好，无毒、质轻、化学稳定性优良，对水蒸气和氧气的阻隔性好，对气味的阻隔性也很好，没有针孔。这些都是 PET 的优点。

PET 塑料中的添加剂的量比 PE 和 PP 都少，迁移出来的机会也少一些，在安全上不会构成问题。

PET 是制造饮料、调味品包装瓶的较好的一种塑料，也是制造糖浆等口服液塑料包装瓶的最佳塑料品种。固体口服制剂包装瓶、泡罩包装成型材料及条型包装用复合膜的外层膜经常用 PET 制成。PET 瓶由于质轻、透明度高和阻隔性良好成为药品包装市场的一个亮点。

（5）聚偏二氯乙烯（PVDC）。

PVDC（在包装材料中实际上使用的是偏二氯乙烯与 5%～50%氯乙烯的共聚物）突出的优点是对气体的阻隔性能优良，对水蒸气阻隔性是 PE、PP、PVC 的几倍到几十倍，对氧气的阻隔性是这几种塑料的几百倍。

PVDC 在药品包装中一般用于以下用途：
① 复合聚氯乙烯硬片（PVC/PVDC 硬片）以提高 PVC 硬片的阻隔性。
② 条型包装所用复合膜中的单层和涂层。
③ 在 PE 或 PP 制造的药用塑料瓶内涂敷 PVDC 以改善其阻隔性，主要包括口服固体药用塑料瓶、液体药用塑料瓶和滴眼剂用塑料瓶等。这些塑料瓶多由 HDPE 材料（滴眼剂包装瓶用低密度聚乙烯）或 PP、PET 材料制成。

2. 药品包装用复合膜

药品包装用复合膜作为一种直接接触药品用包装材料，在管理上有特别要求，在技术层面上也有许多与一般复合膜不同之处。

（1）药品包装用复合膜在产品标准上的特点。

① 药包材的标准管理权在国家食品药品监督管理局。药品包装用复合膜标准有 YBB00132002《药品包装用复合膜、袋通则（试行）》、YBB20112010《聚酯/铝/聚乙烯药品包装用复合膜、袋（试行）》、YBB20122010《聚酯低密度聚乙烯药品包装用复合膜、袋（试行）》、YBB20132010《双向拉伸聚丙烯低密度聚乙烯药品包装用复膜（试行）》。

② 药品包装用复合膜的标准，其编写格式采用了《中国药典》的格式。其内容与普通复合膜相比，增加了微生物限度和异常毒性两项卫生项目，其他卫生、安全性指标与食品包装相比都有大幅度提高。

③ 药品包装用复合膜标准中还规定药品包装用复合膜必须对其结构进行材质鉴定，对其所包装的药品应按 YBB00142002《药品包装材料与药品相容性试验指导原则》进行相容性试验，以确保药品包装的安全、有效。

（2）药品包装用复合膜的阻隔性能要求特点。

高阻隔性包装材料对食品用复合膜而言，一般是指高阻氧材料，但是对于药品包装而言，绝大多数药品对水蒸气敏感而对氧气不敏感，因而药品包装的阻隔性通常以防潮为主。

药品是一种附加值高，安全性、可靠性要求高的特殊商品。除中药饮片和低档冲剂的包装外，药品包装复合膜基本以纯铝箔复合材料为主，而食品包装总体来说还是以透明或镀铝包装为主。

高阻隔性铝箔复合材料由于其阻隔性极高，原本可以忽略的侧面渗透已不能被忽视。用铝箔复合材料制成的包装袋除了要考虑穿过包装材料的渗透外，还应考虑包装袋热封边的渗透，热封边应有足够的宽度，使用的热封材料必须要有一定的阻隔性能。

铝箔是不同于塑料的一种特殊材料，铝箔复合膜还应注意铝箔层在包装、运输、销售过程中的压穿、压断、折裂等问题。高阻隔性铝箔层被破坏后，虽然不会产生漏气，但其阻隔性能就大大打了折扣，严重影响产品的保质期。

（3）药品包装用复合膜产品形式上的特点。

药品的用量一般较小，不便于先制袋再包装，通常都采用自动包装机包装。药品包装复合膜除中药饮片的包装外，大量是以卷材出厂，到了制药厂，用自动化的袋成型—充填—封口包装机进行药品包装。药品包装用复合膜以卷材出厂，虽然节省了制袋工序，但卷材出厂各方面的要求要比包装袋出厂严格很多。

卷材要求如下：

① 卷材卷取通常都有方向，不合格品的复合膜要卷两次，卷取松紧度要合适，不能出现膜层松动，更不能发生芯心皱折，很多药厂都不接受"活"的皱折。

② 药品包装用复合膜以卷材出厂，其薄膜的厚薄度、均匀度要求要比袋高得多，同时厚度的分布要均匀，否则卷膜容易暴筋。由于卷膜是连续性的，不能像制袋产品一样可以逐个袋挑选，只要几十米产品中有一个不合格点，整卷都将报废，风险较大。

③ 纸芯不能太湿，否则从潮湿的南方到干燥的北方时，纸芯干燥后将会引起卷芯松动。有些要求严格的药厂从卫生角度出发（纸品易带菌，且可能有异味）要求用塑料管或铝管做卷芯。

（4）药品包装用复合膜结构特性与其阻隔性能。

药用复合膜、袋的形式多种多样，材质结构有纸/塑料、塑料、镀铝塑料、纸/铝箔/塑料和塑料/铝箔/塑料等多种形式，其阻隔性能依次递增。药品包装用复合膜的结构，不仅要考虑常温下的机械强度，还要注意在热封温度下包装材料的机械强度。

药品生产商可按药品对包装材料的阻隔性能要求以及药品的包装形式，并综合考虑其他因素（如透明性、美观性、取药便利性、经济性等）选择适宜的药用包装。

【知识拓展】

复合膜的复合方法

复合膜的复合方法有干式复合法、湿式复合法、挤出复合、共挤复合等。其中最常用的复合工艺方法为干式复合法。不仅适用于塑料薄膜之间的复合，而且也适用于塑料薄膜与铝箔、镀铝膜之间的复合。

3. 泡罩包装

泡罩包装是先将透明塑料硬片吸塑成型后，将片剂、丸剂或颗粒剂、胶囊等固体医药填充在凹槽内，再与涂有粘合剂的铝箔片加热粘合在一起，形成独立的密封包装。

泡罩包装采用的材料包括印刷涂布保护层和粘合层材料（称为保护剂和粘合剂），用作盖口材料的是药用铝箔（简称 PTP 铝箔），还有能在铝箔表面印文字图案的油墨材料，以及形成凹坑用的 PVC 塑胶硬片材料。

药品的泡罩包装是当今制药行业应用最广泛，发展速度最快的软包装材料之一，也是目前我国药品固体剂型的主要包装形式。医药的铝塑泡罩包装（又称水泡眼包装）是一种新型的固体医药包装形式，在国内发展很快，由于这种包装具有贮存期长、携带方便的特点，越来越受到制药企业和消费者的欢迎，正在逐步取代传统的玻璃瓶包装成为固体医药包装的主流。

泡罩包装良好的阻隔性能取决于其对原材料铝箔和塑料硬片的选择。铝箔具有高度致密的金属晶体结构，有良好的阻隔性和遮光性；塑料硬片则具备足够的对氧气、二氧化碳和水蒸气的阻隔性能、高透明度和不易开裂的机械强度。

目前最常用的医药用泡罩包装材料为 PVC 片及 PVDC。PVDC 的分子密度大、结构规整、结晶度和透明度高、耐油脂性好，PVDC 膜是目前阻隔性能最好的一种薄膜，相同厚度的 PVDC 膜对氧气的阻隔性是 PE 的 1 500 倍，是 PP 和 PET 的 100 倍，而且它对于水蒸气的阻隔性能亦高于 PVC，是泡罩包装的理想材料。

泡罩包装的优势：全自动的封装过程最大程度地保障了医药包装的安全性。全自动的泡罩包装机包括了泡罩的成型、药品填充、封合、外包装纸盒的成型、说明书的折叠与插入、泡罩板的入盒及纸盒的封合，全部过程一次完成，安全卫生。先进的机型除自动化程度高外，还有多项安全检测装置，包括包装盒和说明书的识别与检测，可极大提高安全性和卫生性，并有效减少药品的误装。

4. 药品包装用橡胶

橡胶制品在医药上的应用十分广泛，其中丁基橡胶、卤化丁基橡胶、丁腈橡胶、乙丙橡胶、天然橡胶和顺丁橡胶都可用来制造医药包装系统的基本元素——药用瓶塞。为防止药品在储存、运输和使用过程中受到污染和渗漏，橡胶瓶塞常用作医药产品包装的密封件，如输液瓶塞、冻干剂瓶塞、血液试管胶塞、输液泵胶塞、齿科麻醉针筒活塞、预装注射针筒活塞、胰岛素注射器活塞和各种气雾瓶（吸气器）所用密封件等。各种医药包装橡胶密封件如图3.15所示。

图 3.15　各种医药包装橡胶密封件

橡胶制品的特性：橡胶的固有特性是高弹性，可获得良好的密封性能和再密封性能；低的透气和透水性；良好的物理和化学性能；耐灭菌；和药品的相容性好。这些都是医药包装对瓶塞最重要的要求。

理想的瓶塞应具备以下性能：对气体和水蒸气的透过性低；吸水率低；能耐针刺且不落屑；有足够的弹性，刺穿后再封性好；良好的耐老化性能和色泽稳定性；耐蒸汽、氧乙烯和辐射消毒等。

药品对瓶塞的低透气性、低抽出率、低吸附性等方面的要求，决定了橡胶瓶塞在生产过程中对橡胶的选择非常苛刻。

制作药用瓶塞的橡胶种类如下：

（1）天然橡胶是第一代用于药用瓶塞的橡胶。它具有优秀的物理性能和耐落屑性能，但其硫化胶的透气性及耐化学性能无法满足现代医药工业的要求。因为天然胶需要高含量的硫化剂、防老剂以防老化，所以会产生药品不需要的高残余量的抽出物，其吸收率也不理想。因此，天然胶塞已被列入淘汰的行列。

（2）氯丁胶在医药工业中应用极少，其高渗透性及高吸水性是主要原因。

（3）乙丙橡胶的配方采用过氧化物硫化，不含任何增塑剂。但对乙丙胶瓶塞及密封垫的分析表明，常有一些来自橡胶中的催化剂残余物，因此，这种橡胶一般只用于与高pH溶液或某些气雾剂接触的瓶塞。

（4）丁腈橡胶具有优异的重密封性能和耐油、耐各种溶剂性能，被广泛应用于药品推进胶件，如气雾泵的计量阀、兽药耐油瓶塞等。丁腈橡胶密封件在气雾剂中的应用如图 3.16 所示。

（5）丁基橡胶是异丁烯和少量异戊二烯的共聚物。异戊二烯的加入使丁基胶分子链上有了可用硫磺或其他硫化剂硫化的双键。它具有对气体的低渗透性、低频率下的高减振性、优异的耐老化、耐热、耐低温、耐化学、耐臭氧、耐水及蒸汽、耐油等性能及较强的回弹性等特点。而这些特点又是理想的药用胶塞必须具备的，这也是丁基橡胶广泛应用于医药包装领域的主要原因。

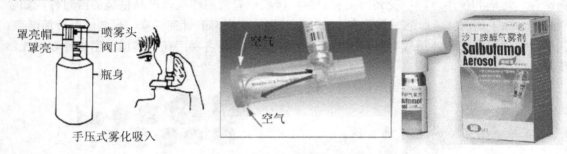

图 3.16　丁腈橡胶密封件在气雾剂中的应用

（6）卤化丁基胶与丁基橡胶有着共同的性质和特点，但由于卤元素——氯或溴的存在，使胶料的硫化活性和选择性更高，易与不饱和橡胶共硫化，消除了普通丁基橡胶易被橡胶污染的弊病；在硫化过程中可以选择多种硫化体系，可以不用硫黄或用少量硫黄体系进行硫化，可以不用或用少量氧化锌进行硫化。从而使卤化丁基橡胶在医药包装领域得到更广泛的应用。

【知识拓展】

药品容器包装材料对药品质量的影响

橡胶瓶塞、玻璃或塑料容器的材料可能会产生有害物质，渗漏进药品溶液中，使药液产生沉淀、微粒超标、pH 改变、变色等。药品容器包装材料的正确选择是保证药品质量的重要手段。

5．药用金属包装材料

药用金属包装材料主要指用于粉针剂包装的铝盖、膏剂及气雾剂的瓶身，以及铝塑泡罩包装的药用铝箔等。

粉针剂铝盖有几种，如 E 型不开花铝盖（常与天然胶塞配用，伴随封蜡工艺）、C 型三接桥开花铝盖及铝塑组合盖（如图 3.17 所示）。铝塑组合盖由于开启方便，使用安全卫生，已越来越多地被市场接受。

图 3.17　铝塑组合盖

6. 玻璃容器在药品中的应用

玻璃容器常用于注射剂（包括粉针剂、冻干粉针剂和小容量注射剂）、大容量输液等剂型的包装。模制注射剂瓶的使用量占抗生素粉针剂包装总量的 70%。管制注射剂瓶以其质轻、透明度高和可以小容量制造而成为生物制剂的首选。

医药玻璃包装在使用过程中应注意碱性离子的释放而导致药液 pH 发生变化、蛋白质和多肽药物被玻璃吸附、光线透过使药物分解，以及玻璃脱片使药物澄明度改变等问题。另外，当玻璃容器制备不良时，还会产生熔封针孔、瓶口歪斜、密封性差等问题。

7. 纸包装材料在药品包装中的应用

纸包装材料与容器的优势是成本低、节省资源、机械加工性能好，能适应机械化大生产，易于印刷，使用时无害无毒，便于回收等。因此，在商品流通领域里，不论是用于运输包装的瓦楞纸箱，还是用于销售包装的纸盒、纸袋，都是由以纸板为基材的复合包装材料占据包装材料之首。

常用包装用纸种类：牛皮箱板纸、瓦楞原纸（图 3.18 所示为纸的结构）、挂面箱板纸、牛皮白卡、灰底白卡等。

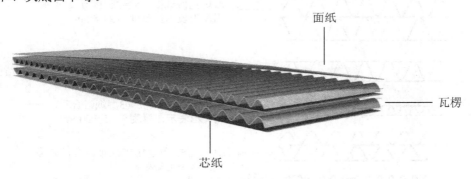

图 3.18　瓦楞原纸结构

【知识拓展】

运输包装中的纸包装形式

1. 瓦楞纸箱

瓦楞纸箱是目前使用量最大的运输包装容器，如图 3.19 所示。常用的易碎品外包装用瓦楞纸箱由 3 层或 5 层瓦楞纸板制成。瓦楞纸板一般有 A、B、C、E 四种楞型，A、B、C 楞型瓦楞纸板均可制作易碎品外包装用纸箱。区别在于 A 型楞较高、较稀疏，抗压强度较低；B 型楞较低、较密，抗压强度较高；C 型介于两者之间；E 型坑纹具有最高的抗压性，但其吸震能力则稍差。瓦楞纸板结构与型号如图 3.20 所示。选择不同的楞型或不同层数的纸板制作纸箱，主要是依据内装物的重要性和对抗压强度的要求。以往由于中国运输条件较为落后，野蛮装卸现象时有发生，国内对 5 层瓦楞纸箱的需求量较大，约占 70%的比例。但是近年来随着中国运输条件的改善，3 层瓦楞纸箱的应用比例逐年提高。并且随着销售方式的改变，很多易碎品的运输包装向销售包装靠拢。瓦楞纸箱的设计越来越复杂，印刷装潢的质量也越来越高，不少已登上超市的售货架。

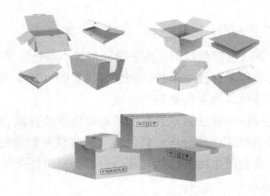

图 3.19 瓦楞纸箱

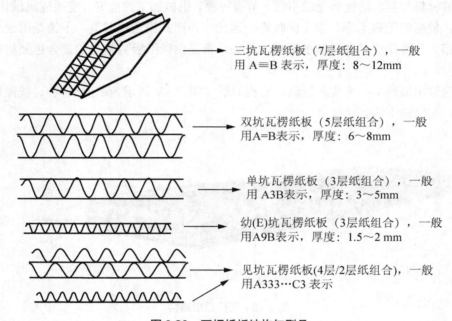

图 3.20 瓦楞纸板结构与型号

2. 蜂窝纸板箱

蜂窝纸板箱是由蜂窝纸板制造而成的箱形容器,其纸板结构如图 3.21 所示。蜂窝纸板质轻、抗压、抗弯、抗剪强度高,具有良好的缓冲隔振性能,以蜂窝纸板为主体材料的包装箱有 3 种。一是复合材料包装箱,箱体外层使用抗戳穿能力强的纤维板或三合板、中层为蜂窝纸芯、内壁用草纸板粘合而成。二是全蜂窝纸板包装箱,即以蜂窝纸为夹芯,内外用箱纸板粘合而成。三是内衬型包装箱,以瓦楞纸箱作为箱体,箱内上下四壁用蜂窝纸板作衬垫,有较强的防震、抗压、保温、抗戳穿能力。与传统的瓦楞纸箱相比,蜂窝纸板箱的机械性能更好,如经破坏性跌落、重物码垛、实装滚动等实验表明,蜂窝纸板包装箱内装易碎物品破损率比瓦楞纸箱降低 50%~97%;空箱上放置 600 千克的重物试压 3 个月也不变形,并且无需聚苯乙烯衬垫;与同规格的瓦楞纸箱重量比为 2:5,可节约纸板 60%。这种纸箱的推广应用,将为降低商品在流通过程中的破损率,提高包装产品质量起到积极的作用。特别是对于价值较高的玉器雕刻品、工艺品等,蜂窝纸箱是最好的选择。不过,由于蜂窝纸板制作工艺较复杂,特别是目前还不能实现自动化制箱,因此在应用上受到限制,主要用于小批量、体积和重量都比较大的易碎品包装上。

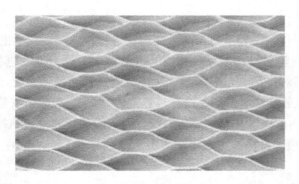

图 3.21 蜂窝纸板结构

(资料来源:http://www.qdjybz.com/index.php/newshow/fyzd/1/cn/330,699/699.html.)

3.3 药品包装技术与应用

3.3.1 包装技术基础

1. 商品包装技术和方法的分类

(1) 按功能分类。

① 销售包装技术。主要有热封技术、塑料封技术、外壳包装技术、收缩包装技术、真空减压及充填包装技术、灭菌包装技术、防霉包装技术、印刷技术等。

② 运输包装技术。主要分有外装技术和内装技术。外装技术包括容器设计技术和印记技术;内装技术包括防震包装技术、防潮及防水包装技术、防锈包装技术、防虫及防鼠包装技术等。运输包装技术的重点是容器设计技术、包装尺寸和强度设计技术、印记技术。

(2) 按产品在运输、销售过程中的经济性分类。

① 单个包装技术。指对单个商品所进行的包装,主要有机械性保护包装、防护剂保护包装、防水包装、防水气包装、存放吸湿剂的防水和防水气包装、可剥除的化合物保护包装等。

② 内包装技术。产品经过单个包装后,放入内包装容器,并加以衬垫,即完成内包装。内包装的目的主要是防震、防摩擦,保护产品。内包装应粘贴适当标志。

③ 外包装技术。主要目的是方便运输,包括阻挡与支撑、衬垫、防水设施、包装容器、捆扎与标志。外包装要求具有一定的强度,具有抗挤、抗压等性能,并且外形尺寸设计要便于运输。

产品外包装后,根据具体情况,可采用如钢皮带、塑料编织带等对包装物进行捆扎,以方便装卸,防止散失。

2. 运输包装技法

(1) 一般包装技法。

一般包装技法包括内装物的合理置放、固定和加固;对松泡产品进行压缩体积;内、外包装形状尺寸的合理选择。

（2）缓冲包装技术。

缓冲包装又称防震包装，为了防止商品在运输过程中的震动、冲击对商品造成的损害，在内装材料中插入各种防震材料以吸收外部冲击的技术，称为缓冲包装技术。

缓冲包装结构是指对产品、包装容器、缓冲材料进行系统考虑后，所采用的缓冲固定方式。一个典型的缓冲包装结构有5层：产品（包括内衬）、内包装盒（箱）的缓冲衬垫、内包装盒（箱）、外包装箱内的缓冲衬垫、外包装箱。而一般的缓冲包装结构为3层：产品（包括内衬）、外包装箱内的缓冲衬垫和包装箱，如图3.22所示。

图3.22　一般缓冲包装结构

缓冲包装方法有以下几种：

① 全面缓冲包装方法。全面缓冲包装方法是指内装物和外包装之间全部用防震材料填满进行缓冲的包装方法。

A. 压缩包装法（又称填充式包装法）：用丝状、薄片状或粒状缓冲材料把产品和内包装堵塞加固。这样能把材料吸收的冲击振动能量引导到内装物强度最高的部分。此法对形状复杂的产品也适用。

B. 浮动包装法：用块状缓冲材料把产品和内包装固定在其中。这种材料在包装箱内可以位移和流动，并利用材料会流动来分散内装物所受的冲击力。

C. 裹包包装法：用片状缓冲材料把产品和内包装裹包起来置于外包装箱内。此法多用于小件物品。

D. 模盒包装法：通常用聚苯乙烯塑料预制成与产品形状一样的模盒，将产品固定在其中。此法适用于小型轻质产品。

E. 就地发泡包装法：此法所采用的设备是盛有异氰酸酯和多元醇的容器及喷枪。在产品和外包装箱之间用特殊装置（如喷枪）充填发泡材料（以液体状态注入），并很快（10s后）发泡膨胀（不到40s即可发泡膨胀到本身体积的100～140倍）、固化形成泡沫聚合物缓冲材料。这种泡沫可现场喷入外包装内，能将任何形状的物品包裹住，起到缓冲衬垫作用。

使用时，先把两种材料的容器内的温度和压力按规定调好，然后再将两种材料混合，用单管首通向喷枪，由喷枪喷出，用喷枪将异氰酸酯和多元醇树脂的混合物（聚氨酯）喷入包装箱底，待其发泡膨胀成面包状；在继续发泡膨胀的泡沫体上迅速覆盖一层2μm厚的聚乙烯薄膜，并将内装物放在泡沫体上成巢形；在内装物上再迅速覆盖一层2μm厚的聚乙烯薄膜，再继续喷入聚氨酯化合物进行发泡；当泡沫塑料填充满包装箱后将箱封口。图3.23为发泡包装流程。

② 部分缓冲包装方法。部分缓冲包装指仅在产品或内包装的拐角或局部使用缓冲衬垫，既能得到较好的缓冲效果，又能降低包装成本，适于整体性好的产品和有内装容器的产品。部分缓冲可以有天地盖、左右盖、四棱衬垫和侧衬垫几种。所用包装材料主要有泡沫塑料防震垫、充气型塑料薄膜防震垫和橡胶弹簧等。部分缓冲包装如图3.24所示。

就地发泡包装流程：

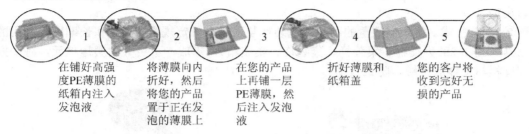

图 3.23 发泡包装流程

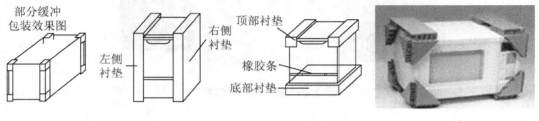

图 3.24 部分缓冲包装

A. 悬浮式缓冲包装方法。对于某些贵重易损的物品（如精密仪器、仪表），为了有效地保证在流通过程中不被损坏，外包装容器比较坚固，然后用绳、带、弹簧等将被装物悬吊在包装容器内（图 3.25 为悬浮式缓冲包装）。在物流中，无论是什么操作环节，内装物都被稳定悬吊而不与包装容器发生碰撞，从而减少损坏。

B. 联合式缓冲包装。缓冲包装在实际应用中常将两种以上的缓冲方法配合使用，有时还把异种材质的缓冲材料组合起来使用，使产品得到更充分的保护。例如，既加铺垫，又填充无定形缓冲材料的缓冲方法；将厚度相等的异种材料并联使用的缓冲方法。

缓冲包装材料的选择。缓冲包装主要是确定采用何种缓冲材料及材料的厚度。缓冲材料厚度由制品的落下能力和缓冲材料的吸收能量的关系式得到，其计算公式为 $t = Ch/Gm$。

其中，t 为缓冲材料厚度（cm）；h 为装卸中产生的落下高度（cm）；Gm 为制品的允许冲击值（g）；C 为缓冲系数（指作用于缓冲材料上的应力与该应力下单位体积缓冲材料所吸收的冲击能量之比）。

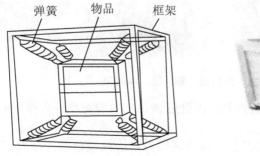

图 3.25 悬浮式缓冲包装

（3）防破损保护技术。

① 捆扎及裹紧技术。捆扎及裹紧技术的作用是使杂货、散货形成一个牢固整体，以增加

整体性，便于处理及防止散堆来减少破损。图3.26为捆扎带和打包机，图3.27为手工与机器裹紧货物。

② 集装技术。将一定数量的商品或包装件装入具有一定规格、强度和长期周转利用的集装工具（图3.28为托盘、集装桶、集装袋、集装箱），形成一个更大的搬运单元，减少搬运装卸过程与货体的接触，防止破损。

图3.26 捆扎带和打包机

图3.27 手工与机器裹紧货物

图3.28 托盘、集装桶、集装袋、集装箱

③ 选择高强保护材料。通过外包装材料的高强度来防止内装物受外力作用破损。

(4) 防锈蚀包装技术。

防锈蚀包装技术是一种采用一定的工艺，将防锈蚀材料涂在被包装的金属制品上，以防止其锈蚀损坏的包装方法。

① 防锈剂的分类。防锈剂分防锈油和气化性防锈剂两类。防锈油是在防锈矿油（空气、水分的绝缘材料）中加入防锈添加剂的产品。气化性防锈剂是一种在常温下易挥发的物质，挥发出的气体附着于金属表面，从而防止金属产品生锈。

② 防锈包装的方法。首先，对包装的金属制品表面做清洗处理，涂封防锈材料；其次，选用透湿率小且易封口的防潮包装材料进行包装，如轴承、机电产品配件等均采用此包装。为了取得更好的防锈效果，在内装金属制品周围还需放入适量的吸潮剂，以吸收内存的或外界侵入的水分，保持相对湿度在50%以下。

③ 防锈包装操作应注意事项。防锈包装技法是在运输储存金属制品与零部件时，为防止其生锈而降低价值或性能所采用的各种包装技术和方法。在进行防锈包装操作时，应注意以下几点：

A. 作业场所的环境应尽量对防锈有利，有可能的话，应进行空气调整，最好能在低湿度、无尘和没有有害气体的条件下进行包装。

B. 进行防锈包装时，特别应使包装内部所容空气的容积达到最小，以减少潮气、有害气体和尘埃等的数量。

C. 在处理包装金属时，不要沾上指纹、留下指汗，否则要妥善地进行处理。

D. 要特别注意防止包装对象的突出部分和锐角部分的损坏，或因移动、翻倒使隔离材料遭到破坏，因此在应用缓冲材料进行堵塞、支撑和固定等方面，要比其他一般包装更周密。

（5）防霉腐包装技术。

防霉腐包装技术是通过劣化某一不利的环境因素，达到抑制或杀死微生物，防止内装物霉腐，保护产品质量的包装方法。这种方法主要适用于保鲜的水果、食品、粮食等。

常用的防霉腐包装技术有以下几种：

① 温控防霉腐包装技术。通过控制产品及其周围的温度，使该温度低于霉腐微生物生长最低界限，一方面抑制生物性商品呼吸氧化过程，减少其营养物质的分解；另一方面抑制霉腐微生物的生长繁殖，以达防霉目的（即低温冷藏，水分结冰，细胞死亡）。低温防霉和冷冻防霉要求材料要耐低温。耐低温包装（图3.29为各种保温、冷藏包装箱）一般由耐冷耐潮的包装材料制成，使包装件较长时间地处于低温下，包装材料不变质，从而抑制包装物内微生物的活动，保护商品不变质，如鲜肉、鲜鱼、鲜蛋、水果和蔬菜常采用此方法。

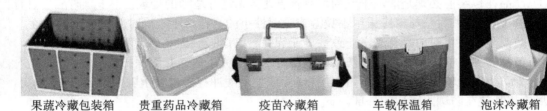

果蔬冷藏包装箱　　贵重药品冷藏箱　　疫苗冷藏箱　　车载保温箱　　泡沫冷藏箱

图 3.29　各种保温、冷藏包装箱

② 气调防霉包装技术。改变包装内的空气组成成分，降低氧的浓度，低氧环境下抑制霉菌的生命活动和生物性产品的呼吸作用。技术核心：采用透气率低、透湿率低、封口性能良好的材料密封产品；通过机械（抽真空，如图3.30所示）或脱氧剂、氧指示剂进行降氧。

③ 干燥防霉包装技术。降低包装内水分及产品本身含水量，使霉腐微生物得不到其生长繁殖所需的水分，从而达到防霉的目的。技术核心：用密封性能良好，透湿性较低的复合材料；使用干燥剂（常用硅胶、生石灰）、湿度指示剂降湿。

图 3.30　抽真空包装

④ 化学药剂防霉包装技术。使用防霉防腐的化学药剂对产品或包装材料进行处理，可在某工序中加入，可喷洒涂抹于产品表面，也可用防霉腐剂浸泡包装材料。

防霉机理：蛋白质凝固、沉淀，改变表面张力，破坏细胞结构。

常用防霉剂：四氯苯二甲腈（皮革、铜版纸）、791 防霉剂（塑料、涂料、橡皮、纸张、油漆）、五氯酚、多霉净、菌霉净等。防霉剂选取原则：高效低毒，使用安全，操作简便，对产品本身质量不造成很大影响，本身要具有良好的化学稳定性、耐热性、效果持久性，储存方便，成本低。

⑤ 气相防霉包装技术。使用具有挥发性的防霉剂，利用其挥发的气体直接与霉腐微生物接触，杀死或抑制其生长，以达防霉目的。

常用气相防霉剂：多聚甲醛、环氧乙烷。

（6）防潮包装技法。

防潮包装技法指采用防潮材料对产品进行包封，以隔绝外部空气相对湿度变化对产品的影响，使包内的相对湿度符合产品的要求，从而保护商品质量的方法。

防潮包装容器的种类有陶瓷容器、金属罐、玻璃瓶等。这些容器的防潮性能好，但质硬体重，易破碎，装运和使用不便。从发展的趋势来看，防潮包装将采用新型材料，如聚乙烯、聚丙烯、聚偏二氯乙烯等。

防潮包装中常用干燥剂：硅胶、活性炭、分子筛、无水氯化钙。

防潮包装操作应注意事项如下：

① 产品在包装前必须是清洁干燥的，不清洁处应先进行适当的处理，不干燥时应先进行干燥处理。所用缓冲衬垫材料应采用不吸湿或吸湿性小的材料，不干燥时应进行干燥处理。

② 防潮阻隔性材料应具有平滑一致性，无针孔、砂眼、气泡及破裂等现象。

③ 产品有尖突部，并可能损伤防潮阻隔层时，应预先采取包扎等保护措施。

④ 为防止在运输途中损伤防潮阻隔层材料，应使用缓冲衬垫材料予以卡紧、支撑和固定，并应尽量将其放在防潮阻隔层的外部。

⑤ 应尽量缩小内装物的体积和防潮包装的总表面积，尽可能使包装表面积对体积的比率达到最小。

⑥ 防潮包装应尽量做到连续操作，一次完成包装，若要中间停顿作业时，则应采取有效的临时防潮保护措施。

⑦ 包装场所应清洁干燥，温度应不高于 35℃，相对湿度不大于 75%，温度不应有剧烈变化以避免发生结露现象。

⑧ 防潮包装的封口，不论是黏合还是热封合，均须良好地密封。

（7）防虫害包装技术。

防虫害包装技术是通过各种物理的因素（光、热、电、冷冻等）或化学药剂作用于害虫的肌体，破坏害虫的生理机能和肌体结构，劣化害虫的生活条件，促使害虫死亡或抑制害虫繁殖，以达到防虫害的作用目的。

① 高温防虫害包装技术。利用较高的温度来抑制害虫的发育和繁殖。当环境温度上升到 40～45℃时，一般害虫的活动就会受到抑制；至 45～48℃时，大多数害虫将处于昏迷状态（夏眠）；当温度上升到 48℃以上时死亡。采用烘干杀虫、蒸汽杀虫等方法来进行。烘干杀虫一般是将待装物品放在烘干室或烘道、烘箱内，使室内温度上升为 65～110℃；也可以按照待装物品的品种规格，容易滋生害虫种类的特性来定出温度和升温时间的要求，进行烘烤处理。蒸汽杀虫是利用高热的蒸汽杀灭害虫，一般利用蒸汽室，室内温度保持在 80℃左右，要处理的受害商品，在室内处理 15～20min，害虫可以完全被杀死。

② 低温防虫害包装技术。利用低温抑制害虫的繁殖和发育，并使其死亡。仓库害虫一般在环境温度 8～15℃时，开始停止活动；-4～8℃时处于冷麻痹状态，如果这种状态延续时间太长，害虫就会死亡。-4℃是一般害虫致死的临界点。当温度降到临界点时，由于虫体体液在结冻前释放出热量，使体温回升，已经冻僵的害虫往往会复苏，如果继续保持低温，害虫就会真正死亡。一般仓库害虫在气温下降到 7℃时就不能繁殖，并大部分开始死亡。各种冷冻设备，如冷冻机、低温冷藏库等都能将温度降到 0℃以下，足以达到防虫的目的。

③ 电离辐射防虫害包装技术。利用 X 射线、γ 射线、快中子等的杀伤能力使害虫死亡或者不育，从而达到防虫害的目的。X 射线是一种不带电的粒子流，也是波长 0.01～10nm 的电磁波，有很高的穿透能力。放射性物质的原子核是不稳定的，它不断放出 α、β、γ 三种射线。其中 γ 射线是一种光子流，波长短于 X 射线。它的性质与一般的可见光、紫外线、X 射线相似，所不同的是它的能量很大，对害虫的杀伤力强。快中子是一种质量和质子相近的中性粒子，不带电，穿透力特别强，辐射效应高于 γ 射线。

④ 微波与远红外线防虫害包装技术。微波杀虫是害虫在高频的电磁场作用下，虫体内的水分、脂肪等物质受到微波的作用，其分子发生振动，分子之间产生剧烈的摩擦，生成大量的热能，使虫体内部温度迅速上升，可达 60℃以上，因而致死。微波杀虫具有处理时间短、杀虫效力高、无残害、无药害等优点。但是微波对人体健康有一定影响，可以引起贫血、嗜睡、神经衰弱、记忆力减退等病症，因此操作人员不要进入有害剂量（150MHz 以上）的微波范围，或采取必要的防护措施。远红外线具有与微波相似的作用，主要是能迅速干燥储藏物品和直接杀死害虫。例如，害虫竹蠹的死亡临界温度为 48℃，利用远红外线的光辐射和产生的高温（可高达 150℃），可使竹制品内部的竹蠹全部死亡。远红外线杀虫的优点与微波杀虫的优点也基本相似，是一种有效的防治害虫的包装技术方法。（微波是指波长 1mm～1m 的电磁波，频率为 300～300 000MHz，也称超高频。微波在传输过程中，不同的材料对微波会产生不同的反射、吸收和穿透现象。用微波处理的材料通常会不同程度地吸收微波的能量，特别是含水量和含脂肪的物质，它们吸入微波能量以后能把它转变为热量）。

⑤ 化学药剂防虫害包装技术。利用化学药剂防虫，通常是将包装材料进行防虫剂、杀虫剂处理，或在包装容器中加入杀虫剂或驱虫剂，以保护内装商品免受虫类侵害。如除虫菊和丁氧基葵花香精的混合物可以使用于多层纸袋，且这种混合剂是一种安全的杀虫剂。为了防止虫害、鼠害，包装材料应尽量不选用有虫蛀的木材和糊纸盒的浆糊等，应放防虫剂，防止蛀虫的生长。

（8）集合包装技术。

集合包装是将一定数量的商品或包装件，装入具有一定规格、强度和长期周转使用的更大包装容器内，形成一个更大的搬运单元的包装形式。它包括集装箱、集装托盘、集装袋和滑片集装、框架集装与无托盘集装等。其中常见的是集装箱、集装托盘。集装技术如图 3.31 所示。

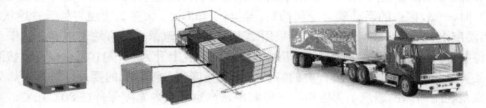

图 3.31　集装技术

（9）危险品包装技术。

① 危险品分类。危险品有上千种，按其危险性质，交通运输及公安消防部门规定分为十大类，即爆炸性物品、氧化剂、压缩气体和液化气体、自燃物品、遇水燃烧物品、易燃液体、易燃固体、毒害品、腐蚀性物品、放射性物品。有些物品同时具有两种以上危险性能。

② 危险品包装要求。

A. 对有毒商品的包装要明显地标明有毒的标志。

B. 防毒的主要措施是包装严密不漏、不透气。

C. 对有腐蚀性的商品，要注意商品和包装容器的材质发生化学变化。

D. 防爆炸包装的有效方法是采用塑料桶包装，然后将塑料桶装入铁桶或木箱中（如图 3.32 所示），每件净重不超过 50 千克，并应有自动放气的安全阀，当桶内达到一定气体压力时，能自动放气。

塑料桶　　　　铁通　　　　　　　　危险品运输车

图 3.32　危险品包装运输

【知识链接】

危险品分类

依据我国国家标准《化学品分类和危险性公示通则》和《危险货物分类和品名编号》两个国家标准将化学品按其危险性分为 9 大类：①爆炸品；②气体；③易燃液体；④易燃固体、易于自燃的物质和遇水放出易燃气体的物质；⑤氧化性物质和有机过氧化物；⑥毒性物质和感染性物质；⑦放射性物品；⑧腐蚀性物质；⑨杂项危险物质和物品，包括危害环境物质。

3. 销售包装技法

销售包装技法是指销售包装操作时所采用的技术和方法。目前，商品销售包装的技法有贴体包装技法、泡罩包装技法、收缩包装技法、拉伸包装技法、真空包装技法、充气包装技法、吸氧剂包装技法等。

（1）贴体包装技法。

贴体包装技法是将单件商品或多件商品，置于带有微孔的纸板上，由经过加热的软质透明塑料薄膜覆盖，在纸板下面抽真空使薄膜与商品外表紧贴，同时以热熔或胶粘的方法使塑料薄膜与涂黏结剂的纸板黏合，使商品紧紧固定在其中。

贴体包装的特点：通常形成透明包装，顾客几乎可看到商品体的全部，加上不同造型和有精美印刷的彩底，大大增加了商品的陈列效果；能牢固地固定住商品，有效地防止商品受各种物理机械作用而损伤，也能在销售中起到防止顾客触摸及防盗、防尘、防潮等保护作用；往往能使商品悬挂陈列，提高货架利用率。

贴体包装技法广泛适用于形状复杂、怕压易碎的商品，如日用器皿、灯具、文具、小五金和一些食品。

（2）泡罩包装技法。

泡罩包装技法所形成的包装结构主要由两个构件组成：一是刚性或半刚性的塑料透明罩壳不与商品贴体；另一是可用塑料、铝箔或纸板作为原材料的盖板。罩壳和盖板两者可采用粘接、热封合或钉装等方式组合。

泡罩包装特点：具有良好的陈列效果；能在物流和销售中起保护作用；可适用于形状复杂、怕压易碎的商品；可以悬挂陈列、节省货位；可以形成成组、成套包装；有较好的阻气性、防潮性、防尘性，用于食品时清洁卫生，可增加货架寿命；对于大批量的药品、食品、小件物品，易实现自动化流水作业；泡罩有一定的立体造型，在外观上更吸引人。

泡罩包装应用：这种技法广泛地用于药品、食品、玩具、文具、小五金、小商品等的销售包装。

泡罩包装形式：按照泡罩形式不同，可分为泡眼式、罩壳式和浅盘式 3 类。泡眼是一种尺寸很小的泡罩，常见的如药片泡罩包装；罩壳是一种用于玩具、文具、小工具、小商品的泡罩，类似于贴体包装的形式；浅盘是杯、盘、盒的统称，主要用于食品如熟肉、果脯、蛋糕等的包装。

（3）收缩包装技法。

收缩包装技法是将经过预拉伸的塑料薄膜、薄膜套或袋，在考虑其收缩率的前提下，将其裹包在被包装商品的外表面，以适当的温度加热，薄膜即在其长度和宽度方向上产生急剧收缩，紧紧地包裹住商品。它广泛地应用于销售包装，是一种很有前途的包装技术。

收缩包装特点：所采用的塑料薄膜通常是透明的，经收缩紧贴于商品，能充分显示商品的色泽、造型，大大增加了陈列效果；所用薄膜材料有一定韧性，且收缩比较均匀，在棱角处不易撕裂；可将零散多件商品方便地包装在一起，如几个罐头、几盒磁带等，有的借助于浅盘，可以省去纸盒；对商品具有防潮、防污染的作用，对食品能起到一定的保鲜作用，有利于零售，延长货架寿命；可保证商品在到达消费者手中之前保持密封，防止启封、偷盗等。

(4) 拉伸包装技法。

拉伸包装技法是用具有弹性可拉伸的塑料薄膜,在常温和张力作用下,裹包单件或多件商品,在各个方向上牵伸薄膜,使商品紧裹并密封。它与收缩包装技法的效果基本一样,其特点是:采用此种包装不用加热,适用于那些怕加热的产品如鲜肉、冷冻食品、蔬菜等;可以准确地控制裹包力,防止产品被挤碎;由于不需加热收缩设备,可节省设备投资和设备维修费用,并可节省能源。

(5) 真空包装技法。

真空包装技法是将产品装入气密性的包装容器,密封前再排除包装内的气体,使密封后的容器内达到一定真空度,此法也称减压包装技法。真空包装技法的特点:用于食品包装,能防止油脂氧化、维生素分解、色素变色和香味消失;用于食品包装,能抑制某些霉菌、细菌的生长和防止虫害;用于食品软包装,进行冷冻后,表面无霜,可保持食品本色,但也往往造成褶皱;用于轻泡工业品包装,能使包装体明显缩小,有的缩小50%以上,同时还能防止虫蛀、霉变。

(6) 充气包装技法。

充气包装是采用二氧化碳或氮气等不活泼气体置换包装容器中空气的一种包装技术(如图3.33所示)。这种方法的基本特点是不采用高度真空,使氧气浓度为1%~2%,由于所充气体能够控制,因此能防止物品的变质、发霉,抑制氧化,实现商品保鲜。

充气包装技法应用:用于食品包装,能防止氧化,抑制微生物繁殖和害虫的发育,能防止香气散失、变色等,从而能较大幅度地延长保存期;火腿、香肠、腊肉、烤鱼肉和水产加工产品常用充气包装;对于粉状、液状以及质软或有硬尖棱角的商品都能包装;用于软包装,外观不起褶皱而美观;用于日用工业品包装,能起防锈、防霉的作用;但因内部有气体,不适合进一步加热杀菌处理。

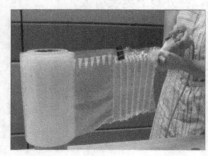

图 3.33　充气包装

(7) 吸氧剂包装技法。

吸氧剂包装技法是在密封的包装容器内,使用能与氧气起化学作用的吸氧剂,从而除去包装内的氧气,使内装物在无氧条件下保存。目前吸氧剂包装技法主要用于食品保鲜、礼品、点心、蛋糕、茶叶等,还用于毛皮、书画、古董、镜片、精密机械零件及电子器材等的包装。

吸氧剂包装技法的特点:可完全杜绝氧气的影响,防止氧化、变色、生锈、发霉、虫蛀等;能把容器内氧气全部除掉,可使商品在包装容器内长时间处于无氧状态下保存;方法简便,不需大型设备。

【知识拓展】

包装常见问题与解决方法

包装常见问题：破、散、断、锈、漏、重、泡、松、空。
解决方法：包装材料、容器、捆扎材料的生产管理和验收；合理缩小包装体积。
常用方法：合理排列、套装、拆装、压缩商品体积、用集合包装。

3.3.2 药品包装技术类型与发展趋势

1. 药品现代包装技术类型

药品现代包装技术主要有以下类型：数粒包装技术、BFS 整线技术、泡罩包装技术、医药小袋包装技术、医药软管包装技术、可追溯标识技术、机器视觉技术、称重技术、灯检技术、装盒技术、包装材料技术等。

2. 现代药品包装技术发展趋势

（1）数粒包装技术。

在制药工业固体制剂生产中，瓶装数粒包装生产线是常用的设备，设备的适用性和精确性在不断提高。

【知识拓展】

数粒瓶装联动线

数粒瓶装联动线所设的功能围绕固体制剂包装质量工艺要求展开。瓶包装的质量控制，大致围绕着以下各点展开：理瓶的合格率；数粒计量的准确率；瓶中塞入纸、塑料薄膜、棉花、袋状干燥剂或硅胶罐的正确性与质量（对纸塞入时不能外露，对干燥剂还有不破碎的要求）；旋盖质量（松紧适中且平整密合）；铝箔封合的密封性；不干胶贴标与批号的质量；生产数据的记录。数粒包装技术与设备如图3.34所示。

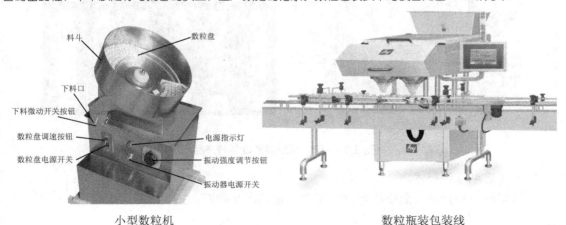

小型数粒机　　　　　　数粒瓶装包装线

图 3.34　数粒包装技术与设备

（资料来源：http://bzxw.a1pak.com/packagenews/newsdetail.aspx?id=112321.）

（2）BFS 整线技术。

BFS 整线技术，即吹瓶（blow）/灌装（fill）/封口（seal）三合一技术和设备，已成为药液无菌灌装的重要方式，如图 3.35 所示。其步骤包括塑料安瓿的挤吹成形、塑料安瓿的药液灌装、塑料安瓿的封口，是一种无菌包装技术。有众多医药保健企业引进了 BFS 技术和设备，用于大输液、滴眼液、抗生素等产品的生产。BFS 包装技术的发展趋势：更高的速度、更低的模具更换时间。

（3）泡罩包装技术。

泡罩包装技术是泡罩包装与枕式包装、装盒过程的联动生产。

（4）医药小袋包装技术。

医药小袋包装技术的设备适用性更广、小包装外观良好及灌装更精准。

（5）医药软管包装技术。

医药软管包装技术高效低能耗及异型封尾，如图 3.36 所示。

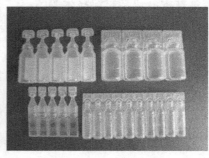

图 3.35 塑料安瓿 BFS 设备与产品

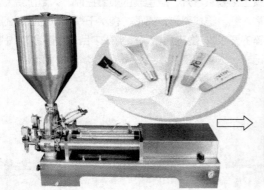

图 3.36 膏、霜剂灌装设备与产品

（6）可追溯标识技术。

系统集成使物料准备到终端客户实现全方位的产品跟踪，如图 3.37 所示。

【知识拓展】

RFID 在追踪追溯系统集成中的应用

近年来，因药品质量问题而引发的安全事故频繁发生。药品的质量问题关系着消费者的人身安全，如何保证药品在生产、分销、物流等整个供应链上的追踪已成为企业乃至消费者共同关心的话题。药品质量追溯系统集成,即与客户现有生产线及系统相结合,综合运用喷墨、激光、热转印、自动贴标、RFID 等标识技术和相关系统和软件,帮助企业在物料准备、生产制造、仓储运输、市场销售、售后服务、质量控制等环节进行信息管理,从而帮助企业及终端客户实现全方位的产品跟踪追溯、防伪防窜、提高整体物流效率等功能。在标识技术中,RFID 技术是实现药品追溯最高级的手段。

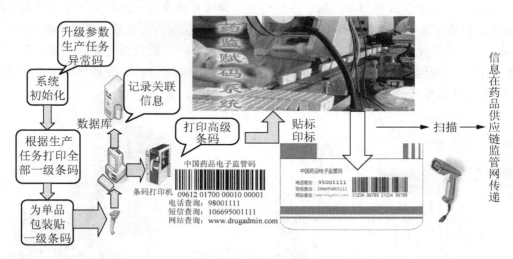

图 3.37　药品电子监管码的赋码标识与信息采集

(7) 机器视觉技术。

机器视觉技术代替人工检测方法,提高精准度及生产效率和产品质量。例如,对包装容器质量检验、药品包装质量检验,能严格地控制用户产品的质量,减少了大量人工成本。机器视觉技术在药品包装瓶盖质量缺陷自动化检测中的应用如图 3.38 所示。

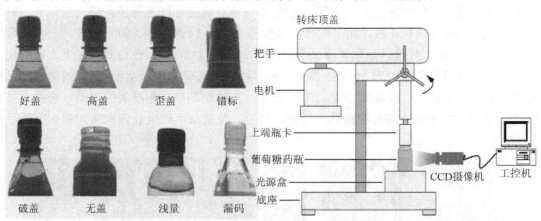

图 3.38　机器视觉技术在药品包装瓶盖质量缺陷自动化检测中的应用

(8) 称重技术。

称重技术与其他技术集成,使质量控制自动化。称重与其他设备集成如图 3.39 所示。

(9) 灯检技术。

灯检技术使得对物料处理与各种注射剂产品的异物检查实现半自动或自动化。

目前我国制药行业液体制剂灯检工序大多是依靠人工目测或半自动灯检的方法进行，如图 3.40（左）所示。人工灯检工位配有日光灯，操作工人用手晃动液体制剂，激起瓶中可能存在的杂质，在日光灯下观察气泡、杂质运动轨迹，从而判断产品是否含有杂质；同时亦检测瓶子是否存在外观瑕疵，从而达到人工检测的目的。半自动检测模式输送系统简化了操作程序。操作工将瓶子放入机器中，瓶子在经过适当旋转并速度均一地停在操作工前面的照明系统前时，操作工来判断"合格品"和"剔除品"，并按下按钮，机器便自动将两类产品分开。无论是人工灯检还是半自动灯检，都需要借助人眼的判断。人眼判断的缺点主要在于：无统一判断标准、主观因素大、生产效率低（每人 1 000~2 000 支/时）、分辨率低（最小可见的微粒为 50~80 微米），并且对人眼的视力也会有较大损害。

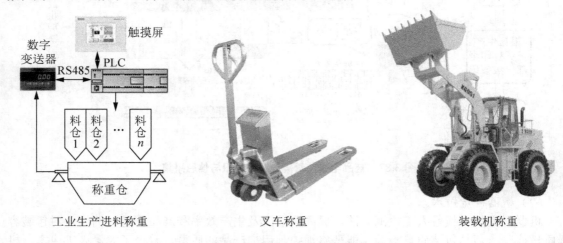

图 3.39　称重与其他设备集成

而自动灯检机在检测速度上，以每小时检测 18 000 瓶的灯检机为例，每天工作 8 小时，灯检机 1 天可检测 144 000 瓶，而一般灯检工检查速度为 14 000~15 000 瓶/天，一台机器相当于 8~9 名工人的工作量，每年可降低生产成本 10 万~18 万元。在检测精度上，人眼视力有限，目视最大可见的微粒为 50~80 微米，而灯检机最高可检测低至 10 微米的微粒，远高于人眼的视力。自动化灯检如图 3.40（右）所示。液体制剂包装生产线的自动灯检技术就是通过高速摄像和光电感应两种手段进行异物检测的，使药品生产企业告别液体制剂"雾里看花"的时代。

人工灯检

自动化灯检

图 3.40　液体制剂的人工灯检与自动化灯检

（10）装盒技术。

装盒与输送技术结合，如图 3.41 所示为药品装箱自动作业流程。

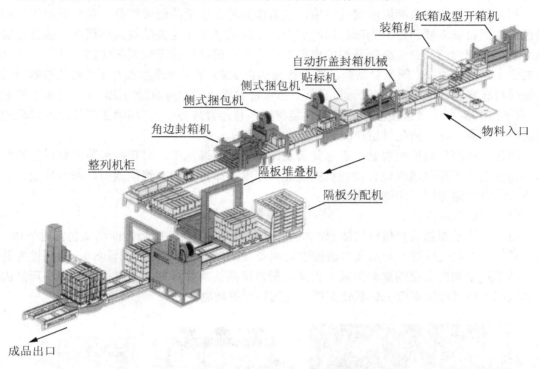

图 3.41　药品装箱自动作业流程

（11）包装材料技术。

包装材料技术可增加高阻隔性材料应用，减少资源消耗。

药品包装材料的发展趋势

1. 高阻隔性新材料

药品包装的高阻隔性能是最需要考虑的因素，其可有效地阻止气体、水汽、气味、光线等进入包装内，充分保证药品的有效性。发展新型的、价格低廉的高阻隔性材料是药品包装材料发展的一大趋势。

2. 环保型新材料

开发可降解、易回收、对环境无污染、与药品相容性好的环保型药品包装新材料是一项任重而道远的工作。

3. 抗菌自洁净材料

通过在塑料等基体中复合抗菌剂，获得了具有抗菌自洁净功能的材料，这些研究才刚刚起步，应用于药品包装还有待进一步考量其相容性、广普性和长效性。

4. 智能材料

将生物技术、纳米技术等先进技术与药品包装材料相结合，可望开发出具有药品质量自检测、防伪等多种功能的智能药品包装材料，对于延长药品保质期、方便患者用药具有重要的意义。

3.3.3 药品包装检测方法及其应用

药品的质量安全直接影响国民健康,包装作为药品的重要组成部分,在产品出厂后的质量保护方面扮演重要角色。为确保用药安全,我国陆续颁布相关法规,将药品包装及包装材料质量检验列为药品企业必须开展的重点工作之一;药品行业不仅要关注药品安全,药品包装的安全也同样重要。国家食品药品监督管理局自 2002 年至今连续颁布了《直接接触药品的包装材料和容器标准汇编》,统一与规范了药包材的质量标准与检验方法,并于 2004 年 6 月 18 日通过并颁布了《直接接触药品的包装材料和容器管理办法》,明确了实施注册管理的药包材产品种类,并对药包材生产流通环节进行抽查。

药包材检测包装控制要素:汇总我国及国际相关标准规范,对药品包装及材料检测与控制的指标主要包括阻隔性能、物理机械性能、厚度、摩擦系数、溶剂残留、密封性能、瓶盖扭矩、顶空气体分析、印刷质量等。

(1) 阻隔性能测试。

阻隔性能是指包装材料对气体、液体等渗透物的阻隔作用。阻隔性能测试包括对气体(氧气、氮气、二氧化碳等)与水蒸气透过性能两类(图 3.42 为相应检测设备)。阻隔性能是影响产品在货架期内质量的重要因素,也是分析货架期的重要参考,通过检测能解决药品由于对氧气或水蒸气敏感而产生的氧化变质、受潮霉变等问题。

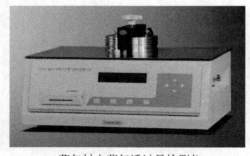 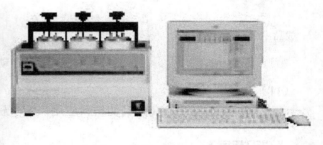

药包材水蒸气透过量检测仪　　　　　药包材氧气阻隔性能检测仪

图 3.42　药包材水蒸气透过量、氧气阻隔性能检测仪

(2) 物理机械性能测试。

物理机械性能是衡量药品包装在生产、运输、货架期、使用等环节对内容物实施保护的基础指标,一般包括拉伸强度与伸长率、剥离强度、热合强度、热收缩性、穿刺力、穿刺器保持性、插入点不渗透性、注药点密封性、悬挂力、铝塑组合盖开启力、耐冲击力、耐撕裂性能、抗揉搓性能等。各种物理性能检测设备如图 3.43 所示。

① 拉伸强度与伸长率:药品包装材料在拉断前承受最大应力值及断裂时的伸长率。通过检测能够有效地解决因所选包装材料抗拉强度不足而产生的包装破损问题。

② 剥离强度:也称复合强度或 180°剥离强度,是检测药品包装用复合膜中层与层间的粘接强度。如果剥离强度过低,则极易在包装使用中出现层间分离现象,进而带来物理机械性能与阻隔性能大幅降低而引发系列问题。

  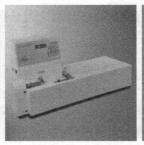 

瓶盖开启力试验机/扭矩仪　瓦楞纸箱抗压试验机　塑料软包装电子剥离试验机　胶粘剂拉伸剪切试验机

图 3.43　各种药品包装物理机械性能检测仪

③ 热合强度：又称热封强度，是评定药品包装热封合部位封合强度的分析指标。若热合强度不足，会导致包装在热封处裂开、发生药品泄漏、污染等问题。

④ 热收缩测试：用来评定药包材的遇热收缩性能。

⑤ 穿刺力测试：用来评定药包材及胶塞抗穿刺的性能。

⑥ 穿刺器保持性测试：用来评定胶塞被穿刺后保持穿刺器的能力。

⑦ 插入点不渗透性及注药点密封性测试：用来评定胶塞被穿刺后，穿刺点的密封性。

⑧ 悬挂力测试：用来评定输液袋的耐悬挂性能。

⑨ 铝塑组合盖开启力测试：用来测试铝塑组合盖开启力的大小。

⑩ 耐冲击性能测试：防止因药用包装材料韧性不足在受到冲击与跌落时出现包装表面破损，有效避免药品在流通环节中因冲击或跌落而导致破损。

⑪ 耐撕裂性能测试：药品包装及包装材料在储存、运输过程中有可能因外力作用被撕破，足够的抗撕裂扩展力可以减少撕裂的传递，从而避免包装破损。另外，撕裂性能也是包装是否易开启的重要指标，撕裂力的大小决定了消费者开启包装的难易程度。

⑫ 抗揉搓性能测试：药品包装及包装材料在生产、加工、运输及使用过程中，不可避免会发生揉搓、弯曲扭转、挤压等行为，从而影响到材料的包装性能，特别是对阻隔性能的影响极大，通过检测包装材料在试验前后性能的变化，对材料的抗揉搓性能进行科学的量化分析和判断。

⑬ 耐压性能测试：包装在仓储及运输的过程中，不可避免地会发生堆码、挤压等行为，从而影响到材料的包装性能。通过模拟包装在仓储、运输等过程中的堆码、挤压损伤等行为，检测试样在试验前后性能的变化，对材料的耐压性能进行科学的量化分析和判断。

（3）厚度测试。

药品包装材料厚度是否均匀是检测其各项性能的基础。包装材料厚度不均匀，会影响到阻隔性、拉伸强度等性能。对材料厚度实施高精度控制也是确保质量与控制成本的重要手段。

（4）摩擦系数测试。

摩擦系数是评价包装材料内外侧滑爽性能的重要指标。通过检测以确保其良好的开口性，以及在高速生产线上能够顺利地进行输送与包装，满足产品高速包装发展的需求。

（5）溶剂残留检测。

药品包装在生产过程中的印刷、复合、涂布工序中使用了大量的有机溶剂，如甲苯、二甲苯、乙酸乙酯、丁酮、乙酸丁酯、乙醇、异丙醇等。这些溶剂或多或少地残留在包装材料中，若含有较高溶剂残留的包装材料用来包装药品，将会危害人们的身体健康，因此必须对溶剂残留量进行检测。

（6）密封性能检测。

密封性能是指包装袋密封的可靠性，通过该测试可以确保整个产品包装密封的完整性，防止因为产品密封性能不好而导致泄漏、污染、变质等问题。密封强度与包装的尺寸、形状和材料都有关。密封强度的测试内容包括对有孔或无孔包装的爆裂、蠕变、膨胀的测试，必须在压缩空气的条件下进行。密封强度通过测量防爆裂强度、抗变形强度和抗疲劳强度来进行。

对于那些无孔的包装可以进行包装完整性和密封强度的试验，检测所用设备如图 3.44 所示。对于那些具有渗透性或有气孔的包装则只适于进行密封强度的试验。对于医疗装置、无菌包装或食品软包装，都需要对如软管的密封性、杯托及杯盖的密封性、药品泡罩包装和泡罩片基进行测试，以保证产品的安全性。

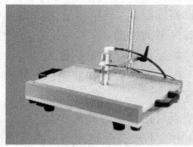 

软包装密封性能检测仪　　　　　瓶盖密封检测仪

图 3.44　各种药品包装性能检测仪

（7）瓶盖扭矩检测。

瓶类包装是药品常用包装形式之一。其瓶盖锁紧、开启扭矩值的大小，是生产单位离线或在线重点控制的工艺参数之一。扭矩值是否合适对产品的中间运输及最终消费都有很大的影响。

（8）顶空气体分析。

药品自灌（封）装到打开包装使用之前，对包装内部的气体成分进行控制是有效延长产品保质期或改善保存质量的重要手段。通过对该项目的检测可以对包装袋、瓶、罐等中空包装容器顶部空间氧气、二氧化碳气体含量、混合比例做出评价，从而指导生产、保证产品货架期质量。顶空气体分析仪如图 3.45 所示。

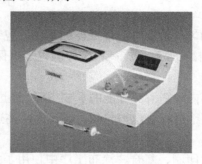

图 3.45　顶空气体分析仪

（9）印刷质量检测。

对包装实施精美印刷是产品吸引消费者的重要手段，产品包装印刷质量的好坏直接影响到消费者对产品的信赖。若想确保亮丽的外观质量，就需要对印刷质量进行控制。

① 色彩控制。在彩色印刷中需要借助人工进行辨色，经常因光照环境不同而产生不同的评价或因同色异谱现象产生印刷质量问题。配备标准光源可以有效地避免此类问题的发生。

② 墨层结合牢度与耐磨性控制。包装的印刷墨层脱落会严重影响产品形象，甚至影响到消费者对产品质量的信任。通过该项检测可以有效预防产品在运输等过程中因摩擦造成包装印刷墨层脱落的现象。

③ 包装印刷质量检测，如有无针孔、污点、色斑、褶皱、扯破、条纹、凹凸等，如图 3.46 所示。

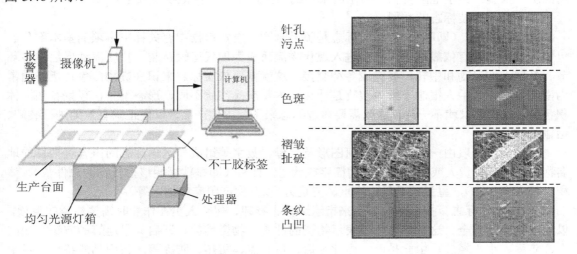

图 3.46　包装印刷质量检测

3.4　药品包装标识

3.4.1　包装标识基础知识

1. 包装标识的内容

《中华人民共和国产品质量法》第 27 条对包装标识的规定如下：

（1）有产品质量检验合格证明。

（2）有中文标明的产品名称、生产厂厂名和厂址。

（3）根据产品的特点和使用要求，需要标明产品规格、等级、所含主要成分的名称和含量的，用中文相应予以标明。

（4）需要事先让消费者知晓的，应当在外包装上标明，或者预先向消费者提供有关资料。

（5）限期使用的产品，应当在显著位置清晰地标明生产日期和安全使用期或者失效日期。

（6）使用不当，容易造成产品本身损坏或者可能危及人身、财产安全的产品，应当有警示标志或者中文警示说明，必要时也可以中外文并用。

(7) 在销售包装上使用文字说明或制作标签时,还应注意有关国家的标签管理条件的规定。

2. 商品包装标志

(1) 商品包装标志的概念。

包装标志是用来指明被包装物质的性质和物流活动安全,以及理货分运的需要,同时也是为了便于货物交接、防止错发错运,便于识别、运输、仓储和海关等有关部门进行查验等工作,也便于收货人提取货物,在进出口货物的外包装上标明的文字和图像的说明记号。在国际物流中要求在包装上正确绘制货物的运输标志和必要的指示标志。其中运输包装标志主要是赋予运输包装件以传达功能。目的是识别货物,实现货物的收发管理;明示物流中应采用的防护措施;识别危险货物,暗示应采用的防护措施,以保证物流安全。

(2) 商品包装标志的类型。

① 运输标志(即唛头)。运输标志是贸易合同、发货单据中有关标志事项的基本部分。包装好的货物只有依靠标志,才能进入现代物流而成为现代运输包装。物质流动要经过多环节、多层次的运动和中转,要完成各种交接,这就需要依靠标志来识别货物;包装货物通常为密闭容器,经手人很难了解内装物是什么,内装产品性质不同,形态不一,轻重有别,体积各异,保护要求就不一样,这就需要通过标志来了解内装产品,以便正确有效地进行装卸、运输、储存等。

运输标志一般由一个简单的几何图形及字母、数字等组成。运输标志的内容包括目的地名称或代号、收货人或发货人的代用简字或代号、件号(即每件标明该批货物的总件数)、体积(长×宽×高)、重量(毛重、净重、皮重),以及生产国家或地区等。

② 指示性标志。指示性标志用来指示运输、装卸、保管人员在作业时需要注意的事项,以保证物资的安全。这种标志主要表示物资的性质,物资堆放、开启、吊运等的方法,如向上、防潮、小心轻放、由此吊起、由此开启、重心点、防热、防冻等。按商品的特点,对于易碎、需防湿、防颠倒等商品,在包装上用醒目图形或文字,标明"小心轻放""防潮湿""此端向上"等。在国际物流中则要求在包装上正确绘制货物的运输标志和必要的指示标志。标志至少应包括下列内容:目的地,收货人的最终地址、中转地点、订货单号;装卸货指示标志,特别是对于易碎商品,更应在包装上标记出装卸操作的方向以防商品损坏。

③ 警告性标志。对于危险物品,如易燃品、有毒品或易爆炸物品等,在外包装上必须醒目标明,以示警告。危险品标志是用来表示危险品的物理、化学性质及危险程度的标志。它可提醒人们在运输、储存、保管、搬运等活动中引起注意。根据我国国家标准《危险货物包装标志》规定,在水陆、空运危险货物的外包装上拴挂、印刷或标打不同的标志,如爆炸品、遇水燃烧品、有毒品、剧毒品、腐蚀性物品、放射性物品等。

④ 重量体积标志和原产地标志。重量体积标志是指在运输包装外标明包装的毛重、净重和体积,以方便运输、装卸。

原产地标志是指在内外包装上注明产地,作为商品说明的一个重要内容,商品产地是海关统计和征税的重要依据。

⑤ 绿色标志。绿色标志也称环境标志、生态标志,是指由政府部门或公共、私人团体依据一定的环境标准向有关厂家颁布证书,证明其产品的生产使用及处置过程全部符合环保要求,对环境无害或危害极少,同时有利于资源的再生和回收利用。中国的绿色标志如图 3.47 所示。通常列入环境标志的产品的类型为节水节能型、可

图 3.47 中国的绿色标志

再生利用型、清洁工艺型、低污染型、可生物降解型、低能耗型。

（3）商品包装标志的表现形式。

① 在商品的销售包装上表现为商品使用说明或商品标签。商品使用说明是一种由文字、符号、图示、表格等分别或组合构成，向消费者传递商品信息和说明有关问题的工具。商品使用说明是交付商品的组成部分，是保护消费者利益的一种手段。商品使用说明既要反映出商品的品质，同时也应指导消费者消费，对这些文字说明应力求简明、真实、易懂。商品使用说明可分使用说明书、在商品或包装上的使用说明和说明性标签 3 种。

商品标签是贴在商品上的标志及标贴，包括文字和图案。一般商品标签都是附着在商品的外部或附着在商品包装容器的外部，用来说明商品的材料构成、产地、重量、生产日期、质量保证期、产地、厂家联系方式、产品标准号、条形码、相关的许可证、使用方法等商品重要的信息。与商品包装的装潢不同，商品标签是为了区别商品的出处，是专用的；而商品包装的装潢是对商品的美化、装饰说明和宣传。

【应用实例】

商品说明性标签

1. 食品说明性标签

食品说明性标签上应标明下列内容：

（1）食品名称。必须采用表明食品真实属性的专用名称。

（2）配料表。除单一原料的食品外，标签上必须标注配料表。所有配料必须按加入量重量或体积的多少依次排列。特殊需要食品，如婴幼儿食品、营养强化食品、特殊营养食品等，必须按商品标准要求增加成分表。

（3）净含量及固形物重量。必须标明食品在每个容器中的净含量，一般的标注方法是：液体食品用体积；固态食品用重量；半固态或浆态食品用重量或体积。包装中充填有液体介质的食品时，除标明总净含量外，还必须标明食品的固形物重量。同一包装中如果含有互相独立且品质相同、形态相近的几件食品，则在注明总净含量的同时，还应注明食品数量。

（4）厂名。必须标明制造、包装、批发、进口分类、出口或销售的任意一个单位的准确名称、地址和电话。

（5）批号。必须标明生产批号。

（6）日期标志及储藏指南。必须标明生产日期，并标明保存日期或保质日期。保质日期是指在规定的条件下保证食品质量的日期，在此期间，食品完全适合出售，并符合标签上或商品标准中所规定的质量；但超过此期限，食品仍有可能是可以食用的。保存日期是指在规定的条件下食品可以食用的最终日期，在此以后，该食品不再适于食用。

2. 化学试剂说明性标签

（1）注册商标。明确标示生产厂商注册的商标。

（2）质量标准。质量标准同时用颜色和汉语拼音代码两种方式显示。颜色显示区域为标签下部厂商信息区域；汉语拼音代码（如 BZ、SH、DZ、SY）在显著位置标示。

（3）中文名称及形态。产品名称以中国化学会 1982 年公布的《无机化学物质系统命名原则》《有机化学物质系统命名原则》为主要依据，兼顾长期使用的俗名、商品名，并且尽可能准确地给出能够描述该化学试剂的形态或剂型，如水溶液、醇溶液、粉、块、棒、膏，甚至粒度（如 200 目）等。

（4）英文名称。产品名称以国际纯化学与应用化学联盟 1982 年公布的《无机化学物质系统命名原则》《有机化学物质系统命名原则》为主要依据，兼顾长期使用的俗名、商品名。

(5) CAS 登录号。由方括号内的 9 位数构成,以连字符分成 3 个部分,如[58-08-2]是咖啡因的 CAS 登记号。

(6) 分子式=分子量。正确书写分子简式,即分子示量式,按照 1968 年公布的国际原子量准确计算分子量,如 NaOH=40.10。

(7) 主成分含量。按照国家标准或企业标准所规定的分子方法,测定的该化学试剂的质量百分比含量,如 99.9%。

(8) 包装量。固体物质给出该化学试剂的质量包装量,如 1g、5g、10g、25g、100g、250g、500g、1 000g 等。液体或气体给出该化学试剂的体积包装量,如 1mL、5mL、10mL、25mL、100mL、250mL、500mL、1 000mL 等。

(9) 外观。用简洁、准确的字词来描述该化学试剂的颜色、嗅味、物态等物理状态。

(10) 物理常数。依次顺序给出"熔点、沸点、密度、黏度、旋光度、折光系数、溶解度"等物理常数测定值。

(11) 特征光谱。给出"紫外、红外、核磁光谱"等特征吸收峰。

(12) 干扰杂质含量。给出主要杂质质量百分含量,尤其是主要干扰杂质的质量百分含量的准确测定值。

(13) 危险品规则号。属于危险品的必须标示危险品规则号。

(14) 生产批号。给出生产批号以利于溯源。

【知识拓展】

化学试剂颜色标识

化学试剂颜色标识如图 3.48 所示。

图 3.48 化学试剂颜色标识

基准试剂（JZ，绿标签）：作为基准物质，标定标准溶液。

优级纯（GR，绿标签）（一级品）：主成分含量很高、纯度很高，适用于精确分析和研究工作，有的可作为基准物质。

分析纯（AR，红标签）（二级品）：主成分含量很高、纯度较高，干扰杂质很低，适用于工业分析及化学实验。

化学纯（CR，蓝标签）（三级品）：主成分含量高、纯度较高，存在干扰杂质，适用于化学实验和合成制备。

实验纯（LR，黄标签）：主成分含量高，纯度较差，杂质含量不做选择，只适用于一般化学实验和合成制备。

② 在商品的运输包装上则通常表现为商品的包装标志。运输包装标志主要是便于商品在运输和保管中的辨认识别，防止错发错运，及时、准确地将商品运到指定的地点或收货单位；便于商品装卸、堆码，保证商品质量安全，加速商品周转。运输包装标志分为运输包装收发货标志、包装储运图示标志、危险货物包装标志 3 大类。

A. 运输包装收发货标志。它是外包装件上的商品分类图示标志（12 大类商品图示标志）及其他标志和文字说明排列格式的总称。运输包装收发货标志为在物流过程中辨认货物而采用。它对物流管理中收发货、入库及装车配船等环节起着特别重要的作用。它也是在发货单据、运输保险文件及贸易合同中有关标志事项的基本部分。运输包装收发货标志内容见表 3-3，表中规定了 14 个项目，其中分类标志一定要有，其他各项则合理选用。外贸出口商品根据国外客户要求，以中外文对照，印制相应的标志和附加标志。国内销售的商品包装上不填英文项目。

表 3-3　运输包装收发货标志各项内容简介

序号	代号	项目 中文	项目 英文	含义
1	FL	商品分类图示标志	CLASSIFICATION MARKS	表明商品类别的特定符号。见本标准第 3 章
2	GH	供货号	CONTRACT NO.	供应该批货物的供货清单号码（出口商品用合同号码）
3	HH	货号	ART NO.	商品顺序编号。以便出入库，收发货登记和核定商品价格
4	PG	品名规格	SPECIFICATIONS	商品名称或代号，标明单一商品的规格、型号、尺寸、花色等
5	SL	数量	QUANTITY	包装容器内含商品的数量
6	ZL	重量（毛重）（净重）	GROSS WT NET WT	包装件的重量（kg）包括毛重和净重
7	CQ	生产日期	DATE OF PRODUCTION	产品生产的年、月、日
8	CC	生产工厂	MANUFACTURER	生产该产品的工厂名称
9	TJ	体积	VOLUME	包装件的外径尺寸：长×宽×高（cm）＝体积（m³）
10	XQ	有效期限	TERM OF VAIIDITY	商品有效期至×年×月

续表

序号	项目 代号	项目 中文	项目 英文	含义
11	SH	收货地点和单位	PLACE OF DESTINATION AND CONSIGNEE	货物到达站、港和某单位（人）收（可用贴签或涂写）
12	FH	发货单位	CONSIGNOR	发货单位（人）
13	YH	运输号码	SHIPPING NO.	运输单号码
14	JS	发运件数	SHIPPING PIECES	发运的件数
说明		① 分类标志一定要有，其他各项合理选用； ② 外贸出口商品根据国外客户要求，以中、外文对照，印制相应的标志和附加标志； ③ 国内销售的商品包装上不填英文项目		

【知识链接】

运输包装收发货标志各项内容简介

（1）商品的分类图示标志。分类图示标志是用几何图形和简单文字表明商品类别的特定符号，属于必用标志。商品分类图示标志为自行合理选用的标志。部分商品的分类图示标志如图 3.49 所示。

图 3.49 部分商品的分类图示标志

（2）供货号。指供应该批货物的供货清单号码。

（3）货号。指商品顺序编号。以便出入库、收发货登记、核定商品价格。

（4）品名规格。指商品名称或代号，还指单一商品的规格、型号、尺寸、花色等。

（5）数量。指包装容器内含商品的数量。

（6）重量。毛重、净重（千克）。

（7）生产日期。

（8）生产厂名、厂址。

（9）体积。指长×宽×高（米或厘米），或货物容积（立方米）。

（10）收货人（单位）及发货人（单位）。

（11）件号。在本批货物中的编号。

B. 包装储运图示标志。该标准参照采用国际标准《包装货物搬运图示标志》制定。该标准规定了包装储运图示标志的种类、名称、尺寸、颜色及使用方法，适用于各种货物的运输包装。包装储运图示标志又称指示标志或注意标志。它是根据商品的不同性能和特殊要求，采用图案或简易文字来表示的用以提示人们在装卸、运输和储存过程中应注意的事项的标志。例如，对一些易碎、易潮、易残损或变质的商品，在装卸、运输和保管中提出的要求和注意事项，如小心轻放、由此吊起、切勿倒置、禁用手钩、怕热、重心点、堆码限度等。标志及内容说明见表 3-4。

表 3-4 标志及内容说明

序号	标志名称	标志图形	含义	备注/示例
1	易碎物品	(酒杯图形)	运输包装件内装易碎品,因此搬运时应小心轻放	使用示例:
2	禁用手钩	(禁用手钩图形)	搬运运输包装件时禁用手钩	
3	向上	(两个向上箭头图形)	表明运输包装件的正确位置是竖直向上	使用示例: (a) (b) (c)
4	怕晒	(怕热图形)	表明运输包装件不能直接照晒	
5	怕辐射	(辐射图形)	包装物品一旦受辐射便会完全变质或损坏	

续表

序号	标志名称	标志图形	含义	备注/示例
6	怕雨		包装件怕雨淋	
7	重心		表明一个单元货物的重心	使用示例：本标志应标在实际的重心位置上
8	禁止翻滚		不能翻滚运输包装	
9	此面禁用手推车		搬运货物时此面禁放手推车	
10	禁用叉车		不能用升降叉车搬运的包装件	
11	由此夹起		表明装运货物时夹钳放置的位置	
12	此处不能卡夹		表明装卸货物时此处不能用夹钳夹持	

续表

序 号	标志名称	标志图形	含 义	备注/示例
13	堆码重量极限	...kg$_{max}$	表明该运输包装件所能承受的最大重量极限	
14	堆码层数极限	n	相同包装的最大堆码层数，n表示层数极限	
15	禁止堆码		该包装件不能堆码并且其上也不能放置其他负载	
16	由此吊起		起吊货物时挂链条的位置	使用示例：本标志应标在实际的起吊位置上
17	温度极限		表明运输包装件应该保持的温度极限	...℃$_{min}$ (a) ...℃$_{min}$ (b)

C. 危险货物包装标志，如图 3.50 所示。

图 3.50　危险货物包装标志

（资料来源：http://www.mrobuy.com/product-1773.html.）

> 【知识链接】
>
> ### 国际海上运输危险品货物标志
>
> 根据国际海上危险运输货物分类及我国国家标准《危险货物品名表》，将危险货物划分为 9 类（同本书前面提到的危险品分类）。

3.4.2 药品标识物知识

1. 药品标识物的含义和功能

药品标识物是指药品的包装、标签及说明书，是药品外在质量的主要体现，是医师药师决定用药和指导消费者购买选择的信息来源。

药品的标识物包括两部分：一部分称为内包装（label）标识，是指在药瓶、铝箔袋、锡管、铝塑泡眼等药品内包材上贴印的标签（俗称瓶签）；另一部分称外包装（labeling）标识，是指外盒标签和药品说明书，具有保护药品、提高效率、传递信息功能。

药品包装是药品在用、管、运、销过程中起保护用材料的状态，分内外包装，包装印有标签并附有说明书。

标签是重要的文件，既为消费者提供药品信息，又是产品本身的外观形象，美国 FDA（Food and Drug Administration，食品和药物管理局）对非处方药审查的重要内容之一就是审查标签。

药品说明书是指导病人选择药品的主要依据，也是合理用药的指示说明。

2. 药品包装标识的管理要求

（1）药品包装生产和流通企业的行业管理。

加强环保型产品、OTC 包装、儿童用药包装、水针剂、输液剂、胶囊剂、软膏剂等各类医药包装材料的开发、生产、推广使用。

（2）药包材和容器的质量管理。

符合药用要求，符合保障人体健康、安全的标准，按法定标准生产，无毒，与药品不发生化学作用。

（3）药包材生产与使用管理。

① 药包材生产实施许可证制度：对药包材生产实施《药品包装材料生产企业许可证》管理，许可证有效期 5 年。

② 药包材管理实施注册制度：药监部门对药包材实施注册管理，《药品包装材料注册证》有效期 5 年；《进口药品包装材料注册证》有效期 2 年。

③ 药包材使用实施审批制度：药品生产企业提供药包材注册证复印件，质量标准及稳定性研究资料，与申请生产的药品一并审批。

3. 药品包装、标签和说明书的管理

（1）药品包装一般原则。

药品包装（如图 3.51 所示）必须符合药用要求，方便贮存、运输和医疗使用；发运中药材必须有包装、标签和说明书，内容有名称、成分等 15 项；特殊药品有规定的标志。

图 3.51　化学药、中成药、生物药品包装

（2）药品包装、标签、说明书管理的内容。

药品包装、标签、说明书管理内容包括：总体规定、文字、药品名称的表达、有效期、各类标签内容、其他规定。

总体规定：按 SFDA 要求印制，不得有未经批准的资料，同批次应相同，每个最小销售单元须有标签和说明书。

文字：中国境内用中文，民族药可增加民族文字（藏药藏文标识如图 3.52 所示）。

图 3.52　藏药藏文标识

药品名称的表达：商品名与通用名应分行。

有效期：按年月顺序，如有效期至 2007.12。

各类标签内容：如包装及标签内容含内包装上通常有药品名称、规格等内容，外包装除有内包装内容外还有加不良反应、成分、禁忌症、注意事项、批号。大包装与外包装相同。

其他规定：特殊药品有标志，进口药有注册证号，异地或委托加工应有双方企业名称、加工地点。

① 药品标签要求。标签应简明、语言通俗，不会产生误导，能指导一般的病人规范地用药。

标签的内容包括：产品名（包括国际非专利名、商品名、英文名、汉语拼音）；产品的活性成分、非活性成分；内容物的净含量（包括某些组分如乙醇、生物碱的含量）；适应症；用法用量；注意事项及忠告；规格、包装量、注册号及商标、有效期、生产批准文号、生产批号、生产商或分发商。

药品的标签分为内包装标签与外包装标签。内包装标签与外包装标签内容不得超出国家食品药品监督管理局批准的药品说明书所限定的内容；文字表达应与说明书保持一致。其中内包装标签指直接接触药品的包装的标签，外标签指内标签以外的其他包装的标签。

内包装标签应当包含药品通用名称、适应症或者功能主治、规格、用法用量、生产日期、产品批号、有效期、生产企业等内容。包装尺寸过小无法全部标明上述内容的，至少应当标注药品通用名称、规格、产品批号、有效期等内容。

外包装标签应当注明药品通用名称、成分、性状、适应症或者功能主治、规格、用法用量、不良反应、禁忌、注意事项、贮藏、生产日期、产品批号、有效期、批准文号、生产企业等内容。适应症或者功能主治、用法用量、不良反应、禁忌、注意事项不能全部注明的，应当标出主要内容并注明"详见说明书"字样。

用于运输、储藏包装的标签,至少应当注明药品通用名称、规格、贮藏、生产日期、产品批号、有效期、批准文号、生产企业,也可以根据需要注明包装数量、运输注意事项或者其他标记等必要内容。

【应用实例】

药品标签内容

1. 化学药品与生物制品、制剂标签内容

(1) 内包装标签内容。

【药品名称】【规格】【适应症】【用法用量】【贮藏】【生产日期】【生产批号】【有效期】及【生产企业】。由于包装尺寸的原因而无法全部标明上述内容的,可适当减少,但至少须标注【药品名称】【规格】【生产批号】3项(如安瓿、滴眼剂瓶、注射剂瓶等)。

(2) 直接接触内包装的外包装标签内容。

【药品名称】【成分】【规格】【适应症】【用法用量】【贮藏】【不良反应】【禁忌症】【注意事项】【包装】【生产日期】【生产批号】【有效期】【批准文号】及【生产企业】。由于包装尺寸的原因而不能注明【不良反应】【禁忌症】【注意事项】,均应注明"详见说明书"字样。对预防性生物制品,上述【适应症】项均应列为【接种对象】。

(3) 大包装标签内容。

【药品名称】【规格】【生产批号】【生产日期】【有效期】【贮藏】【包装】【批准文号】【生产企业】及运输注意事项或其他标记。

2. 原料药标签内容

原料药标签内容包括:【药品名称】【包装规格】【生产批号】【生产日期】【有效期】【贮藏】【批准文号】【生产企业】及运输注意事项或其他标记。

3. 中药制剂标签内容

(1) 内包装标签内容。

【药品名称】【规格】【功能与主治】【用法用量】【贮藏】【生产日期】【生产批号】【有效期】及【生产企业】。因标签尺寸限制无法全部注明上述内容的,可适当减少,但至少须标注【药品名称】【规格】【生产批号】3项,如安瓿、注射剂瓶等。中药蜜丸蜡壳至少须标注【药品名称】。

(2) 直接接触内包装的外包装标签内容。

【药品名称】【成分】【规格】【功能与主治】【用法用量】【贮藏】【不良反应】【禁忌症】【注意事项】【包装】【生产日期】【生产批号】【有效期】【批准文号】及【生产企业】。由于包装尺寸的原因而不能注明【不良反应】【禁忌症】【注意事项】,均应注明"详见说明书"字样。

(3) 大包装标签内容。

【药品名称】【规格】【生产批号】【生产日期】【有效期】【贮藏】【包装】【批准文号】【生产企业】及运输注意事项或其他标记。

② 药品说明书的管理要求。药品说明书应包含有关药品的安全性、有效性等基本科学信息。药品说明书内容应科学严谨,实事求是,不应任意夸大,或错误导向,或有意回避。除外标签中所述的各项外,还需有药理学、药动学、不良反应、注意事项、对特殊人群的提示(儿童、老人、妊娠及哺乳妇女、肝肾功能不全者、特殊人群)、药物过量后处理、禁(慎)用症、药物配伍禁忌、服用的调配方法(如振摇、溶解、稀释)、贮存条件、有效期、规格、包装、生产批准文号、生产批号。文字通俗易懂,应以正常人的理解为度,尽可能少用专业

术语，甚至可以图解指示。在少数民族地区流通的药品应酌情加印民族文字，进口药同时以中文作对照，出口药品应以英文作对照。

【知识链接】

药品说明书内容简介

1. 药品名称

药品名称含通用名、商品名、英文名、汉语拼音及其化学名称。

（1）药品的通用名指中国药品通用名称（China approved drug names，CADN），由国家药典委员会按照《药品通用名称命名原则》组织制定并报卫生部备案的药品的法定名称，是同一种成分或相同配方组成的药品在中国境内的通用名称，具有强制性和约束性。因此，凡上市流通的药品的标签、说明书或包装上必须要用通用名称，其命名应当符合《药品通用名称命名原则》的规定，不可用作商标注册。

（2）药品商品名指经国家食品药品监督管理局批准的特定企业使用的药品商品名称。根据《药品注册管理办法》规定，"新化学药品、生物制品可申请使用药品商品名称"。药品商品名一般多为注册商标，审批比较严格。商品名由药品生产厂商自己确定，经药品监督管理部门核准的产品名称，具有专有性质，不得仿用。在一个通用名下，由于生产厂家的不同，可有多个商品名称。

（3）英文名是任何该产品的生产者都可以使用的名称，也是文献、教材及数据中，以及在药品说明书中标明的有效成分的名称，在复方制剂中只能作为复方组分的使用名称。国际非专利药品名称，简称 INN（international nonproprietary name for pharmaceutical substances），是世界卫生组织给每种药品的一个官方的非专利性名称。INN 是新药开发者在新药申请时向政府主管部门提出的正式名称，不能取得专利及行政保护。INN 名称已被世界各国采用。中华人民共和国卫生部根据 INN 结合具体情况编写了中国药品通用名称。

（4）化学名称是根据药品的化学成分确定的化学学术名称。

2. 药品有效期

药品有效期是药品被批准的使用期限，也指在一定的贮存条件下，能保证药品质量的期限。具体表述形式统一为：有效期至某年某月。

3. 药品批准文号

药品批准文号是国家食品药品监督管理局发给生产企业批准药品生产的证明文件编号，它是药品生产合法性的标志。2002 年后的药品批准文号：所有药品统一格式为国药准（或试）字+1 位字母+8 位数字，如国药准字 S20060008。字母表示：H——化学药品，Z——中药，B——保健药，S——生物制品，J——进口药，F——药用辅料，T——体外化学诊断试剂。数字 2006 表示年，0008 表示顺序号。2002 年 1 月 1 日后统一药品批准文号。例如，鞣酸蛋白，批准文号：国药准字 H20074146；麝香祛风湿油，批准文号：国药准字 Z20027974；注射用重组人生长激素，批准文号：国药准字 S20020088；羟丙甲纤维素空心胶囊，批准文号：国药准字 F20090002。

4. 药品批号

在规定限度内具有同一性质和质量，并在同一连续生产周期中生产出来的一定数量的药品为一批。每批药品均应编制生产批号，并将其印在药品包装上。药品生产批号指用于识别"批"的一组数字或字母加数字，用以追溯和审查该批产品的生产历史。我国药品批号一般以 6 位数字表示，前 2 位表示年份，中间 2 位表示月份，后两位有的表示产品在当月的批次。

5. 药品商标

药品商标用于区别某一工业或商业企业或这种企业集团的商品的标志。药品必须使用注册商标。

6. 药品条形码

药品条形码是一组以规则的条、空及对应字符组成的用以表示一定信息的标志，是商品利用光电扫描设备给计算机输入数据的特殊代码。参见前述药品编码基础知识。

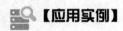

【应用实例】

药品说明书

1. 化学药品说明书

以盖胃平片说明书为例，如图 3.53 所示。

云久 请仔细阅读使用说明书并按说明使用或在药师指导下购买和使用 OTC 甲类

盖胃平片使用说明书

【药品名称】
通用名称：盖胃平片
汉语拼音 ：Gaiweiping Pian
英文名称 ：Gaviscon Tablets
【药物组成】本品每片含主要成份三硅酸镁 0.0125 克、氢氧化铝 0.05 克、海藻酸 0.25 克。辅料为淀粉、糖粉、硬脂酸镁、甜蜜素、香兰素精。
【性　　状】本品为类白色圆型片（略带润斑）。
【作用类别】本品为抗酸与胃黏膜保护类非处方药药品。
【药理作用】本品能中和胃酸，并能保护胃黏膜，作用时间长。
【适应症】用于缓解胃酸过多引起的胃灼热（烧心）及慢性胃炎。
【用法用量】口服。成人一次 2－4 片，一日 3 次，饭后、睡前或发病时嚼碎服用。
【注意事项】
1. 本品连续使用不得超过 7 天，症状未缓解或消失请咨询医师或药师。
2. 对本品过敏者禁用。
3. 儿童用量请咨询医师或药师。
4. 严重肾功能不全、阑尾炎、急腹症或肠梗阻、溃疡性结肠炎、慢性腹泻者禁用。
5. 本品能与磷酸根结合而阻碍磷酸盐的吸收，故低磷血症患者（如吸收不良综合征），不宜服用本品。
6. 妊娠期头三个月慎用。
7. 如服用过量或出现严重不良反应，请立即就医。
8. 当药品性状发生改变时禁止使用。
9. 儿童必须在成人监护下使用。
10. 请将此药品放在儿童不能接触的地方。
【药物相互作用】
1. 本品与阿托品类药物合用时，后者吸收可能降低而影响疗效。
2. 本品与地高辛伍用时，后者吸收可被抑制，血药浓度降低。
3. 本品与地西泮类药物（安定）合用时，吸收率降低。
4. 与异烟肼合用时，异烟肼的吸收可能延迟或减少。
5. 与左旋多巴伍用时，吸收可能增加，胃排空缓慢者尤其明显。
6. 本品应避免与氯丙嗪伍用，因本品可抑制后者的吸收。
7. 如正在服用其他药品，使用本品前请咨询医师或药师。
【不良反应】
1. 长期服用本品，偶见发生肾硅酸盐结石。
2. 肾功能不全患者长期大剂量服用时可出现眩晕、昏厥、心律失常或精神症状，以及异常疲乏无力（高镁血症或其他电解质失调）。
【贮　　藏】密封保存。
【包　　装】100 片／袋、12 片／铝塑板、100 片／高密度聚乙烯瓶。
【批准文号】国药准字 H14021870
【有 效 期】三年
【生产日期】见标签、小盒。
【生产单位】大同市云华药业有限公司
【地　　址】大同市御河南路 332 号
【电　　话】0352－6080603　6081189
【传　　真】0352－6035358
【邮　　编】037004
【网　　址】http://datongyunhua.chinaE.com

如有问题可与生产企业直接联系

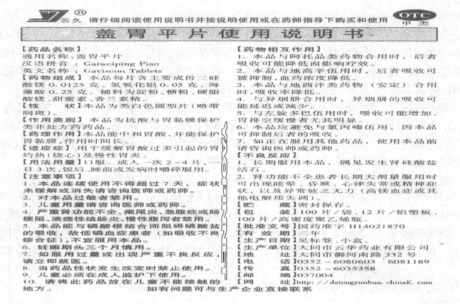

图 3.53　盖胃平片使用说明书

2. 中药说明书

以骨筋丸胶囊说明书为例，如图 3.54 所示。

骨筋丸胶囊说明书

请仔细阅读说明书并在医师指导下使用
警示语：孕妇忌服，本品含马钱子（制）不宜多服、久服。

【药品名称】
通用名称：骨筋丸胶囊
汉语拼音：Gujinwan Jiaonang
【成　　分】乳香、没药、白芍、延胡索（醋制）、三七、木香、红花、郁金、独活、牛膝、秦艽、桂枝、血竭、马钱子（制）。
【性　　状】本品为胶囊剂，内容物为棕色颗粒或粉末；气香，味苦、涩。
【功能主治】活血化瘀，舒筋通络，祛风止痛。用于肥大性脊椎炎，颈椎病、跟骨刺，增生性关节炎、大骨节病等。
【规　　格】每粒装 0.3g
【用法用量】口服，一次 3～4 粒，一日 3 次。
【不良反应】尚不明确。
【禁　　忌】孕妇忌服。
【注意事项】1. 月经期停用。
2. 不宜多服、久服。
【贮　　藏】密封
【包　　装】铝塑包装；0.3g×15 粒 ×2 板
【有 效 期】暂定 18 个月。
【执行标准】国家食品药品监督管理局标准（试行）YBZ19772005
【批准文号】国药准字 Z20054861
【生产企业】
企业名称：哈尔滨乐泰药业有限公司
生产地址：哈尔滨市利民经济技术开发区北京路
邮政编码：150025
电话号码：（0451）88120303　88120304
传真号码：（0451）88120308
注册地址：哈尔滨市利民经济技术开发区北京路
网　　址：http://www.hrblt.com

图 3.54　骨筋丸胶囊说明书

3. 生物药品说明书

以乙型肝炎人免疫球蛋白使用说明书为例，如图3.55所示。

乙型肝炎人免疫球蛋白说明书
请仔细阅读说明书并在医师指导下使用。
警示语：1、对人免疫球蛋白过敏或有其他严重过敏史者。
2、有IgA抗体的选择性IgA缺乏者。

【药品名称】
通用名称：乙型肝炎人免疫球蛋白
英文名称：Human Hepatitis B Immunoglobulin
汉语拼音：Yixing Ganyan Ren Mianyiqiudanbai
【成分】
成分：乙型肝炎人免疫球蛋白
辅料：麦芽糖
【性状】
本品为无色或淡黄色澄清液体，可带乳光，不应出现浑浊。
【适应症】
主要用于乙型肝炎预防。适用于
1.乙型肝炎表面抗原(HBsAg)阳性的母亲所生的婴儿
2.意外感染的人群
3.与乙型肝炎患者和乙型肝炎病毒携带者密切接触者
【规格】每瓶含抗-HBs100IU。抗-HBs效价不低于100IU/ml。
【用法用量】
用法：本品只限肌内注射，不得用于静脉输注。
用量：
1.母婴阻断，HBsAg阳性母亲所生婴儿出生24小时内注射本品100IU，注射乙型肝炎疫苗的剂量及时间见乙型肝炎疫苗说明书或按医生推荐的其他适宜方案。
2.乙型肝炎预防、一次肌内注射量儿童为100IU，成人为200IU，必要时间隔3~4周再注射一次。
【不良反应】
一般不会出现不良反应，少数人有一过性头痛、心慌、恶心及局部红肿、疼痛感等。多数轻微无需特殊处理，可自行恢复
【禁忌】
1.对人免疫球蛋白过敏或有其他严重过敏史者。
2.有IgA抗体的选择性IgA缺乏者
【注意事项】
1.本品应为无色或淡黄色可带乳光澄清液体，久存可能出现微量沉淀，但一经摇动应立即消散，如有摇不散的沉淀或异物不得使用。
2.瓶子破裂、过期失效者不得使用。
3.本品开启后，应一次输注完毕，不得分次使用或给第二个人使用。
4.意外感染者，包括针扎、咬伤等，应在7天之内(尽可能及早，最好在24小时内)注射乙肝免疫球蛋白，剂量为0.06ml/Kg,3121U/ml。未曾接种乙肝疫苗，应按程序接种乙肝疫苗，拒绝接种乙肝疫苗或对乙肝疫苗无应答者，应在一个月后注射第二针乙肝免疫球蛋白。
【孕妇及哺乳期妇女用药】尚不明确
【儿童用药】尚不明确
【老年用药】尚不明确
【药物相互作用】
对丙种球蛋白有相互作用的药物可能会与本品产生相互作用。
【药物过量】尚不明确
【药理毒理】
本品含有高效价的乙型肝炎表面抗体，能与相应抗原专一结合起到被动免疫的作用。
【药代动力学】
乙型肝炎人免疫球蛋白的半衰期为23.1±5.5天，清除率为0.35±0.12L/d,表现分布容积为11.2±3.4L。
【贮藏】2~8℃避光保存
【包装】低硼硅玻璃管制注射剂瓶 2瓶/盒
【有效期】36个月
【执行标准】《中国药典》2005年版三部
【批准文号】国药准字S20053030
【生产企业】
企业名称：哈尔滨世亨生物工程药业股份有限公司
生产地址：哈尔滨市道里区机场路640号
邮政编码：150078
电话号码：0451-84106815 82604167
传真号码：0451-84106816

图 3.55 乙型肝炎人免疫球蛋白说明书

3.4.3 商品商标基础知识

1. 商标概述

（1）商标的概念。

商标是某一商品生产者或者经营者在其商品上使用的，供消费者辨别商品来源与特征的显著标志。《中华人民共和国商标法》（以下简称《商标法》）对商标这样表述：商标是企业、事业单位和个体工商业者在其生产、制造、加工、拣选或者经销的商品上所使用的，由文字、图形或者其他组合构成的，具有显著特征，便于识别商品来源的标志。

(2) 商标的特征。

商标具有标志性、商业性和专有性3大特征。标志性（显著性）指的是商标简洁、明了，便于识别。商业性指的是商标是使用在商业中的标志。专有性指的是商标是由专一的企业所使用的。有些标志虽然也是用在商品上，但由于不是专一企业所使用的，因而不能区别商品的来源，所以不属于商标。

(3) 商标的作用。

商标的作用有4个：表明商品或服务的来源；帮助消费者认牌购货；促进商品生产者或者经营者之间的正当竞争；广告宣传。商标是经营者用来表示自己商品或服务的，不同经营者使用不同的商标，这样商标就可以起到表示商品出处的作用。企业之所以要使用商标，是因为从商标的特征可以知道商标具有两个重要的作用，即表示商品出处和广告。企业之所以青睐商标就是因为看中了商标这两个作用。商标的使用可以使商品的信誉凝结到商标上，进而通过对商标的保护使商品的商誉得到保护。商标的广告作用是指商标的使用可以起到商品的广告作用。商品的宣传既包括经营者有目的的广告宣传，也包括消费者的口碑。

【知识拓展】

商标与装潢、商号的区别

1. 商标与装潢的区别

商标是直接用于商品上的标志；而装潢是商品包装上的装饰，其目的是为了美化商品，吸引顾客购买。装潢与商标的作用不同，商标是区别商品来源的标志；装潢是装饰、美化、说明商品。商标是专用的，一般很少改变；而装潢不是专用的，它可以根据市场需要，随时加以变动和改进。

2. 商标与商号的联系与区别

商标是区别不同企业生产的商品的标志；而商号（即厂商字号或企业名称）则是商品营业活动上的名称，其作用是将自己的营业与别人的营业区别开。商标的专用权在全国范围内长久起作用；而商号登记后的效力一般只局限于某一地区。

(4) 商标的种类和特点。

按商标注册与否，商标可分为注册商标和未注册商标。按商标用途不同，商标可分为营业商标、证明商标、等级商标、组集商标、亲族商标、备用商标、防御商标、联合商标、广告商标。按商标享誉程度，商标可分为普通商标、知名商标、著名商标、驰名商标。按商标结构，商标可分为文字商标、图形商标、字母商标、数字商标、三维标志商标、颜色组合商标、组合商标、音响商标、气味商标（目前"立体商标""音响商标""气味商标"还不是我国《商标法》保护的客体）。按商标使用者，商标可分为商品商标（产业商标、商业商标）、服务商标、集体商标、无主商标。

【知识拓展】

《商标法》对禁止构成商标的文字或图形的要求

(1) 同中华人民共和国的国家名称、国旗、国徽、军旗、勋章相同或近似的。

(2) 同外国的国家名称、国旗、国徽、军旗、勋章相同或者近似的。

(3) 同政府间国际组织的旗帜、徽记、名称相同或者近似的。

(4) 同"红十字""红新月"的标志、名称相同或者近似的。
(5) 本商品的通用名称和图形。
(6) 直接表示商品的质量、主要原料、功能、用途、重量、数量及其他特点的。
(7) 种族歧视性的。
(8) 夸大宣传并带有欺骗性的。
(9) 有害于社会主义道德风尚或者有其他不良影响的。
(10) 我国县级以上行政区划的地名或者公众知晓的外国地名。

2. 商标管理

（1）商标管理的定义。

商标管理是国家有关主管机关依法对商标的注册、使用、转让等行为进行监督检查等活动的总称。广义的商标管理是指国家主管机关和企业对商标注册和商标使用依法进行管理，既包括国家主管机关对商标的行政管理，也包括企业对商标的经营管理。狭义的商标管理仅指国家主管机关对注册商标和未注册商标的行政管理。《商标法》规定的商标管理是指狭义的商标管理。商标所有者的自身管理是商标管理的基础。商标活动涉及面广，政策性强，既关系到市场秩序、消费者的利益和社会主义商品经济的发展，也关系到企业本身的信誉和经济效益。因此，国家和企业者应当重视并切实加强商标使用的管理。

（2）商标管理的意义。

商标管理可以规范商标行为，发挥商标功能，保护消费者的利益；增强企业和商标使用人的法制观念，维护商标注册人的合法利益，避免和减少侵犯商标专用权的案件；监督商标使用人使用商标的商品或者服务的质量，以维护消费者的合法权益，保障社会经济秩序的正常运转；制止假冒他人注册商标、冒充注册商标等不正当竞争行为，保护正当竞争和合法竞争，维护良好的市场竞争秩序；有利于加强商标立法，完善商标法律制度。

（3）商标管理的内容。

商标管理内容包括商标的注册管理；商标的使用管理（商标使用管理又分为注册商标使用管理和未注册商标使用管理两大类）；商标的印制管理。

① 商标的注册管理。自然人、法人或者其他组织对其生产、制造、加工、拣选或者经销的商品，需要取得商标专用权的，应向商标局申请商标注册；自然人、法人或者其他组织对其提供的服务项目，需要取得商标专用权的，应向商标局申请服务商标注册。

A. 申请途径。申请注册商标可以直接去国家工商管理总局商标局（北京），也可以委托本地的商标代理机构代理申请。同样，办理注册商标的续展、转让、商标许可合同的备案等商标事务也可以经过上述两种途径办理。

B. 申请注册商标所需的书面材料。国内申请人申请注册商标，必须提交能够证明身份的有效证件复印件2份（营业执照、自然人提交身份证复印件）；境外申请人申请注册商标，只需提供申请人的名称（中、英文）、境外地址（中、英文）。商标图样：如注册的商标不指定颜色，需提交商标图样一式10张，必须清晰，长度不大于10cm，不小于5cm；如注册的商标指定颜色，需提交彩色商标图样一式10张，黑白稿1张，大小同上。

C. 商标注册申请流程如图3.56所示。

② 商标的使用管理。

A. 对注册商标使用的管理。注册商标使用的管理是各级工商行政管理部门对注册商标使用行为进行管理的活动。注册商标一是要用，二是要依法使用。注册商标的使用管理主要包括下列内容。

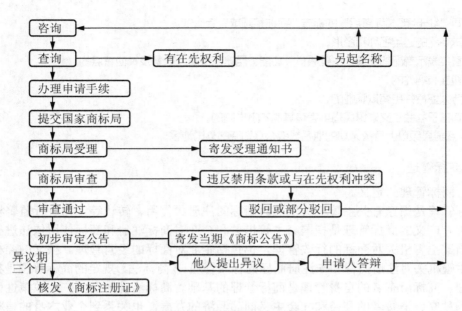

图 3.56　商标注册申请流程

  a．检查注册商标使用是否正确。
  b．检查使用注册商标的商品是不是注册核准使用的商品；有没有自行扩大核准范围。
  c．检查是否未经核准而自选改变注册商标组成，如文字、图形是否有改动，注册人的名义或地址有无变动。
  d．管理《商标注册证》。《商标注册证》是商标所有人拥有商标专用权的凭证，但不得自选复制。如有丢失或损毁应及时申请补发。商标局在补发新证前应将损毁的注册证收回。
  e．检查原所有人有无使用已被注销或撤销商标的情况。根据法律规定，已被注销或撤销的原注册商标不再具有法律效力，不得继续使用。
  f．审查注册商标的转让与使用许可合同的备案，发现问题应及时纠正。
  g．做好商标案件的复审和执行工作。
  B．对未注册商标使用的管理。
  a．检查督促必须注册的商标注册并及时办理注册。《商标法》第5条规定："国家规定必须使用注册商标的商品，必须申请商标注册，未经核准注册的，不得在市场销售。"根据该法第33条和其实施细则的规定，在市场上销售的商品，必须使用注册商标而使用未注册商标的，地方工商行政管理部门应制止其继续销售，令其停止广告宣传，封存或收缴其未使用的未注册商标标识，责令限期办理注册手续，并可处以罚款。
  b．检查未注册的商标有无假冒注册商标的情况，发现假冒注册商标的应依法及时处理。
  c．检查生产、经营者是否在自己生产或经营的使用未注册商标的商品上标明生产者或经营者的名称与地址。
  d．检查使用未注册商标商品的质量。生产者和经营者不得使用未注册商标生产假冒伪劣商品，不得粗制滥造，不得以次充好，欺骗消费者，违者由工商行政管理部门依照《商标法》的有关规定进行处理，情节严重的要吊销其营业执照。
  e．加强商标法律、法规的宣传，增强企业及个体工商业者的商标法律意识，依法使用未注册商标。

C. 对出口商品商标的管理。

a. 出口商品商标由国家工商行政管理机关统一注册、管理，国家对外经济贸易部进行协调和具体管理。各地对外贸易厅（局、委）监督本地区出口商品商标的使用和注册，督促本地区出口单位执行国家出口商品商标使用管理的法律、法规和政策。

b. 出口商标的许可。如同一厂家的生产不能满足国际市场需要，管理部门可在征得商标所有人同意之后，签订注册商标使用许可合同，组织多家共同进行生产，以满足对外贸易发展的需要。

c. 检查和了解我国出口商品使用的商标在外国申请注册的情况。对于驳回注册申请不当的，应及时研究对策，进行交涉、申请复审。如已在外国获准注册，应检查使用情况，以维护商标所有人的专用权，维护我国的利益。

③ 商标的印制管理。

A. 对符合条件的申请单位指定为印制商标单位，发给《指定商标印制单位证书》，并在其营业执照中载明"印制商标"的经营项目。

B. 检查承印商标业务活动中是否符合商标印制管理规定。

C. 对违反规定印制商标的，视其情节轻重，可分别给予通报、封存、收缴商标标识、收缴《指定商标印制单位证书》等处理；对构成侵犯他人商标专用权、情节严重构成犯罪的，工商行政管理机关应将直接责任人员移送司法机关依法追究其刑事责任。

D. 指导指定商标印制单位建立健全商标印制管理制度，建立良好的商标印制管理秩序。

3.4.4 药品商标知识

1. 药品商标注册

药品商标必须申请注册，未经注册，使用未注册商标的药品不得在市场销售。药品注册由国家工商局统一办理，同国旗、国徽、地名、商品图形及带有夸大宣传，民族歧视等不得注册。图3.57为药品生产、经营企业注册商标，图3.58为药品商品名注册商标。

图3.57　药品生产、经营企业商标

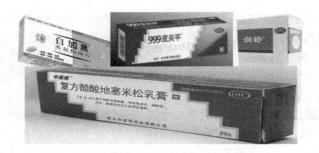

图3.58　药品商品名注册商标

图 3.58　药品商品名注册商标（续）

2．药品商标保护

商标注册人享有商标专用权，受法律保护。未经注册商标所有人许可使用商标，销售假冒注册商标商品，伪造注册商标均属侵权行为。

【知识拓展】

国内知名商标被抢注

据国家工商总局的不完全统计，国内有 15% 的知名商标在国外被抢注，其中超过 80 个商标在印度尼西亚被抢注，近 100 个商标在日本被抢注，近 200 个商标在澳大利亚被抢注，每年商标国外抢注案件超过 100 起。据国家工商管理总局商标局数据，自 20 世纪 80 年代，中国出口商品商标被抢注的有 2 000 多起，造成每年约 10 亿元无形资产流失。中国有不少老字号品牌如"狗不理"、"北京同仁堂"、"六必居"、"海信"等商标在国外遭到抢注，不仅影响了老字号的声誉，也给企业走出国门设置了贸易壁垒。2005 年，青岛海信集团历时 6 年，最终以 50 万欧元的价格将被西门子公司在德国注册的"HiSense"商标赎回。腾讯公司域名被外国人抢注，最终以 100 万美元天价赎回。

（资料来源：http：//www.saic.gov.cn/.）

3．药品商标的印刷与使用

药品说明书和标签中禁止使用未经注册的商标，以及其他未经国家食品药品监督管理局批准的药品名称。《药品说明书和标签管理规定》规定注册商标可以印刷在药品标签的边角，但是对于包含文字的注册商标，其字体以单字面积计不得大于通用名称用字的 1/4。

【应用案例】

广药再添两件中国驰名商标成全国医药企业之最

2012 年 4 月 27 日，第 7 个世界知识产权日，国家工商行政管理总局商标局公布了今年获得中国驰名商标的名单，广州医药集团有限公司"中一"商标、广州白云山制药股份有限公司"抗之霸"商标被认定为中国驰名商标。这是广药集团继"王老吉"商标、"白云山"商标、"陈李济"商标被认定为中国驰名商标后收获的两件中国驰名商标。至今为止，广药集团已拥有 5 件中国驰名商标，成为全国拥有中国驰名商标数量最多的医药企业。

一直以来，广药集团通过品牌经营战略，把商标作为企业品牌文化中的重要组成部分，作为企业建立消费者信任和认同的重要标识，通过进攻型和防御性策略对知识产权进行有效保护。广药集团现有注册商标 1 421 件，中国驰名商标 5 件，广东省著名商标 23 件，广州市著名商标 31 件。广药集团的商标管理工作在广州市的企业中名列前茅，并通过对重要品牌的全方位注册，运用工商行政、知识产权行政、司法等各种武器，有效地保护集团的知识产权权益不受侵犯。

广药集团属下陈李济、潘高寿、中一、王老吉、奇星等都是拥有百年历史的中华老字号企业，其品牌更是赢得了广大医疗专家和消费者的一致信赖。目前，广药集团"中华老字号"企业数目达12家，2010年，广药集团旗下"王老吉"品牌价值评估为1 080亿元，成为中国目前第一品牌，并荣获全国"2011消费者最喜爱的绿色商标"。

（资料来源http://www.gpc.com.cn/news/2012/n96934763.html.）

案例思考：
（1）注册商标、驰名商标、著名商标是怎样产生的？
（2）企业获得注册商标、驰名商标、著名商标的认定对企业产品营销有何作用？
（3）企业可通过什么途径或方法有效地保护其知识产权权益不受侵犯？
（4）作为消费者，企业的注册商标、产品注册商标对你识别、选购产品有何作用？

本章小结

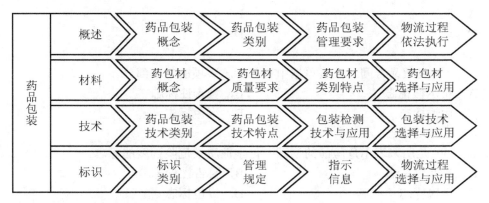

（1）药品包装概念、分类、管理要求。
（2）药品包装材料管理要求、类别、质量标准、性能特点及应用范围，药品包装材料安全试验及材料选择，在物流作业过程中的应用。
（3）药品包装技术、类别、特点、适用范围及所用包装设备，包装性能检测项目、方法及其仪器设备在物流作业过程中的应用。
（4）药品包装标识类别、管理要求及在药品供应链及物流作业过程中的应用。

练习思考题

一、单选题

1. 直接接触药品的包装材料和容器属药品的（　　）。
   A．中包装　　　　　　　　B．外包装
   C．内包装　　　　　　　　D．运输包装
   E．集合包装

2. 我国药典附录中收载的药包材标准属于（　　）。
   A. 药典体系 B. ISO 标准体系
   C. 英国工业标准体系 D. YBB 标准体系
   E. 美国工业标准体系
3. 各种塑料的简称：聚氯乙烯（　　）、聚丙烯（　　）、聚酯（　　）、聚乙烯（　　）。
   A. PE B. PP
   C. PVC D. PET
   E. PVDC
4. 以下药品包装用复合膜结构类型中阻隔性能最好的是（　　）。
   A. 纸/塑料 B. 塑料/镀铝塑料
   C. 纸/铝箔/塑料 D. 塑料/铝箔/塑料
   E. PET/CPP
5. 外包装用瓦楞纸箱由 3 层或 5 层瓦楞纸板制成。瓦楞纸板一般有（　　）种楞型。
   A. 3 B. 4
   C. 5 D. 2
   E. 1
6. （　　）是贸易合同、发货单据中有关标志事项的基本部分。
   A. 指示性标志 B. 警告性标志
   C. 运输标志 D. 绿色标志
   E. 原产地标志
7. （　　）是用来表示危险品的物理、化学性质及危险程度的标志。
   A. 指示性标志 B. 警告性标志
   C. 运输标志 D. 绿色标志
   E. 原产地标志
8. （　　）用来指示运输、装卸、保管人员在作业时需要注意的事项，以保证物资的安全。
   A. 指示性标志 B. 警告性标志
   C. 运输标志 D. 绿色标志
   E. 原产地标志
9. （　　）是指在运输包装外标明包装的毛重、净重和体积，以方便运输、装卸。
   A. 指示性标志 B. 警告性标志
   C. 运输标志 D. 绿色标志
   E. 重量体积标志
10. 在药瓶、铝箔袋、锡管、铝塑泡眼等内包材上贴印的标签属（　　）。
    A. 外包装标识 B. 内包装标识
    C. 运输标志 D. 绿色标志
    E. 重量体积标志
11. 在药品包装中的说明书为（　　）。
    A. 重量体积标志 B. 内包装标识
    C. 运输标志 D. 绿色标志
    E. 外包装标识

12. 药包材生产实施（   ）。
    A. 注册制度   B. 审批制度
    C. 许可证制度
13. 药包材使用实施（   ）。
    A. 注册制度   B. 审批制度
    C. 许可证制度
14. 药包材管理实施（   ）。
    A. 注册制度   B. 审批制度
    C. 许可证制度
15. 中药制剂标签内容中没有的项目是（   ）。
    A. 药品名称   B. 生产批号
    C. 包装规格   D. 功能与主治
    E. 适应症
16. 化学药品标签中没有的项目是（   ）。
    A. 药品名称   B. 生产批号
    C. 包装规格   D. 功能与主治
    E. 适应症
17. 凡上市流通的药品的标签、说明书或包装上必须要用药品的（   ）。
    A. 商品名   B. 英文名
    C. 通用名称   D. 化学名称
    E. 汉语拼音名称
18. 药品批准文 H12021232 中的 H 代表（   ）。
    A. 中药   B. 生物药品
    C. 化学药品   D. 进口药品
19. 药品批准文国药准字 Z23020295 中的 Z 代表（   ）。
    A. 中药   B. 生物药品
    C. 化学药品   D. 进口药品
20. 药品批准文国药准字 S19993044 中的 S 代表（   ）。
    A. 中药   B. 生物药品
    C. 化学药品   D. 进口药品
21. 药品批准文国药准字 J19993044 中的 J 代表（   ）。
    A. 中药   B. 生物药品
    C. 化学药品   D. 进口药品
22. 自然人、法人或者其他组织对其提供的服务项目，需要取得商标专用权的，应向商标局申请（   ）。
    A. 商标注册   B. 服务商标注册
    C. 商号登记

二、多选题

1. 在生产、流通、使用过程中，人们常把药品包装按（   ）分类。
    A. 中包装   B. 外包装

  C. 内包装   D. 运输包装
  E. 集合包装

2. 药品包装的作用主要有（　　）。
  A. 保护内装药品   B. 防止药品在有效期内变质
  C. 防止药品储运过程中受破坏的   D. 方便使用
  E. 促进销售

3. 《药品说明书和标签管理规定》对（　　）的使用进行管理规范。
  A. 内包装材料   B. 药品包装
  C. 药品标签   D. 说明书
  E. 内包装容器

4. 药品包装复合材料一般分为（　　）3层。
  A. 基层   B. 热封层
  C. 中层   D. 下层
  E. 功能层

5. 常用药品包装材料标准体系有（　　）。
  A. 美国药典   B. 欧洲药典
  C. ISO 标准体系   D. 日本药局方
  E. YBB 标准

6. YBB 标准涵盖的试验项目有（　　）。
  A. 鉴别试验   B. 物理试验
  C. 化学试验   D. 微生物和生物试验
  E. 机械性能试验

7. 药包材与药物相容性试验中的影响因素试验包括（　　）。
  A. 高温试验   B. 湿度试验
  C. 强光照射试验   D. 化学试验
  E. 机械性能试验

8. 利用以下（　　）各种因素作用于害虫的肌体，破坏害虫的生理机能和肌体结构，劣化害虫的生活条件是药品物理防虫技术。
  A. 光   B. 热
  C. 电   D. 冷冻
  E. 化学试剂

9. 药品防潮包装中常用干燥剂有（　　）。
  A. 硅胶   B. 活性炭
  C. 分子筛   D. 无水氯化钙
  E. 浓硫酸

10. 充气包装通常是采用（　　）等不活泼气体置换包装容器中空气的一种包装技术。
  A. O_2 B. H_2O
  C. CO_2 D. N_2
  E. H_2S

11. 药品包装密封强度通过测量（　　）来进行。
    A．防爆裂强度　　　　　　　B．抗变形强度
    C．抗疲劳强度　　　　　　　D．摩擦系数
    E．厚度
12. 通常列入环境标志的产品的类型为（　　）。
    A．节水节能型　　　　　　　B．可再生利用型
    C．低污染型　　　　　　　　D．清洁工艺型
    E．低能耗型
13. 商品的运输包装标志通常包括（　　）。
    A．收发货标志　　　　　　　B．包装储运图示标志
    C．危险品货物包装标志　　　D．绿色标志
    E．装饰标志
14. 原料药品的标签内容没有的项目是（　　）。
    A．药品名称　　　　　　　　B．生产批号
    C．包装规格　　　　　　　　D．功能与主治
    E．适应症
15. 药品包装尺寸过小无法全部标明上述内容的，至少应当标注（　　）内容。
    A．药品通用名称　　　　　　B．规格
    C．产品批号　　　　　　　　D．有效期
    E．适应症
16. 商标具有（　　）三大特征。
    A．共享性　　　　　　　　　B．标志性
    C．商业性　　　　　　　　　D．专有性
17. 按商标享誉程度分（　　）。
    A．普通商标　　　　　　　　B．知名商标性
    C．著名商标　　　　　　　　D．驰名商标
18. 目前还不是《商标法》保护的客体有（　　）。
    A．立体商标　　　　　　　　B．文字商标
    C．音响商标　　　　　　　　D．气味商标
19. 《商标法》对禁止构成商标的文字或图形有如下要求：（　　）。
    A．同我国的国家名称、国旗、国徽、军旗、勋章相同或近似的
    B．同外国的国家名称、国旗、国徽、军旗、勋章相同或者近似的
    C．同政府间国际组织的旗帜、徽记、名称相同或者近似的
    D．直接表示商品的质量、主要原料、功能、用途、重量、数量及其他特点的
    E．本商品的通用名称和图形
20. 商标管理是国家有关主管机关依法对商标（　　）等行为进行监督检查等活动的总称。
    A．注册　　　　　　　　　　B．使用
    C．转让　　　　　　　　　　D．设计

三、判断题

1. 药品外包装指将已完成内包装、中包装的药品装入箱中或其他袋、桶和罐等容器中的过程。（   ）
2. 直接接触药品的包装材料和容器属药品的外包装。（   ）
3. 多剂量包装常指成人一次使用完的剂量，如注射剂、口服液等包装。（   ）
4. 《直接接触药品的包装材料和容器管理办法》对直接接触药品的包装材料和容器实施注册管理。（   ）
5. 直接接触药品的包装材料和容器必须符合药用要求，符合保障人体健康、安全的标准，并由药品监督管理部门在审批药品时一并审批。（   ）
6. 药品包装材料是指直接接触药品的包装材料和容器，简称"药包材"，属于普通包装范畴，它具有包装的所有属性。（   ）
7. 丁基胶塞在气密性、耐水蒸气、穿透性、化学稳定性上都远远高于天然胶塞。（   ）
8. HDPE 制成的塑料瓶一般不宜存放芳香性的、油脂性的药品，也不宜存放对氧气或水蒸气特别敏感的药品。（   ）
9. BOPP 膜一般作为复合膜的内表层。（   ）
10. CPP 保持了撕裂强度和热封性好的特点，一般可作为复合膜的内封层。（   ）
11. 聚酯瓶由于质轻、透明度高和阻隔性良好成为药品口服液塑料包装瓶、饮料包装瓶的最佳塑料品种。（   ）
12. 绝大多数药品对水蒸气敏感而对氧气不敏感，因而药品包装的阻隔性通常以防潮为主。（   ）
13. PVDC 的分子密度大、结构规整、结晶度和透明度高、耐油脂性好，PVDC 膜是目前阻隔性能最好的一种薄膜。（   ）
14. 瓦楞纸箱是目前使用量最大的运输包装容器。（   ）
15. 瓦楞纸箱比蜂窝纸板箱具有更好的缓冲隔振性能。（   ）
16. 防爆炸包装的有效方法是采用塑料桶包装，然后将塑料桶装入铁桶或木箱中，每件净重不超过 50 千克，并应有自动放气的安全阀，当桶内达到一定气体压力时，能自动放气。（   ）
17. 通过光、热、电、冷冻等作用于害虫的肌体，破坏害虫的生理机能和肌体结构是化学的防虫技术。（   ）
18. 防霉腐包装技术是通过劣化某一不利的环境因素，达到抑制或杀死微生物，防止内装物霉腐，保护产品质量的包装方法。（   ）
19. BFS 整线技术（即吹瓶/灌装/封口三合一技术）和设备是药液无菌灌装的重要方式。（   ）
20. 可追溯标识技术发展方向是系统集成，只用于物料准备或终端客户某一环节进行产品跟踪。（   ）
21. 药品标签内容文字表达应与说明书保持一致。（   ）

四、简答题

1. 列出对我国药品包装进行管理规范的相关法律、法规。
2. 举例说明药品包装标识在物流作业与管理过程的作用。
3. 举例说明药品常用运输包装材料的特点、适用范围及应用注意事项。
4. 举例说明常用药品运输包装技法在物流作业过程中如何应用。

五、看图填空题

1. 写出相应药品包装材料名称。

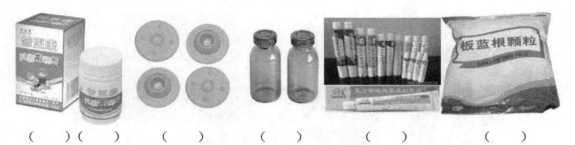

（　　）（　　）　　（　　）　　（　　）　　（　　）　　（　　）

2. 写出相应药品包装剂量形式。

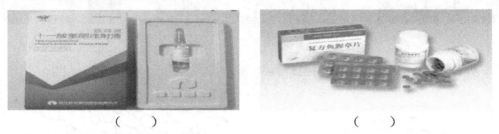

（　　）　　　　　　　　　（　　）

3. 写出相应药品包装形式。

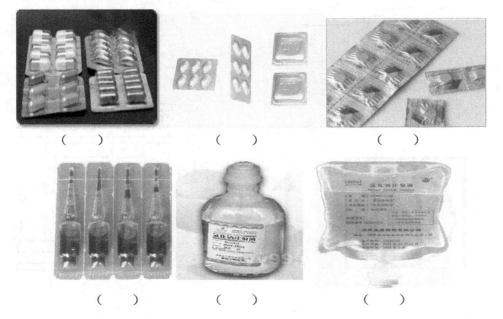

（　　）　　　　（　　）　　　　（　　）

（　　）　　　　（　　）　　　　（　　）

4. 写出相应包装技术形式。

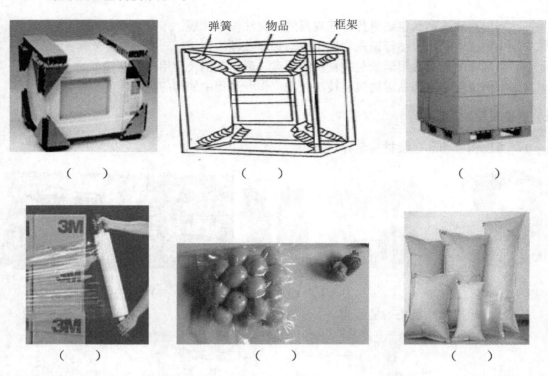

（　　）　　　　　　（　　）　　　　　　　　（　　）

（　　）　　　　　　（　　）　　　　　　　　（　　）

5. 从下图塑料的分子结构说明塑料类型。

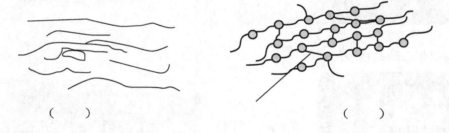

（　　）　　　　　　　　　　　　（　　）

6. 写出相应图示标志的类型。

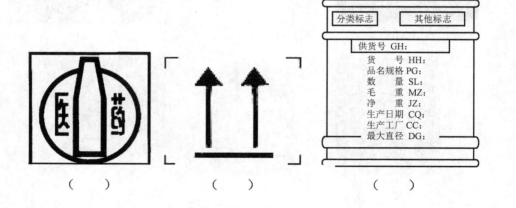

（　　）　　　　　　（　　）　　　　　　　　（　　）

实训 3.1　药品包装存在问题调查

实训目标

1．了解我国药品包装存在的问题及其带来的不良后果。

2．理解药品包装材料、技术的选择，药品包装标识对药品物流、销售、使用过程的指导作用，我国立法对药品包装材料及标识进行严格管理的意义。

实训方法

1．人员分组，以组为单位进行调查。

2．主要利用公共信息平台进行调查，重点搜集药品内包装材料选择不当、外包装材料与包装技术选择不当对药品质量维护的影响；运输包装材料与技术选择不当的影响；药品不按法规要求进行标识对药品流通、使用的影响。

3．处理所获信息，分类列表呈现。

实训步骤

参训人员分组→每组确定组长，组长组织安排确定调查工作计划与实施方案，按实训任务及计划要求进行分工→利用计算机与网络资源搜索所要信息→按调查目标要求各组整理组员所搜集信息→列表说明包装材料、技术、标识不恰当的影响→各组信息汇总形成综合表，供所有组员共享信息。

实训结果呈现方式

1．各组调查计划与实施方案。

2．组长、组员分工与任务安排、组员所获信息及信息来源说明。

3．各组对所获信息进行汇总，以包装材料、技术、标识使用不恰当带来的影响进行分类，列出分类表。

4．全班各组调查信息汇总。

5．针对问题，讨论思考解决办法并提出对策。

实训效果评价

能够按药品包装材料、技术、标识使用存在问题分类整理，讨论思考解决办法并提出对策。

实训 3.2　不同类别药品包装材料在物流中的应用

实训目标

1．熟悉国内外药包材标准体系与相应的查询方法，了解药包材标准内容及其在药品生产、流通、使用过程的具体应用。

2．熟悉不同类别药品包装材料成分构成、特点及其适用范围，在药品物流作业与管理过程中的应用。

实训方法

通过查询不同类别药包材标准，从标准对不同类别药包材的要求，认识、了解各类药包材的成分组成、性能特点、应用范围。

实训步骤

参训人员按组选择一类常用药包材，查询其标准，打印标准内容→每组按该类药包材标准，认识、了解该类药包材的成分组成、性能特点（优缺点）、适用范围及其使用注意事项→组与组之间交换所查询的药包材标准及了解结果。

实训结果呈现方式

1．各组查询到的药包材标准原始材料；各组查询到的药包材标准材料汇总，共享。
2．列表说明各类药包材（重点"纸、塑料、复合膜"）性能特点（优缺点）及适用范围。

实训效果评价

1．快而准地查询药包材标准。
2．按药包材类别分类列表概括说明其优缺点及适用范围。

实训3.3　常用药品运输包装技术在物流中的应用

实训目标

1．熟悉常用药品运输包装技术类别、特点与适用范围，在药品物流作业与管理过程中的应用。

2．熟悉药品包装完整性与密封性的检测，科学合理地评价药品包装操作效果，促进物流效率提高。

实训方法

1．查询不同类别药品运输包装技术所用药包材、设备与工具、适用货物、包装操作要求与注意事项。

2．针对不同类别药品在储运过程中药品质量维护与方便物流作业的需要，选择合适的药品运输包装技术及相关药包材、设备与工具，对药品进行运输包装操作。

3．对药品包装的完整性与密封性进行检测。

实训步骤

参训人员按组选择一类常用运输包装技术，查询其所用药包材、设备与工具、包装操作要求与注意事项、适用货物，药品包装的完整性与密封性检测方法→打印相关查询结果→每组按该类药品运输包装技术特点，选择被包的对象（某类药品，了解并记录其形状、尺寸大小、数量），对应要用的运输包装材料（根据要包的药品的形状、尺寸大小、数量，药包材的规格，确定要用多少包装材料），包装过程要用的包装设备和工具，合适的包装操作场所，按包装操作要求与注意事项要求进行包装作业→对包好的药品，根据药品包装的完整性与密封性检测方法要求，对被包药品的包装进行完整性与密封性检测→通过检测结果，判定包装作业的质量→各组交换进行各种包装技术的操作和包装完整性与密封性的操作演练→熟悉各种包装操作、包装检测操作。

实训结果呈现方式

1. 各组查询到的常用运输包装技术，其所用药包材、设备与工具、包装操作要求与注意事项、适用货物；药品包装的完整性与密封性检测方法。
2. 各组包装检测结果。
3. 查询与实际操作结果资料汇总，共享。

实训效果评价

1. 熟悉常用运输包装技术所用设备与工具、使用注意事项。
2. 熟悉包装的完整性与密封性检测方法与注意事项。
3. 包装检测结果。

实训 3.4 常用药品包装标识在物流中的应用

实训目标

1. 明确我国药品管理法律、法规对药品包装标识的管理要求。
2. 熟悉常用药品包装标识类别、作用，在物流作业与管理过程中的应用。

实训方法

1. 查询信息，明确我国药品管理法律、法规对各类药品包装标识的管理要求（包装、标签、说明书、注册商标）。
2. 解释不同类别包装药品标识的含义，说明其在流通、使用过程中的意义。
3. 判断处于流通环节中的药品的包装标识是否符合我国管理法规的要求（特别是药品入库与出库环节包装的检查）。
4. 在药品物流作业过程中，正确选择合适的包装与储运标识标示药品，指导物流作业、药品的销售和使用。

实训步骤

参训人员按组选择一类药品（中药材、中药饮片、中成药、化学原料药、化学制剂、生物药品），查询其包装、标签、说明书的管理要求（药品标准）→打印相关查询结果→每组按该查询结果，选择属这一类的药品，对其包装、标签、说明书进行核对，判断是否符合要求→各组交换重复操作，熟悉不同类别药品包装、标签、说明书的具体要求→按所给待发运药品类别、目的地、所用运输工具、所选运输路线及其经过区域的地理与气候条件、运输时间长短，给待发运药品选择合适的储运包装标识→按药品包装标识指导，进行规范、安全的物流作业。

实训结果呈现方式

1. 各组查询到的各类药品包装标识管理要求。
2. 各组对药品实物包装标识与法规要求核对结果。（列表说明）
3. 针对不同类别待发运药品的包装储运标识的选择。（列表说明）

实训效果评价

包装标识的选择和应用准确、快捷。

第 4 章

药品质量与质量管理

【学习内容】

药品质量标准、检验、管控、认证与监督

药品质量标准

药品质量标准、特点；
制定原则、结构、形式；
查询方法与物流应用

药品质量检验

药品质量检验概述；
检验方法类别、特点、应用；
外观质量检验与物流应用

药品质量管控

药品质变形式、后果；
影响药品质量内因及管控；
影响药品质量外因及管控

药品质量认证监督

药品质量与质量管理；
药品供应链质量管理规范；
药品质管体系与认证；
药品质量监督

第4章 药品质量与质量管理

【学习目标】

（1）熟悉药品质量标准（药典）的查询方法，能在物流作业与管理过程中应用。

（2）熟悉药品质量检验方法，能应用外观质量检验法对流通过程的药品进行质量检验工作。

（3）熟悉影响药品质量的内外因素及其影响规律、药品质量维护技术和方法，能根据药品质量特性及药品管理要求，灵活应用药品质量维护技术与方法，进行药品质量维护工作。

（4）熟悉GSP、药品质量管理方法、药品质量监督管理体系，能按GSP要求应用药品质量管理方法对流通过程中的药品进行质量管理与监督。

【导入案例】

《"十三五"国家药品安全规划》明确的主要任务

保障药品安全是建设健康中国、增进人民福祉的重要内容，是以人民为中心发展思想的具体体现。为提高药品质量安全水平，根据《中华人民共和国国民经济和社会发展第十三个五年规划纲要》，制定本规划（全文请扫描"前言"后的二维码查阅）。

本规划明确的主要任务归纳如下：
（1）加快推进仿制药质量和疗效一致性评价。
（2）深化药品医疗器械审评审批制度改革。
① 鼓励研发创新。
② 完善审评审批机制。
③ 严格审评审批要求。
④ 推进医疗器械分类管理改革。
（3）健全法规标准体系。
① 完善法规制度。
② 完善技术标准。。
③ 完善技术指导原则。
（4）加强全过程监管。
① 严格规范研制生产经营使用行为。
② 全面强化现场检查和监督抽验。
③ 加大执法办案和信息公开力度。
④ 加强应急处置和科普宣传。
（5）全面加强能力建设。
① 强化技术审评能力建设。
② 强化检查体系建设。
③ 强化检验检测体系建设。
④ 强化监测评价体系建设。
⑤ 形成智慧监管能力。
⑥ 提升基层监管保障能力。
⑦ 加强科技支撑。
⑧ 加快建立职业化检查员队伍。

案例思考：
(1) 我国药品标准与国际药品标准如何查询？形式与内容上有什么区别？为什么要与国际接轨？
(2) 我国承担药品质量检验检测的职能机构是如何设置的？了解各级机构的职责范围。
(3) 我国药品质量管理体系如何保障药品质量？

4.1 药品质量标准

4.1.1 药品质量标准概述

1. 药品质量标准的定义

药品质量标准（简称药品标准）是国家对药品质量规格及检验方法所做的技术规范，由一系列反映药品特征的技术参数和技术指标组成，是药品生产、经营、使用、检验和管理部门必须共同遵循的法定依据，属强制性标准。药品标准是药品质量检验的依据，具有权威性和法律性。药品标准依据安全有效、技术先进、经济合理的原则制定。

【知识链接】

强制性标准

强制性标准是指在一定范围内通过法律、行政法规等强制性手段加以实施的标准，具有法律属性。强制性标准一经颁布，必须贯彻执行，对不执行而造成恶劣后果和重大损失的单位和个人，要受到经济制裁或承担法律责任。强制性标准主要是对有些涉及安全、卫生方面的进出口商品规定了限制性的检验标准，以保障人体健康和人身、财产的安全。在我国，进出口商品必须执行强制性标准的，均由国家法律、法规明确规定，由各地出入境检验检疫机构严格执行。

2. 药品质量标准的表现形式

我国药品质量标准表现形式为《中国药典》。我国药典已颁布实施的版本有 1953 版、1963 版、1977 版、1985 版、1990 版、1995 版、2000 版、2005 版、2010 版、2015 版，通常每 5 年修订一次。

现在实施的是 2015 年版本，分成中药、化学药、生物制品、通则与药用辅料 4 部（图 4.1 为我国药典与美国药典）。共收载 5 608 种药品，其中一部中药收载药材及饮片、植物油脂与提取物、成分和单味制剂共 2 598 个品种；二部化学药收载化学药品、抗生素、生化药品、放射性药品共 2 603 个品种；三部生物制品收载 137 个品种；四部药用辅料收载 270 个品种。

图 4.1 我国药典与美国药典

【知识拓展】

国外药典与药品管理机构

（1）美国药典。由美国药典委员会编辑出版，自 1950 开始，每 5 年出版一次。内容丰富，对世界影响力较大。美国食品药品管理局（Food and Drug Administration，FDA）是美国人类保健服务部下属机构，负责全国食品、药品、化妆品、生物制品、兽药、医疗器械、诊断用品的管理。FDA 主要任务：制定人用药品的政策和标准，进行药品安全性和有效性研究；审查和评价各研制单位申请的新药；指导药品安全性和有效性的临床研究；建立药品不良反应报告系统和制度；执行药品监督和审查规章执行情况；在药品生物学和药品化学技术方面提供帮助；负责制定制药工业实施 GMP 的各项规章和标准；负责抗生素和胰岛素生产发证工作。

（2）日本药局方。由日本药务局的药品与化学安全科负责制定和出版，规定药品、类药品、化妆品、医疗器械的规格和标准，于 1886 开始（一部收载化学药品及制剂，二部收载生药和生物制品）。日本药务局负责全国食品、药品、化妆品、生物制品、医疗器械的管理；制定和调整药品、类药品、医疗器械、卫生用品的生产和贸易，保证药品的稳定供应和分配，适当调整价格；规定日常药品、类药品、化妆品、医疗器械的规格标准，研究药品的安全性、有效性、适应症、质量，加强国内药品的检验、药效评审，负责对药品、类药品、化妆品、医疗器械制造给予技术指导和监督，批准生产或进口，给予药用植物培育和生产的指导；对抗生素、生化制品的生产进行技术指导；对麻醉药品的进口、生产、转卖、使用、占有进行管理和控制。

（3）英国药典。自 1864 年开始，每 5 年出版一次。使用范围广泛。

（4）国际药典。由 WHO 编写，对各国药典的编写只提供参考，无法律约束力。

4.1.2 药品质量标准的应用

1. 药品在供应链中的流通过程

（1）商流。

中药材种植或养殖场生产的中药材供给中成药生产厂家或供应链下游的批发商、零售商及消费者；药品（含化学药、生物药、中成药）生产厂家将其生产的成品药供应给下游的批发商、零售商及消费者。

（2）物流。

物流服务商为药品生产厂家提供原料药供应服务，为批发商、零售商（含医疗机构）及消费者提供成品药物流服务。

药品流通与物流过程如图 4.2 所示。

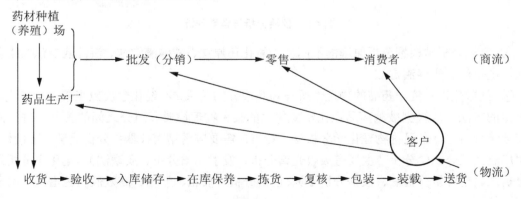

图 4.2　药品流通与物流过程

2．药品质量标准在药品物流中的具体应用

（1）药品入库验收。药品入库验收根据药品质量标准规定的检验方法与场所，对入库药品进行检验并作为药品是否合格，是否能入库的判定依据。

（2）药品分类储存与在库养护。药品分类储存与在库养护根据药品质量标准规定储存方法与储存场所，选择储区储位及存储方式，对药品按其质量特性实施分类储存和在库养护。

（3）药品出库与运输。药品出库与运输根据药品质量标准规定要求进行运输包装、选择运输工具、装载、送货。

（4）药品零售现场上架陈列。药品零售现场（含医院药房）上架陈列根据药品质量标准规定要求进行拆零、标识及上架陈列。

4.2 药品质量检验

4.2.1 药品质量检验概述

药品质量检验是依靠现代技术对药品的成分、结构、含量、性质，特别是安全性与有效性进行评价的活动，主要分为定性与定量检验。

（1）定性检验：鉴定药品化学组成。

（2）定量检验：测定药品各成分的相对含量、杂质或分解产物限度。分析方法又分为容量分析和仪器分析，如图4.3所示。

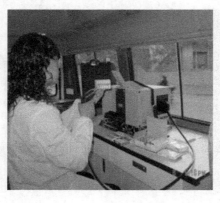

图4.3　仪器分析与容量分析

① 容量分析常根据分析原理的不同分为氧化还原法、酸碱滴定法、沉淀滴定法、络合滴定法、电位法、永停滴定法。

② 仪器分析是依据药品的物理性质与药品成分的关系，不经化学反应直接进行鉴定、含量测定的方法，或根据被测药品在化学变化中的某种物理性质和组分之间的关系，进行的鉴定和含量分析方法，又称物理化学分析法。特点：需要应用精密仪器；分析灵敏、准确快速、应用广泛。又分光学分析（主要有吸收光谱分析、发射光谱分析、质谱法）、电化学分析（电解分析法、电容量分析法、极谱分析法）、色谱分析（液相、气相、高效液相色谱法、离子交换法）等。

【知识拓展】

微生物限度检查法与免疫学测定分析法

微生物限度检查法指非规定灭菌制剂及其原、辅料受到微生物污染程度的一种检查方法，包括染菌量及控制菌的检查。主要针对非无菌药品所含致病微生物进行检验，以保障消费者用药安全有效。非无菌药品的微生物限度标准是基于药品的给药途径和对患者健康潜在的危害以及中药的特殊性而制定的。

免疫学测定分析法指利用免疫学原理，主要是利用抗体与抗原间的高度特异性与光、酶、放射性、同位素测量技术相结合的超微量分析法。主要有荧光偏振免疫分析法、酶联免疫分析法、荧光免疫分析法、放射免疫分析法等。特点：灵敏、快速、准确。

【知识链接】

常见致病微生物

常见致病微生物有大肠杆菌、沙门氏菌、绿脓杆菌、金黄色葡萄球、破伤风杆菌和螨虫。通常是药品卫生检验对象。

【知识拓展】

无菌与灭菌制剂

无菌与灭菌制剂主要是指直接注入体内或直接接触创伤面、黏膜的一类制剂。因这类制剂直接作用于人体血液系统，在使用前必须保证处于无菌状态，故其生产和贮存对设备、人员及环境有特殊要求。无菌指在任一指定物体、介质或环境中，不得存在任何活的微生物；灭菌指用物理或化学等方法杀灭或除去所有致病和非致病微生物和芽孢的手段。

4.2.2 药品外观质量检验方法

1. 药品外观质量检验方法的定义

药品外观质量检验又称直觉判定法，是由验收（或质量检查）人员根据药品质量标准与药品说明书中规定的性状，如糖衣片、白色素片、胶囊、无色澄明液体等描述，结合工作人员的业务知识和实践经验，通过人的眼睛、鼻子、手等感觉器官来检验药品的形状、颜色等外观质量并判断药品质量优劣的方法（检验操作方法详见《中国药品检验标准操作规程——药品质量管理规范（2010版）》）。

2. 药品外观质量检验的具体操作

药品外观质量检验具体操作包括：用眼睛观察药品的外观质量，如有无变形、开裂、脱皮、污痕、霉点、熔化、溶解、变色、结块、挥发、沉淀等异状；用鼻子嗅闻药品有无变味或串味情况；对易碎药品进行震动、摇晃后用耳朵倾听其包装内有无碎片撞击声；用手指、手掌弹、拍、触、摸药品，感觉其干软、黏结、滑腻的程度。

3. 药品外观质量检验方法在物流中的应用

（1）药品入库验收、退换货质量检验，判断入库药品是否合格，确定能否入库。

(2)药品在库质量检查与养护，判断药品质量是否稳定，为采取科学、合理的保管养护措施，维护药品质量稳定提供决策依据。

(3)药品出库复核，判断出库药品质量是否合格，确定能否出库。

(4)药品交货，收发货双方判断药品质量是否合格，收货方确定是否收货。

4．不同类别药品外观质量检验的内容

(1)片剂。

① 外观检验内容。主要检查片剂的色泽、斑点、异物、麻面、吸潮、黏连、溶化、发霉、结晶析出、边缘不整、松片、装量及包装等；含生药、脏器及蛋白质类药物的制剂还应检查有无虫蛀、异臭等；包衣片除做上述检查外，还应检查花斑、瘪片、龟裂、爆裂、脱壳、掉皮、膨胀、片芯变色、变软等。

② 是否合格的判断。按具体品种质量标准要求及方法进行各检项检查，以检查结果和判断标准（其中压制片与包衣片不同）比较确定被检药品质量是否合格。

(2)胶囊。

① 外观检验内容。主要检查色泽、漏药、破裂、变形、粘连、异臭、霉变、生虫及包装等。软胶囊还应检查气泡及畸形丸。

② 是否合格的判断。按具体品种质量标准要求和方法进行各检项检查，以检查结果与判断标准（硬胶囊与软胶囊不同）比较确定被检药品质量是否合格。

(3)丸剂。

① 外观检验内容。主要检查色泽、吸潮、粘连、异臭、霉变、畸型丸及包装等。

② 是否合格的判断。按具体品种质量标准要求进行各检项检查，以检查结果与判断标准比较确定被检药品质量是否合格。

(4)注射剂。

① 外观检验内容。

A. 水针剂、混悬针剂主要检查色泽、结晶析出、混浊沉淀、长霉、澄明度、装量、冷爆、裂瓶、封口漏气、瓶盖松动及安瓿印字等。

B. 油针剂主要检查色泽、混浊、霉菌生长、异臭、酸败、澄明度、装量、冷爆、裂瓶、封口漏油及印字等。

C. 粉针剂主要检查色泽、粘瓶、吸潮、结块、溶化、异物、黑点、溶解后澄明度、装量、焦头、冷爆、裂瓶、铝盖松动、封口漏气及玻璃瓶印字等。

D. 冻干型粉针剂主要检查色泽、粘瓶、萎缩、溶化等。

② 是否合格的判断。按具体品种质量标准要求进行各检项检查，以检查结果与判断标准（不同剂型及装量规格不同）比较确定被检药品质量是否合格。

(5)颗粒剂。

① 外观检验内容。主要检查色泽、气味、吸潮、软化、结块、颗粒是否均匀及包装封口是否严密，有无破裂等现象。

② 是否合格的判断。按具体品种质量标准要求进行各检项检查，以检查结果与判断标准比较确定被检药品质量是否合格。

(6)软膏剂。

① 外观检验内容。主要检查色泽、颗粒细度、金属性异物、溢漏、装量及包装等。

② 是否合格的判断。按具体品种质量标准要求进行各检项检查，以检查结果与判断标准比较确定被检药品质量是否合格。

（7）原料药。

① 外观检验内容。固体原料药主要检查色泽、形态、有无异物、吸潮、粘连、溶化、发霉、装量及包装等；如含生药、脏器及蛋白质类药物的还应检查有无虫蛀、异臭等；液体原料药主要检查色泽、气味、有无异物、发霉，装量及包装等。

② 是否合格的判断。按具体品种质量标准要求进行各检项检查，以检查结果与判断标准比较确定被检药品质量是否合格。

（8）中药材。

① 外观检验内容。从其形、色、味、质量、来源等检查药材或饮片质量。

② 是否合格的判断。按具体品种质量标准要求进行各检项检查，以检查结果与判断标准（药材还有等级规格之分）比较确定被检药品质量是否合格。

【知识链接】

中药材的规格与等级

中药的质量是指中药材自身的品质状况。中药材的外观性状，如形状大小、色泽、质地、气味等及有效成分、药理作用与效果等，都可以反映质量的优劣。因中药材既是药品又是农产品，为方便市场进行商品交易，除要求其满足药品质量的基本要求外，还需按质量差异对药材划分规格与等级。中药材的规格等级是其品质的外观标志。

一般规格是按洁净度、采收时间、生长期（即老嫩程度）、产地及药用部位形态不同来划分；而等级则指同一规格或同一品名的药材，按干鲜、加工部位、皮色、形态、断面色泽、气味、大小、轻重、货身长短等性质要求规定若干标准，每一标准即为一个等级。等级名称以最佳者为一等，最次者为末等（符合药用的），一律按一、二、三、四、……顺序编列。由于中药材是自然形态，如货身长短粗细，大小轻重，同一等级亦有明显差异，因此在一个等级之内，要有一定的幅度，用"以内、以外"和"以上、以下"来划定起线和底线。例如，药材一等每千克46个以内，是最多个数的底数，超过此数就不够一等级了；二等68个以内，即47～68个，均属二等，但在同一等级内，大小个头平均在57个左右为宜，只能是略有大小，基本均匀，不能以最大和最小者，混在一起来充二等个数。

（资料来源：http://www.zhong-yao.net/shi/26877_3.htm.）

【应用案例】

天麻的等级划分

天麻按加工的质量规格可分4个等级。

（1）特等天麻：每千克30个，质量相同。

（2）一等干货：根茎呈扁平状，长椭圆形；去粗皮表面黄白色、体结实、比重大，半透明状，芽白色；味甘性微温；个体均匀，包括无空芯，无碎块，无干枯，无虫蛀、霉变。

（3）二等干货：根茎呈长椭圆形，扁缩而表面弯曲；表面白色或黄褐色，体结实半透明状，断面角质状，芽白色或棕黄色；每千克61～80个，无空心，无碎块，无干枯、虫蛀、霉变。

（4）三等干货：根茎呈扁平长椭圆形，或扁缩而弯曲；表面黄或褐色；每千克80个以上，有空心、碎块，色泽较差，但无霉变、虫蛀。

如何鉴别天麻优劣呢？专家认为，首先闻上去有马尿骚味，其次表面有些细小圆点，再次，顶端有红棕色至深棕色的芽或残留茎基，俗称"鹦哥嘴"，而另一端有自母麻脱落的圆脐形疤痕，最后它的表面还有数圈横纹（图 4.4 为生鲜天麻与加工后的天麻）。另外专家表示，一般来说，外形饱满、同等大小质量重的天麻就好。

图 4.4 生鲜天麻与加工后的天麻

（资料来源：http://www.cnkme.com/main/news/show/29145.）

 ## 4.3 药品质量影响因素

4.3.1 药品质量变化的表现形式及其后果

1. 药品质量变化的表现形式

药品在流通与使用过程中受药品本身质量特性及外界因素的影响会发生质量变化。质量变化类型有 3 种。

（1）化学变化，如发生水解、氧化还原、分解、聚合、异构化等而导致药品变质失效甚至产生毒性。其中水解与氧化反应是药物变质最常见的类型。

（2）物理变化，如发生吸湿、潮解、风化、挥发、蒸发、熔化、结块等而导致药品有效性降低及使用不方便。

（3）生物学变化，如长霉、发酵、腐败、分解等而导致药品变质失效甚至产生毒性。

药品质量影响因素及质量变化形式如图 4.5 所示。

2. 药品质量变化的后果

药物疗效及安全性降低、副作用增加、使用不方便，直接对患者生命和健康带来严重威胁，间接造成经济损失。

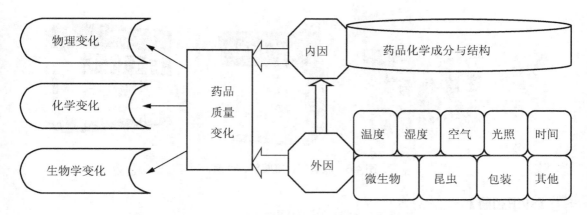

图 4.5　药品质量影响因素及质量变化形式

4.3.2　影响药品质量的内在因素

1. 药品化学结构与药品稳定性的关系

（1）易水解药物化学结构。

通常有盐、酯、酰胺、酰脲、酰肼、苷及含活泼卤素化合物等结构类型。影响药物水解的外界因素有水分、溶液的 pH、温度、某些重金属离子。防止药物水解的方法：应尽量将药物制成固体药剂；在干燥处贮存；调节液体制剂稳定的 pH；注射剂制备灭菌时，应考虑药物水溶液的稳定性而选择适当的灭菌温度与灭菌时间；制备过程加入配合剂 EDTA-Na（乙二胺四乙酸钠）。

① 盐类水解：$MA + H_2O = MOH + HA$。

A. 无机盐水解。

弱酸强碱盐：硼砂→硼酸+氢氧化钠。

$$Na_2B_4O_7 + 3H_2O \rightarrow NaBO_2 + 2H_3BO_4 \rightarrow NaBO_2 + 2H_2O \rightarrow H_3BO_4 + NaOH$$

常用药物制剂有硼酸软膏（如图 4.6 左所示），用于轻度、小面积急性湿疹、急性皮炎、脓疱疮、褥疮。硼酸是皮肤科常用药，临床上常用的有浓度 2%～5%的溶液，以及 7%以下的硼酸软膏。

强酸弱碱盐：硫酸铝钾→硫酸钾+硫酸+氢氧化铝。

$$2KAl(SO_4)_2 + 6H_2O = K_2SO_4 + 2Al(OH)_3 + 3H_2SO_4$$

这里的氢氧化铝一般不加沉淀符号，只有被不断消耗时才会不断水解产生沉淀，如明矾净水。该反应是可逆反应，在微碱性的环境中，平衡点倾向于右侧，这是水解过程，水解后有氢氧化铝胶状物沉淀。分子式：$KAl(SO_4)_2 \cdot 12H_2O$，中文名称：硫酸铝钾；白矾；钾明矾；明矾；学名：十二水硫酸铝钾。

明矾水解产物——氢氧化铝的常用药物制剂有氢氧化铝凝胶和复方氢氧化铝片（如图 4.6 中、右所示），主要用于胃酸过多、胃及十二指肠溃疡、反流性食管炎及上消化道出血等。由于铝离子在肠内与磷酸盐结合成不溶解的磷酸铝自粪便排出，故尿毒症患者服用大剂量氢氧化铝后可减少磷酸盐的吸收，减轻酸血症。

图 4.6　软膏剂、凝胶剂、片剂

【知识拓展】

明矾的用途

根据国家食品添加剂的卫生标准，明矾的最大使用量为"按生产需要适量使用"，但铝的残留量应不大于 100mg/kg。明矾是传统的净水剂，一直被人们所广泛使用。明矾中含有的铝对人体有害。长期饮用明矾净化的水，可能会引起老年性痴呆症。现在已不主张用明矾作净水剂了。明矾在过去还是传统的食品改良剂和膨松剂，常用作油条、粉丝、米粉等食品生产的添加剂。

明矾性寒、味酸涩，具有较强的收敛作用，中医认为明矾具有解毒杀虫、燥湿止痒、止血止泻、清热消痰的功效。明矾加工制成枯矾，可作为外用收敛止血药；配成一定浓度水溶液，可用于防止水稻皮炎；制成氢氧化铝，可配制成胃病用药。医药工业用作防腐剂、收敛剂、止血剂。与青饲料一起拌和，可用于牲畜疾病防治。

明矾也可以作灭火剂，泡沫灭火器内盛有约 1mol/L 的明矾溶液和约 1mol/L 的 $NaHCO_3$（小苏打）溶液（还有起泡剂），两种溶液的体积比约为 11：2。明矾过量是为了使灭火器内的小苏打充分反应，释放出足量的二氧化碳，以达到灭火的目的。

弱酸弱碱盐：醋酸铝→醋酸+碱式醋酸铝。

$Al（OOCCH_3）_3$ 是碱性较强的碱[$Al（OH）_3$]和酸性较弱的酸（CH_3COOH）形成的盐，各自共轭酸和碱则是较弱的酸（Al^{3+}）和较强的碱（CH_3COO^-），水解之后显示弱碱性。水解：$Al^{3+}+3H_2O=Al（OH）_3+3H^+$（相对水解程度小），$Al（OH）_3$ 为难溶物；$3CH_3COO^-+3H_2O=3CH_3COOH+3OH^-$（相对水解程度大），$CH_3COOH$ 为弱电解质。

醋酸铝溶液是一种盐溶液，因为其为弱酸弱碱盐，较易水解，能在溶液中提供胶体，可保护皮肤。水溶液为医用防腐剂、消毒药，具有刺激性小等特点。可由无水氯化铝与冰醋酸加热制得。

注意：强酸强碱盐在水中只有电离，没有水解，如 $NaCl=Na^++Cl^-$。

B. 有机盐水解。一般情况下，盐类的水解生成弱电解质，即弱酸或弱碱；当产生的弱酸或弱碱超过其溶解度时，则由溶液中析出。图 4.7 为磺胺嘧啶钠的水解反应。

磺胺嘧啶钠　　　　　　　　　　　　　　　磺胺嘧啶

图 4.7　磺胺嘧啶钠的水解反应

强酸弱碱盐水解：如盐酸地巴唑的水解。

图 4.8 为强酸弱碱盐的分子结构与成药"地巴唑滴眼液"。

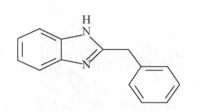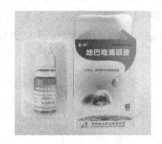

图 4.8　强酸弱碱盐的分子结构与成药"地巴唑滴眼液"

【知识拓展】

地巴唑滴眼液

地巴唑滴眼液活性成分为地巴唑，化学名称为 2-苄基苯并咪唑盐酸盐（分子式为 $C_{14}H_{12}N_2·HCl$）。为平滑肌松弛药，能直接松弛平滑肌，并且扩张睫状前动、静脉血管，有利于向睫状肌供血，使睫状肌营养状况改善。故可立即恢复睫状肌正常调节功能，用于青少年假性近视。

弱酸强碱盐的水解：如苯妥英钠的水解。

水溶液显碱性反应，常因部分水解而发生浑浊。图 4.9 为弱酸强碱盐的分子结构与成药"苯妥英钠片"。

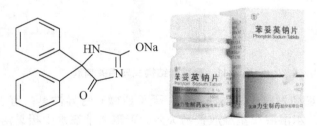

图 4.9　弱酸强碱盐的分子结构与成药"苯妥英钠片"

【知识拓展】

苯妥英钠

苯妥英钠为白色粉末；无臭，味苦，微有引湿性；在空气中渐渐吸收二氧化碳，分解成苯妥英；水溶液显碱性反应，常因部分水解而发生浑浊。分子式：$C_{15}H_{11}N_2NaO_2$；本品为 5,5-二苯基乙内酰脲钠盐。制剂有苯妥英钠片和注射用苯妥英钠，是抗癫痫、抗心律失常药。

② 酯类水解（分子结构中含酯键，易水解）。

酯类的水解反应式如下。

$$R-\overset{O}{\underset{\|}{C}}-OR' + H_2O \rightleftharpoons RCOOH + R'OH$$

图 4.10 为酯类的分子结构与成药"乙酰水杨酸片"。乙酰水杨酸易水解产生水杨酸跟醋酸,水杨酸对人体有毒性,并且水杨酸分子中的酚羟基在空气中容易被逐渐氧化成一系列醌型有色物质杂质,如淡黄、红棕甚至深棕色。原理:乙酰水杨酸遇水易水解,但具有疏水性。例如,$C_9H_8O_4$(阿司匹林)是由水杨酸和醋酸反应得来的,所以水解生成水杨酸和醋酸。
$C_9H_8O_4+H_2O=C_7H_6O_3$(水杨酸)$+CH_3COOH$。

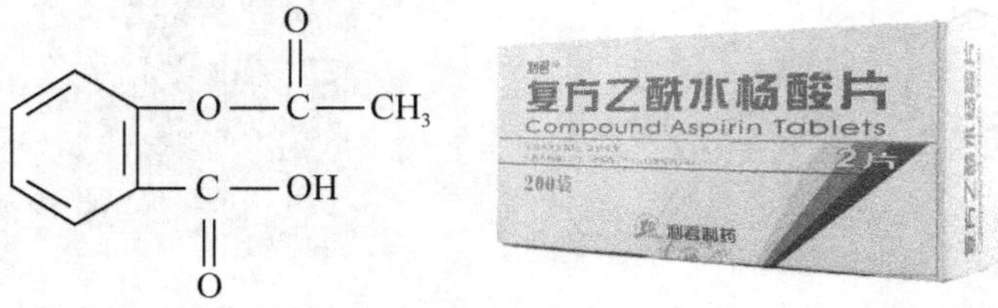

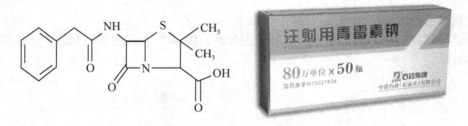

图 4.10 酯类的分子结构与成药"乙酰水杨酸片"

③ 酰胺及酰肼水解。
酰胺类的水解反应式如下。

$$R-\overset{O}{\underset{\|}{C}}-NHR'+H_2O \rightleftharpoons RCOOH+R'NH_2$$

青霉素类是β-内酰胺类抗生素的总称。图 4.11 为青霉素结构式与相关制剂。

图 4.11 青霉素结构式与相关制剂

青霉素钠。青霉素钠为白色结晶性粉末;无臭或微有特异性臭;有引湿性;遇酸、碱或氧化剂等即迅速失效,水溶液在室温放置易失效。青霉素钠在水中极易溶解,在乙醇中溶解,在脂肪油或液状石蜡中不溶。

青霉素钠的水解。青霉素钠分子结构中有一个比较容易水解的基团——COONa,该基团在酸性条件下易水解,所以抑制青霉素钠水解要有适宜的 pH,同时青霉素钠易溶于水,在水中β-内酰胺环易裂解为无活性的青霉酸和青霉噻唑酸,后者降低水溶液的 pH,进一步加强青霉素水解,水解率随温度升高而加速。因此注射液应在临用前新鲜配制。必需保存时,应置冰箱中,宜当天用完。

青霉素的用途。青霉素药理作用是干扰细菌细胞壁的合成。青霉素的结构与细胞壁的成分黏肽结构中的 D-丙氨酰-D-丙氨酸近似,可与后者竞争转肽酶,阻碍黏肽的形成,造成细胞壁的缺损,使细菌失去细胞壁的渗透屏障,对细菌起到杀灭作用。青霉素是一种高效、低毒、临床应用广泛的重要抗生素。它的研制成功大大增强了人类抵抗细菌性感染的能力,带动了抗生素家族的诞生。

④ 苷类水解(强心苷类)。
苷类亦称配糖体,是由糖或糖的衍生物,如氨基酸、糖醛酸等与另一非糖物质通过糖的

端基碳原子连接而成的化合物。其中糖部分称为苷元或配基，连接的键称为苷键。苷类多是固体，其中糖基少的可结晶，糖基多的如皂苷，则多呈具有吸湿性的无定形粉末。苷类一般是无味的，但也有很苦的和有甜味的。图 4.12 为地高辛、洋地黄毒苷分子结构与制剂。

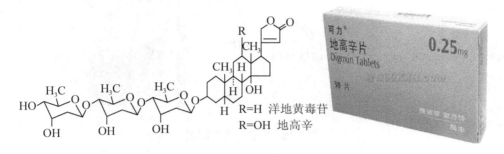

图 4.12　地高辛、洋地黄毒苷分子结构与制剂

地高辛的正确使用

地高辛是临床最常使用的强心苷类药物，能加强心肌收缩力，减慢心率，抑制心脏传导，主要用于治疗充血性心力衰竭和心房颤动。该药属于中效强心苷，吸收较快，作用消失也较快，蓄积性较小。医院门诊常出现吃药中毒的个案，特别是治疗慢性心力衰竭的地高辛中毒，原因多因患者自觉不适，加大剂量，而地高辛治疗剂量与中毒剂量很接近，所以容易造成意外。建议心脏病患者服用地高辛时一定要听从医生指导，别私自调整剂量。如果服用地高辛期间有恶心呕吐的不适症，很可能出现了中毒，要上医院急救。

苷类的水解形式如下：

A. 碱水解。分子中的内酯和酰氧基等可与碱作用水解或裂解。内酯与碱的作用：氢氧化钾水溶液中开环，加酸闭合。在醇性氢氧化钾溶液中，甲型强心苷内酯环双键转位，形成活性亚甲基，乙型则异构化。酰氧基与碱的作用：碳酸氢钠（钾）（2-去氧糖酰基水解）；氧化钙（钡）（水解羟基糖或苷元上的酰氧基）。

B. 酶水解。酶水解有专属性，只有水解葡萄糖的酶，没有水解 α-去氧糖的酶。Ⅰ型、Ⅱ型强心苷可水解成次级苷和葡萄糖，Ⅲ型水解成苷元和单糖。含强心苷的植物均有相应的水解酶共存，故可得到一系列同一苷元的苷类。

C. 温和酸水解。用浓度为 0.02～0.05mol/L 的盐酸或硫酸，在含水醇中短时间加热回流。只能使 2-去氧糖苷键裂解，2-去氧糖和 2-羟基糖之间的苷键及羟基糖之间的苷键不会裂解。Ⅰ型强心苷可水解成苷元、2-去氧糖、低聚糖，Ⅱ型、Ⅲ型不水解。

⑤ 其他（如氮芥类抗肿瘤药物的水解）。

氮芥是最早用于临床并取得突出疗效的抗肿瘤药物，为双氯乙胺类烷化剂的代表，它是一高度活泼的化合物。本品进入体内后，通过分子内成环作用，形成高度活泼的乙烯亚胺离子，在中性或弱碱条件下迅速与多种有机物质的亲核基团（如蛋白质的羧基、氨基、巯基、核酸的氨基和羟基、磷酸根）结合，进行烷基化作用。氮芥最重要的反应是与鸟嘌呤第 7 位氮共价结合，产生 DNA 的双链内的交叉联结或 DNA 的同链内不同碱基的交叉联结。细胞分裂 G1 期及 M 期细胞对氮芥的细胞毒作用最为敏感，由 G1 期进入 S 期延迟。

氮芥结构与制剂如图 4.13 所示。

盐酸氮芥注射液为盐酸氮芥的灭菌溶液,含盐酸氮芥(分子式:$C_5H_{11}C_{12}N \cdot HCl$)应为标示量的 90.0%～110.0%,其主要成分及其化学名称为 N-甲基-N-(2-氯乙基)-2-氯乙胺盐酸盐。

图 4.13 氮芥结构与制剂

【知识拓展】

糜烂性毒剂

糜烂性毒剂又称起疱剂,是一类能直接损伤组织细胞、引起局部炎症、吸收后并能导致全身中毒的化学战毒剂。主要代表有芥子气、路易氏剂和氮芥。自第一次世界大战至两伊战争,芥子气曾多次被大规模使用,造成大量伤亡,目前仍然是外军装备的主要毒剂之一。路易氏剂已不单独使用,常与芥子气混合,降低芥子气的凝固点,并可增强损伤作用,提高战术效果。氮芥的性质与芥子气类似,外军已不列入制式装备。其衍生物用于癌症的化疗。

(2)易氧化药物化学结构。

药物的氧化性和还原性是药物常见的重要性质之一。引起药物不稳定的氧化反应类型有两种。

化学氧化:由化学氧化剂引起的氧化反应,多见于药物的制备过程和药物质量分析的氧化反应。

自动氧化:由于药物暴露在空气中,由空气中的氧气自发引起的游离基链式反应,多见于药物的贮存过程遇空气中的氧气引起自动氧化反应而变质。

易氧化药物的特点:分子结构中有还原性基团的药物,易被空气中的氧气或化学氧化剂所氧化而变质。

导致药物氧化的外因:氧气、溶液的酸碱性、温度、重金属离子、光等。

无机药物的氧化:如硫酸亚铁(图 4.14 为其原料药与制剂)、碘化钾(图 4.15 为其原料药与制剂)、氯化亚汞等。

图 4.14 硫酸亚铁原料药与制剂

图 4.15 碘化钾原料药与制剂

有机药物的氧化：如醇类（氧化成醛）、醛类（氧化成酸）、醚类（氧化成过氧化物）、酚类（如维生素 C 氧化成双酮化合物）、芳胺类（如磺胺类）、吡唑酮类（如安乃近）、酚噻嗪类（如氯丙嗪）、含巯基药物（如谷胱甘肽）、含不饱和碳链的药物（维生素 AD、亚油酸）、硫胺药物（VB_1）。

对氨基水杨酸的氧化：脱羧后，生成间氨基酚，继而进一步被氧化成二苯醌型化合物（红棕色）。图 4.16 为对氨基水杨酸钠制剂、化学结构与氧化产物。

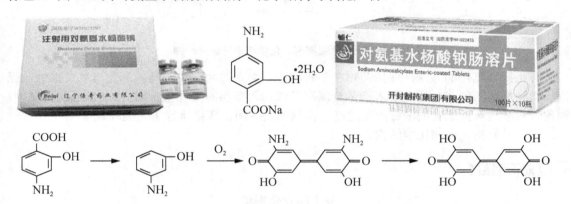

图 4.16 对氨基水杨酸钠制剂、化学结构与氧化产物

维生素 C 的氧化：分子结构中的连二烯醇结构具有很强的还原性，氧化生成去氢维生素 C（黄色），最终生成苏阿糖酸和草酸。图 4.17 为维生素 C 制剂、化学结构与氧化产物。

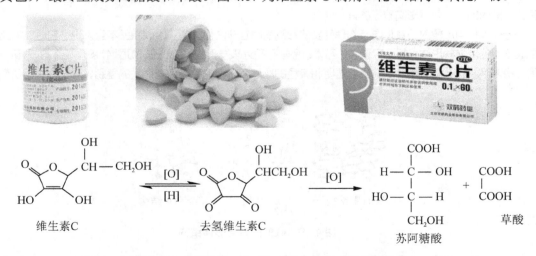

图 4.17 维生素 C 制剂、化学结构与氧化产物

氯丙嗪的氧化：分子结构中的吩噻嗪氧化成醌型化合物（红棕色）。图 4.18 为氯丙嗪制剂、化学结构与氧化产物。

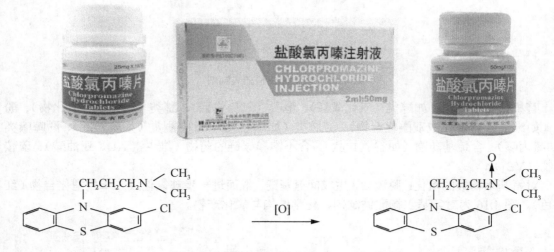

图 4.18　氯丙嗪制剂、化学结构与氧化产物

防止药物氧化的方法：保持药物在干燥状态，必要时才做成溶液；避免与氧气接触；保持药物制剂适当的 pH、避免引入微量金属离子或加入适当的配位化合物；添加适当的抗氧剂；制备时科学地选择适宜的消毒灭菌温度，控制加热时间，严格执行工艺规程。

（3）易异构化药物化学结构。

【知识链接】

分子的立体形象

分子的形象是分子结构体现的一种表现现象。少数简单的分子具有二维形象，大多数有机分子都具有三维形象，也就是呈现立体的形象。碳原子是一个三维的正四面体结构，当它和 4 个相同的原子结合时，4 个键的键长及它们之间的夹角都是均等的，为 109.5°，当它结合的原子不同时，键角就偏离了这一正常角度，键长、键角的变化可以影响分子的其他性质。

分子的几何形象对于其化学及物理性质的影响有时是非常惊人的。以碳原子本身来说，它可以彼此结合形成不同的同素异形体，如无定形碳、石墨、金刚石和近来发现的 C_{60} 分子（如图 4.19），它们的外观分别为黑色粉末至块状，暗灰色片状，无色透明和黄色的晶体。它们的性质也有很大差别，现已为人们所熟悉。

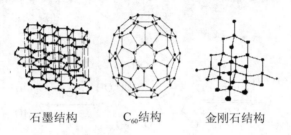

石墨结构　　C_{60} 结构　　金刚石结构

图 4.19　碳的同素异形体结构

金刚石和石墨是碳的两种同素异形体，过去认为还有一种无定形碳是碳的另一种同素异形体，后经证明

这种无定形碳是微晶形石墨。20 世纪 80 年代，科学家发现 C_{60} 晶体是第三种碳的同素异形体。1985 年，美国 Rice 大学 H.W.克罗脱（H.W.Kroto）和 R.E.史沫莱（R.E.Smalley）等人用激光照射石墨，通过质谱法测出 C_{60} 分子。这个 C_{60} 分子呈现封闭的多面体的圆球形，如同建筑师富勒（Fuller）设计建造的圆屋顶，称为富勒碳（或巴基球）。这个多面体分子具有很高的对称性。60 个碳原子围成直径为 700pm 的球形骨架。有 60 个顶点，12 个五元环面和 20 个六元环面，90 条棱。

目前，世界各国的科学家在从事 C_{60} 的合成、分离及有关材料方面的研究。现已发现 C_{60} 材料有可能成为超级润滑剂，在电子工业方面，可能在超导材料、半导体、蓄电池材料和药物许多领域得到应用。

金刚石是一种极硬的碳晶体，这种晶体有立方对称结构；而石墨是一种很软的物质，它具有一种六边层状结构。

异构化主要是指立体化学构型不同的异构现象。由一个化合物转变为其异构体的反应叫异构化反应。有机化合物在某些条件的催化下，会按一定规律发生部分结构重组，形成一种和原化合物分子式相同而结构不同的新物质，称为有机分子的异构化。有机分子异构化分为光学异构化和几何异构化。

① 光学异构化：光学异构化又可分为外消旋化和差向异构化。

A. 外消旋化。指具有光学活性的药物在溶液中受 H^+、OH^- 或其他催化剂及温度等的影响而转变成它的对映体的过程，这个反应过程一直进行到生成等量的两种对映体为止，因此最后得到 1/2 量的左旋体和 1/2 量的右旋体混合物，结果这个药物溶液的旋光度等于零。例如，肾上腺素分子中氨基的 β 位碳原子为不对称碳原子，有一对旋光异构体，临床上所使用的去甲肾上腺素是其 R-构型左旋异构体，左旋体活性比右旋体大约 27 倍（图 4.20 为肾上腺素和去甲肾上腺素分子结构及其制剂）。去甲肾上腺素水溶液在室温放置或加热后，易发生消旋化反应，使活性降低。左旋肾上腺素具有生理活性，水溶注射剂在 pH＜4 时的外消旋化速度较快，生理活性降低 50%。

图 4.20　肾上腺素和去甲肾上腺素分子结构及其制剂

B. 差向异构化。某些具有多个不对称碳原子的药，其中一个不对称碳原子上的基团发生立体异构化，称为差向异构化。差向异构化反应达到平衡时，两个差向异构体的量是不等的，故其光学活性不等于零，这点与外消旋化不同。例如，氯霉素分子结构中含有两个手性碳原子，有 4 个异构体（图 4.21 为氯霉素分子结构及其 4 个旋光异构体、氯霉素制剂），其中仅 D-（-）-苏阿糖型具有抗菌活性，用于临床。氯霉素临床上主要用于伤寒、副伤寒等的治疗。外用治疗沙眼或化脓菌感染。主要不良反应有粒细胞及血小板减少、再生障碍性贫血等。

图 4.21　氯霉素分子结构及其 4 个旋光异构体、氯霉素制剂

② 几何异构化。因分子结构中含有双键或环碳原子的单键不能自由旋转而引起的异构体称为几何异构体，又称顺反异构体。含有双键的有机药物，顺式几何异构体与反式几何异构体的生物活性往往是不相同的。维生素 A 分子中有 5 个共轭的双键，理论上有 16 个几何异构体，各异构体的生理活性互有不同，其中以全反式的异构体为最高。在 pH 较低的水中，可生成 Retro 维生素 A 及支水维生素 A，前者的生理活性仅为反式维生素 A 的 12%，后者则无生理活性。维生素 A 棕榈酸酯与其他维生素制成的复合维生素混悬剂（助悬剂为吐温－80，pH＝5.3），经过一年左右的贮藏以后，除了因氧化而分解外，还有 10-—顺式和 10, 15 二顺式两种异构体生成，这两种异构体的生理活性很弱。维生素 A 极易氧化，生成维生素 A 醛（视黄醛）。紫外线能使其失去效价，其溶液显示特有的蓝色荧光，油溶液则相当稳定，故常制备成以油作溶媒的制剂并装在棕色瓶内避光贮存。图 4.22 为维生素 A 分子结构与药物制剂。

图 4.22　维生素 A 分子结构与药物制剂

【知识链接】

手性、手性碳原子、手性化合物

手性：实物与其镜像不能重叠的现象称为手性。

手性分子：若分子与其镜像不能重叠，则此分子为手性分子。判断一个分子是否为手性分子，主要看它是否具有对称因素，即对称面，对称轴和对称中心。

手性碳原子：与4个不同原子或基团相连的碳原子称为手性碳原子，又称不对称碳原子。

化学性质：在非手性环境下相同，在手性环境下，反应速率不同，有时相差比较大。

生物生理性质：生物体立体选择性高，对于生物体，一对对映异构体的作用可能正好相反；非对映异构体，物理性质不同，化学性质基本相同，但同一反应中，速率不同。

实例：如乳酸分子 a 和 b 的关系像人的左右手关系，互为镜像和实物，但不能重合，这种不能与其镜像重合的分子称为手性分子（chiral molecule），手性分子具有旋光性。一个手性碳原子所连的4个不同原子或基团，在空间具有两种不同的排列顺序即两种构型，彼此成镜像关系不能重合的一对立体异构体，称为对映异构体，简称对映体。具有一个手性碳原子的化合物只有一对对映体。乳酸分子中有一个手性碳原子，所以只有一对对映体，其中一种是右旋体，即（+）-乳酸；另一种是左旋体，即（-）-乳酸。来源不同的乳酸，其旋光度不同：从肌肉组织中分离出的乳酸具有右旋性，即右旋乳酸；由左旋乳酸杆菌使葡萄糖发酵而产生的乳酸为左旋乳酸；从酸奶中分离出的乳酸，不具有旋光性，旋光度为零。这是由于从牛奶发酵得到的乳酸是左旋乳酸和右旋乳酸的等量混合物，它们的旋光度大小相等，方向相反，互相抵消，使旋光性消失。这种一对对映体等量混合后，得到的没有旋光性的混合物称为外消旋体，用（±）或 dl 表示。例如，外消旋乳酸，用（±）-乳酸或 dl-乳酸表示。（如图 4.23 所示为具有旋光性的乳酸分子）

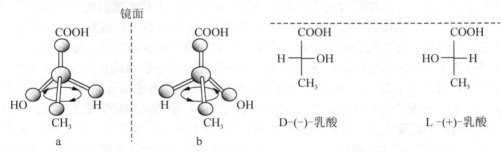

图为互为镜像的一对乳酸分子

图 4.23　具有旋光性的乳酸分子

2. 药品的物理性状变化与药品稳定性的关系

药品的物理性状是指药品的形态、颜色、气味、熔点、沸点、密度、溶解度、吸湿性、风化性、挥发性等。每种药品都有其固定的物理性状。药品在流通过程的不稳定性常常表现在物理性状的改变，如变形、变色、异臭、异味、吸湿、溶解、熔化、结块、沉淀、挥发、风化等。通常人们通过对药品物理性状变化的外观检查，对药品质量进行评价与判断，这是流通过程进行药品质量检查与质量维护的重要依据。

> 【知识链接】

> **物质物理性状名词解释**

> 变色、异臭、异味：药品的色、臭、味发生变化，通常发生于药品因化学变化所引起的变质，也可能是因微生物作用而引起的变质。
> 熔点：纯净物质从固态转变成液态时的温度。
> 沸点：液体物质沸腾时的温度。
> 相对密度：在共同特定的条件下，某物质的密度与水的密度之比。
> 溶解度：在一定的压力和温度下，物质在一定量溶剂中溶解的最高量。
> 吸湿性：药品在放置过程中，吸附空气中一定量的水蒸气的性质。
> 风化性：含结晶水的药品在干燥的空气中，失去部分或全部结晶水并有晶型改变或被破坏的现象。
> 挥发性（气化）：液态或固态物质转变为气态的现象。

4.3.3 影响药品质量的外界因素

影响商品质量变化的外界因素主要有温度、空气湿度、空气成分、日光、微生物、仓库害虫、包装材料或容器、卫生条件、时间和其他因素。

1. 温度

温度是影响商品质量变化的重要因素。温度能直接影响物质微粒的运动速度：一般商品在常温或常温以下，都比较稳定；高温能够促进商品的挥发、渗漏、熔化等物理变化及各种化学变化；而低温又容易引起某些商品的冻结、沉淀等变化；温度忽高忽低，会影响到商品质量的稳定性；此外，温度适宜时会给微生物和仓库害虫的生长繁殖创造有利条件，加速商品腐败变质和虫蛀。因此，控制和调节仓储商品的温度是商品养护的重要工作内容之一。

温度变化通常可促使药品发生物理、化学、生物学变化而变质失效。如温度太高，可使药品剂型破坏（如栓剂、软膏剂）、药品挥发（如含挥发油成分的风油精）或风化（如含结晶水的矿物药明矾失去结晶水）；药品化学变化速度加快（通常温度每升高10℃，反应速度约增加2~4倍）；使喜高温微生物、仓虫生长繁殖加快，导致药品生物学变化加速，致使药品使用寿命缩短。如温度太低，通常导致药品剂型变化（如栓剂、软膏剂、水针剂）、药品包装容器破坏（如水针剂玻璃瓶破裂）和变形（如软袋包装输液）而导致使用不便，药品发生化学变化（如甲醛溶液中的甲醛发生聚合反应生成多聚甲醛）而变质失效。

2. 空气湿度

空气的干湿程度称为空气湿度。空气湿度的改变能引起商品的含水量、化学成分、外形或体态结构等的变化。湿度下降，将使商品因放出水分而降低含水量，减轻重量，如水果、蔬菜、肥皂等会发生萎蔫或干缩变形，纸张、皮革制品等失水过多，会发生干裂或脆损；湿度增高，商品含水量和重量相应增加，如食糖、食盐、化肥等易溶性商品结块、膨胀或进一步溶化，钢铁制品生锈，纺织品、竹木制品、卷烟等发生霉变或被虫蛀等；湿度适宜，可保持商品的正常含水量、外形或体态结构和重量。因此，在商品养护中，必须掌握各种商品的适宜湿度要求，尽量创造商品适宜的空气湿度。

空气湿度通常可促使药品发生物理、化学、生物学变化而变质失效。如湿度太高可使固体药品吸湿受潮而结块或溶解,促进药品发生水解反应变质,加速药品的化学变化;有利于仓虫和微生物生长繁殖,加速生物学变化;使药品包装变形,保护药品能力下降。如湿度太低,则易使药品发生挥发、风化、蒸发而降低疗效。

3. 空气成分

大气中的有害气体主要来自煤、石油、天然气。煤气等燃料放出的烟尘和工业生产过程中的粉尘、废气。对空气的污染主要是二氧化碳、二氧化硫、硫化氢、氯化氢和氮化物等气体。

商品储存在有害气体浓度大的空气中,其质量变化明显。例如,二氧化硫气体溶于水能生成亚硫酸,当它遇到含水量较大的商品时,能强烈地腐蚀商品。在金属电化学腐蚀中,二氧化硫是构成腐蚀的重要介质之一,因此金属商品必须远离二氧化硫发源地。

(1) 空气中的氧气。空气中约含有21%的氧气。氧气非常活泼,能和许多商品发生反应并对商品质量变化影响很大。例如,氧气可以加速金属商品锈蚀;氧气是好气性微生物活动的必备条件,易使有机体商品发生霉腐;氧气是害虫赖以生存的基础,是仓库害虫发育的必要条件;氧气是助燃剂,不利于危险品的安全储存;在油脂的酸败、鲜活商品的分解、变质中,氧气都是积极参与者。因此,在养护中,对于受氧气影响比较大的商品,要采取各种方法(如浸泡、密封、充氮等)隔绝氧气。

氧气对药品质量影响主要是加速药品发生氧化还原反应而变质失效,如具有还原性的药品维生素C、硫酸亚铁、含油脂药品(特别是含不饱和脂肪酸药品);加速好氧污染菌的生长促使药物发生生物学变化而变质失效,如含生药、动物脏器类成分的药品。

(2) 空气中的二氧化碳。二氧化碳通常是溶于空气中的水与药物中的碱性成分发生化学反应而变质失效。如巴比妥类钠盐溶液遇二氧化碳可能生成巴比妥类沉淀,氨茶碱遇二氧化碳和空气中的水分易发生化学变化而变质失效。

4. 日光

日光中含有紫外线、红外线等,它对商品起着正反两方面的作用:一方面,日光能够加速受潮商品的水分蒸发,杀死杀伤微生物和商品害虫,在一定程度上有利于商品的保护;但是另一方面,某些商品在日光的直接照射下,又会发生质量变化,如日光能使酒类浑浊、油脂加速酸败、橡胶塑料制品迅速老化、纸张发黄变脆、色布退色、药品变质、相机胶卷感光等。因此,要根据各种不同商品的特性,注意避免或减少日光的照射。

日光中的紫外线(波长为200~390nm的电磁波)对药品质量影响最大,主要是使药物发生光化反应而使药物变质。光线光和热一样,可以提供产生化学反应所必需的活化能。某些药物的氧化、还原、环重排或环改变、联合、水解等反应,在特殊波长的光线作用下都可能发生或加速,如亚硝酸戊酯的水解、维生素C的氧化。

5. 微生物

微生物是商品霉腐的前提条件。微生物在生命活动过程中会分泌各种酶,利用它把商品中的蛋白质、糖类、脂肪、有机酸等物质分解为简单的物质再加以吸收利用,从而使商品受到破坏、变质、丧失其使用价值。同时,微生物在细胞内分解氧化营养物质产生各种腐败性物质排出体外,使商品产生腐臭味和色斑霉点,影响商品的外观,加速高分子商品的老化。

常见危害商品的微生物主要是一些腐败性细菌、酵母菌和霉菌，特别是霉菌（图4.24为常见的青霉菌、黄曲霉菌），它是引起绝大部分日用工业品、纺织品和食品霉变的主要根源，对纤维素、淀粉、蛋白质、脂肪等物质，具有较强的分解能力。

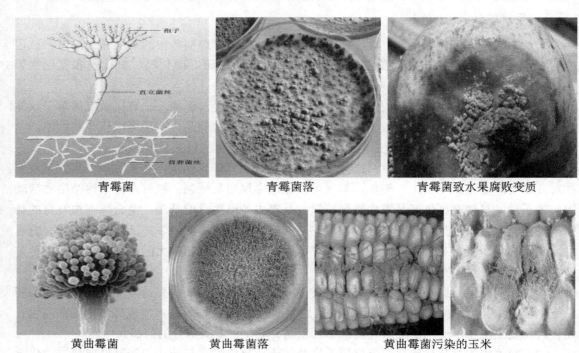

图4.24 青霉菌、黄曲霉菌

微生物的活动需要一定的温度和湿度。没有水分，它是无法生活下去的；没有适宜的温度，它也是不能生长繁殖的。掌握这些规律，就可以根据商品的含水量情况，采取不同的温湿度调节措施，防止微生物生长，以利商品储存。

微生物通常对含营养成分丰富的、包装有破损或包装不严、灭菌不全的药品引起生物学变化而变质失效，如长霉、腐败。

6. 仓库害虫

害虫（图4.25为常见仓虫）在仓库里，不仅蛀食动植物性商品和包装，有些害虫还能危害塑料、化纤等化工合成商品。此外，白蚁还会蛀蚀仓库建筑物和纤维质商品。害虫在危害商品过程中，不仅破坏商品的组织结构，使商品发生破碎和孔洞，外观形态受损，而且在生活过程中，吐丝结茧，排泄各种代谢废物玷污商品，影响商品的质量和外观。

商品如受害虫危害，一般损失都相当严重。害虫能适应恶劣环境，一般能耐热、耐寒、耐饥，并具有一定的抗药性；繁殖力强，繁殖期长，产卵量多，有的一年可繁殖几代；食性广杂，具有杂食性。所以，一经发生虫害，就会造成极严重的后果。

仓虫在药品流通过程中，通常蛀食药品包装及内装药品而引起质量变化，尤其是中药材、中药饮片受影响最严重。

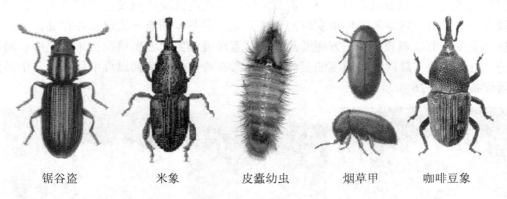

图 4.25 常见仓虫

7. 包装材料或容器

药品内包装材料或容器的稳定性直接影响药品质量。药包材稳定性弱,会有包材成分迁移到药品中或药品成分迁移到包装材料内而引起药品质量不稳定。各种材料包装的液体制剂,如玻璃中的成分迁移到药液中、药品成分迁移到瓶壁等。中包装、大包装材料或容器,包装方式选择不当,则易使包装在物流过程受损,导致药品失去保护而加速变质。

8. 卫生条件

卫生条件是保证商品免于变质腐败的重要条件之一。卫生条件不良,不仅使灰尘、油垢、垃圾、腥臭等污染商品,造成某些外观疵点和异味感染,而且还为微生物、仓库害虫等创造了活动场所。因此,商品在储存过程中,一定要搞好储存环境的卫生工作,保持商品本身的卫生,防止商品之间的感染。药品流通过程的储存与运输环境卫生条件对药品质量尤为重要。

9. 时间

时间长短对药品的影响是综合前述因素作用使药物变质,特别是对效期短、理化性质不稳定的药物,影响更大。

10. 其他因素

随着药品新制剂工艺、新包装材料、新制剂设备的不断引入,新的影响因素也在不断增多,影响药品质量的因素也会不断增加和扩大。

4.3.4 影响药品质量的外界因素的控制

应用各种方法了解药品质量变化的各种条件,预测药品降解速率、测算药品的有效期、掌握药物制剂降解的规律,是药品生产、流通、使用过程采取有效措施,防止或延缓药物的降解速率,保证和维护药品质量稳定的基础。药品生产过程注重药品内在质量影响因素的控制,药品流通、使用过程则侧重影响药品质量的外在因素的控制。流通过程通常采取的控制措施有以下几种。

1. 温度监测与调节

(1) 温度监测。

通过对药品储存与运输环境温度的监测,为环境温度的调控提供依据。储运常用的温度监测仪器设备有：最高最低温度计——监测环境每天温度的变化幅度；固定位置的温度监测仪器设备——监测一定范围内环境实时的温度变化情况并以图表方式显示并存储信息；便携式可移动温度监测仪器设备——方便监测不同位置环境的实时温度情况；车载温度监测仪器设备——监测运输工具内环境温度的变化情况，常在冷藏药品运输过程中使用。常用温度监测仪器设备如图 4.26 所示。

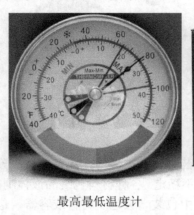
最高最低温度计

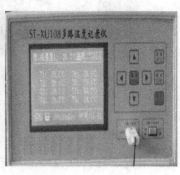
温度有纸记录仪　　屏幕显示温度记录仪

便携式温度记录仪

车载温度记录仪

集装箱温度记录仪

图 4.26　常用温度监测仪器设备

（2）温度调控。

通常药品仓库根据储存药品对温度的要求设有常温库（温度为 10～30℃）、阴凉库（避光，温度不超过 20℃）、冷藏库（温度为 2～10℃）。温度调控以药品储存环境温度的监测结果为依据，按药品贮藏条件要求，通过温度调控设备对环境温度进行调节。仓库常用温度调控设备有空调器及其控制设备。运输工具常用冷藏车、冷藏集装箱上的温度调控设备进行温度调节。

2. 湿度监测与调节

（1）湿度监测。

通过对药品储存与运输环境湿度的监测，为环境湿度的调控提供依据。仓库内或运输工具内湿度监测仪器设备通常与温度监测、空气有害成分监测、光线照射强度监测设备集成于一体。图 4.27 为常用温度、湿度、空气有害成分、光线照射强度监测仪器设备。

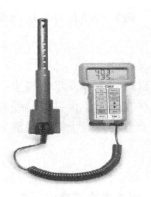

图 4.27 常用温度、湿度、空气有害成分、光线照射强度监测仪器设备

(2) 湿度调控。

通常储存药品相对湿度要求为 35%～75%。湿度调控以药品储存环境湿度的监测结果为依据，按药品贮藏条件要求，通过湿度调控设备对环境湿度进行调节。仓库常用湿度调控设备有空调器及其控制设备、排风扇、加湿器、除湿器（图 4.28）。运输工具常用冷藏车、冷藏集装箱上的温度调控设备进行湿度调节。

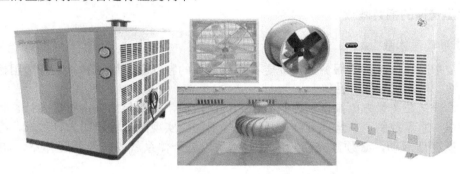

图 4.28 湿度调控设备

3. 光线的控制

大多数药品均需避光保存，通常通过仓库硬件设施设备配套建设及药品包装材料（或容器）、包装形式的选择来达到避光的目的，如怕光的药品通常选择棕色玻璃瓶包装。

4. 微生物的预防与控制

药品微生物污染的预防与控制通常在制备环节经过灭菌处理先杀菌，然后通过严密的包装来隔绝外界环境微生物的污染。在物流过程中则要求装卸搬运、存取等作业活动不损害药品包装。保证作业环境卫生条件、控制环境温湿度等减少微生物污染，以保障内装药品质量；严格按先产先出、先进先出的方式管理药品，避免药品在有效期内受污染而失效。

5. 仓虫的预防与控制

仓虫对药品质量的影响主要在中药材和中药饮片，可通过采收、加工过程杀灭成虫、幼虫及虫卵并通过严密包装保护内装药品。在物流过程中则应对外来运输工具、集装工具设备及药品外包装进行严格检查，尽量减少外界虫害进入；装卸搬运、存取等作业活动尽量不损害药品包装；保证作业环境卫生条件、控制环境温湿度等减少仓虫生长繁殖，以保障内装药品质量;严格按先产先出、先进先出的方式管理药品,避免药品在有效期内受仓虫损害而变质失效。

6．包装容器与材料的选择

药品内包装严格按药品标准要求进行包装容器与材料的选择,尽量减少药包材对药品质量的影响。制备过程严把包装质量关,保障出厂产品严密包装,内装药品受包装保护。药品中包装、大包装材料,包装方式的选择应在保护药品质量的基础上,尽量满足药品物流配送作业需要。

7．其他

在预防和控制上述因素对药品质量的影响的同时,应注重物流作业环境卫生条件的保障,减少微生物与仓虫对药品包装及药品的污染;控制药品流转时间,减少外界因素对药品质量的综合影响,保证药品在有效期内质量稳定。

4.4 药品质量管理

4.4.1 质量管理的相关概念

1．质量管理体系

质量是指产品、过程或服务满足规定要求或需要的特征和特性总和,包括适用性、安全性、可用性、可靠性和经济性等。

质量管理是在质量方面指挥和控制组织的协调活动,通常包括制定质量方针、目标,以及质量策划、质量控制、质量保证和质量改进等活动。实现质量管理的方针目标,有效地开展各项质量管理活动,必须建立相应的管理体系,这个体系就叫质量管理体系,如图 4.29 所示。

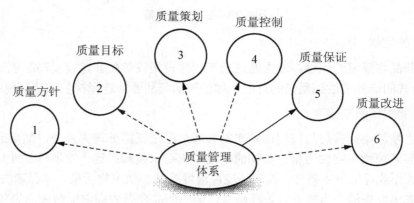

图 4.29 质量管理体系

（1）质量方针。

质量方针指由组织的最高管理者正式发布的该组织总的质量宗旨和方向。质量方针的基本要求应包括供方的组织目标和顾客的期望和需求,也是供方质量行为的准则。

（2）质量目标。

质量目标指在质量方面所追求的目的。

（3）质量策划。

质量策划指制定质量目标并规定必要的运行过程和相关资源以实现质量目标。质量策划包括：产品策划（对质量特性进行识别、分类和比较，并建立其目标、质量要求和约束条件）；管理和作业策划（对实施质量体系进行准备，包括组织和安排）；编制质量计划和做出质量改进规定。

（4）质量控制。

为达到质量要求所采取的作业技术和活动称为质量控制。质量控制通过监视质量形成过程，消除质量环上所有阶段引起不合格或不满意效果的因素，以达到质量要求，获取经济效益。离开质量管理和质量控制，就谈不上质量保证。离开质量管理体系，也就不可能建立质量保证体系。

【知识链接】

质量控制技术

质量管理的一项主要工作是通过收集数据、整理数据，找出波动的规律，把正常波动控制在最低限度，消除系统性原因造成的异常波动。把实际测得的质量特性与相关标准进行比较，并对出现的差异或异常现象采取相应措施进行纠正，从而使工序处于控制状态，这一过程就叫质量控制。在进行质量控制时，对需要控制的过程、质量检测点、检测人员、测量类型和数量等几个方面进行决策，这些决策完成后就构成了一个完整的质量控制系统。质量控制技术包括两大类：抽样检验和过程质量控制。抽样检验通常发生在生产前对原材料的检验或生产后对成品的检验，根据随机样本的质量检验结果决定是否接受该批原材料或产品。过程**质量控制**是指对生产过程中的产品随机样本进行检验，以判断该过程是否在预定标准内生产。抽样检验用于采购或验收，而过程质量控制应用于各种形式的生产过程。

（5）质量保证。

质量保证指为使人们确信某一产品、过程或服务的质量所必需的全部有计划有组织的活动。质量保证分为内部质量保证和外部质量保证。内部质量保证是企业管理的一种手段，目的是为了取得企业领导的信任。外部质量保证是在合同环境中，供方取信于需方的一种手段。

质量保证体系是企业内部的一种系统的技术和管理手段，是指企业为生产出符合合同要求的产品，满足质量监督和认证工作的要求而建立的必需的、全部的、有计划的、系统的企业活动。

质量保证体系的运行应以质量计划为主线，以过程管理为重心，按 PDCA 循环进行，通过计划（plan）→实施（do）→检查（check）→处理（action）的管理循环步骤展开控制，提高保证水平。

质量保证模式指为满足给定的合同环境下外部质量保证的要求，选择一定数量互相联系的质量体系要素构成的质量保证体系的结构形式。

【知识链接】

PDCA 循环

PDCA 循环又叫质量环，是管理学中的一个通用模型。它是全面质量管理所应遵循的科学程序。P（plan，计划）：包括方针和目标的确定及活动计划的制订；D（do，执行）：就是具体运作，实现计划中的内容；

C（check，检查）：就是要总结执行计划的结果，分清哪些对了，哪些错了，明确效果，找出问题；A（action，处理）：对检查的结果进行处理，认可或否定。成功的经验要加以肯定，或模式化或标准化以适当推广；失败的教训要加以总结，以免重现；这一轮未解决的问题放到下一个 PDCA 循环。PDCA 循环如图 4.30 所示。

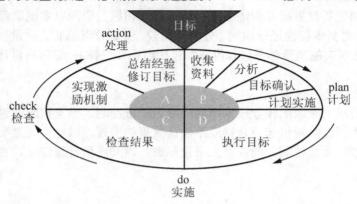

图 4.30 PDCA 循环

（6）质量改进。

质量改进是为向本组织及其顾客提供增值效益，在整个组织范围内所采取的提高活动和过程的效果与效率的措施。质量改进是消除系统性的问题，对现有的质量水平在控制的基础上加以提高，使质量达到一个新水平、新高度。

质量管理体系是企业内部建立的、为保证产品质量或质量目标所必需的、系统的质量活动。它根据企业特点选用若干体系要素加以组合，加强从设计研制、生产、检验、销售到使用全过程的质量管理活动，并制度化、标准化，成为企业内部质量工作的要求和活动程序。

2．质量体系认证

（1）质量体系认证的定义。

质量体系认证又称质量体系评价与注册，指由权威的、公正的、具有独立第三方法人资格的认证机构（由国家管理机构认可并授权的）派出合格审核员组成的检查组，对申请方质量体系的质量保证能力依据 3 种质量保证模式标准进行检查和评价，对符合标准要求者授予合格证书并予以注册的全部活动。目前，世界各国大都按照国际通用的 ISO 9000：2000 质量管理和质量保证系列标准推行质量体系认证制度。图 4.31 为质量管理体系认证标志。

图 4.31 质量管理体系认证标志

【知识链接】

认证的定义

ISO/IEC 指南 2 的 1986 年版本中对"认证"的定义是："由可以充分信任的第三方证实某一经鉴定的产品或服务符合特定标准或规范性文件的活动。"

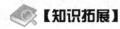【知识拓展】

ISO 9000：2000 质量管理和质量保证系列标准之核心标准

ISO 9000：2000 《质量管理体系——基础和术语》是基础标准化。

ISO 9001：2000 《质量管理体系——要求》为企业有效地提供产品或服务质量保证并提高顾客的满意度，规定了质量管理体系的要求。

ISO 9004：2000 《质量管理体系——业绩改进指南》为企业改进业绩、开发更加完善和更趋成熟的质量管理体系提供指南。

ISO 19011：2001 《质量和（或）环境管理体系审核指南》。

（2）质量体系认证的特点。

认证的对象是供方的质量体系。质量体系认证的对象不是该企业的某一产品或服务，而是质量体系本身；认证的依据是质量保证标准。表 4-1 为产品质量认证与质量管理体系认证的区别，图 4.32 为产品与体系认证证书区别。

表 4-1　产品质量认证与质量管理体系认证的区别

项　目	产品质量认证	质量管理体系认证
对象	特定产品	企业（或组织）的质量管理体系
认证依据	产品质量标准；质量体系满足指定的质量保证标准及特定产品的补充要求	等同于 ISO 9000 族系列标准的有关国家标准；保证模式由企业选定
证明方式	产品认证证书、认证标志	质量管理体系认证证书
证明使用	产品认证证书可用于宣传，不能用于产品包装和表面上；根据认证机构的要求在通过认证的商品上使用认证标志	证书和认证机构的标志只能用于企业宣传，质量管理体系认证不能使用认证标志
性质	自愿性、强制性	自愿性
体系证实的范围	质量体系中特定的产品所涉及的有关部分	质量体系中申请注册的产品范围内所涉及的有关部分
检验内容	产品质量检验和质量管理体系的审核，但体系检查实际对特定产品；注重技术措施的落实和保证能力	质量体系审核；着重注册商品范围内过程控制的有效性

进行质量体系认证，往往是供方为了对外提供质量保证的需要，故认证依据是有关质量保证模式标准。为了使质量体系认证能与国际做法达到互认接轨，供方最好选用 ISO 9001、ISO 9002 等。

认证的机构是第三方质量体系评价机构。要使供方质量体系认证能有公正性和可信性，认证必须由与被认证单位（供方）在经济上没有利害关系，行政上没有隶属关系的第三方机构来承担。

认证获准的标识是注册和发给证书。按规定程序申请认证的质量体系，当评定结果判为合格后，由认证机构对认证企业给予注册和发给证书，列入质量体系认证企业名录，并公开发布。获准认证的企业，可在宣传品、展销会和其他促销活动中使用注册标志，但不得将该标志直接用于产品或其包装上，以免与产品认证相混淆。注册标志受法律保护，不得冒用与伪造。

产品质量认证可分为安全认证和质量合格认证两大类，其中安全认证往往是属于强制性的认证。质量体系认证主要是为了提高企业的质量信誉和扩大销售量，一般是企业自愿、主动地提出申请，属于企业自主行为。

图 4.32　产品与体系认证证书区别

【知识链接】

产品 3C 认证与质量合格认证

3C 认证指中国强制性产品认证制度。我国强制性产品认证制度是以《中华人民共和国产品质量法》《中华人民共和国进出口商品检验法》《中华人民共和国标准化法》（以下简称《标准化法》）为基础建立的。强制性产品认证制度的对象为涉及人体健康、动植物生命安全、环境保护、公共安全、国家安全的产品（第一批《实施强制性产品认证的产品目录》中涉及 19 类 132 种产品），强制性产品认证的技术依据为国家强制性标准或国家技术规范中的强制性要求。国家强制性认证标志名称为"中国强制认证"，英文名称为"China compulsory certification"，英文缩写可简称为"3C"标志。图 4.33 为 3C 认证标志与常见产品质量认证标志。通过安全认证的产品只能证明它在安全方面有一定的保障，但不能证明其质量合格与否。

产品质量合格认证：依据产品标准的要求，对产品的全部性能进行的综合性质量认证，一般属于自愿性认证。实行合格认证的产品，必须符合《标准化法》规定的国家标准或者行业标准的要求。

产品质量认证标志：企业通过申请，经国际国内权威认证机构认可，颁发给企业的表示产品质量已达认证标准的一种标志。使用认证标志，可提高商品的竞争力，增强用户的信任度。

图 4.33　3C 认证标志与常见产品质量认证标志

（资料来源：http://www.cnca.gov.cn/cnca/rdht/qzxcprz/qzxcpzdjs/4713.shtml.）

（3）质量体系认证的程序。

一是认证的申请和评定阶段，其主要任务是受理并对接受申请的供方质量体系进行检查评价，决定能否批准认证和予以注册，并颁发合格证书。

二是对获准认证的供方质量体系进行日常监督管理阶段，目的是使获准认证的供方质量体系在认证有效期内持续符合相应质量体系标准的要求。

4.4.2　药品质量管理的相关概念

1. 药品质量

药品质量是指能满足国家规定标准的要求与医疗和病患消费者需要的特性的总和。药品质量特征包括有效性、安全性、稳定性、均一性、经济性。

（1）有效性。指在规定的适应症、用法用量的条件下能满足预防、治疗、诊断人的疾病，有目的地调节人的生理功能的要求。有效性是药品的基本特征。药品有效程度在我国表示方法为"痊愈""显效""有效""显著疗效""特效"；国外有的采用"完全缓解""部分缓解""稳定"来区别。

（2）安全性。指按规定的适应症、用法用量使用药品后，人体产生毒副反应的强度。假如某物质对防治、诊断疾病有效，但对人体有致癌、致畸、致突变的严重伤害，甚至致死，则不能作为药品。

（3）稳定性。指药品在规定条件下保持其有效性和安全性的能力。规定条件一般是指有效期内，以及严格按生产、贮存、运输和使用的有关要求。假如某物质对防治、诊断疾病有效和安全，但极易变质、不稳定，也不能作为商品药。

（4）均一性。指药品的每一单位产品都符合有效性、安全性的规定要求。由于人们用药剂量一般与药品的单位产品有密切关系，特别是有效成分在单位产品中含量很少的药品，若不均一，则可能等于没有用药或用量过大而中毒，甚至死亡。

（5）经济性。药品生产、流通过程会形成一定的价格水平，药品的经济性对药品价值的实现有较大影响。

【案例链接】

齐二药厂假"亮菌甲素"事件

惊动全国的齐二药厂假"亮菌甲素"事件，在中山大学附属三院已经造成 9 人死亡。被齐二药厂用来替代"丙二醇"生产"亮菌甲素"注射液的"二甘醇"，自 1935 年起曾至少引起 4 起震惊全球的药害中毒事件中，近 500 人死亡。光是外涂在烧伤病人的皮肤上就能致命的"二甘醇"，这次是通过合法的药物批文、合法的招标程序、合法的进货途径，直接点滴进 64 名无辜病人的静脉里。作为工业溶剂的"二甘醇"对人体的致死量是 0.014~0.017 毫克/千克，60 千克体重的人仅需 10 毫克就可致死。而齐二药厂生产的假"亮菌甲素"注射液二甘醇含量达 325.9 毫克/毫升，64 名病人共使用了 887 支 10 毫克规格的假"亮菌甲素"，相当于 129~2 000 倍致死剂量的"二甘醇"直接点滴进病人静脉里。

（资料来源：http://www.ycwb.com/gb/content/2006-05/24/content_1131232.htm.）

案例思考：
（1）工厂为何以工业原料替代药品原料用于生产药品？
（2）为什么质量不合格药品能进入流通市场并在临床使用？
（3）药品质量安全如何保障？

2. 药品质量管理

我国药品质量管理通过立法将药品质量监督管理活动法制化来实现药品质量管理工作。药品质量管理包括对药品质量和药品工作质量两方面的管理，相应地，药品质量管理立法也分两部分，一部分是对药品质量的管理立法，药品质量特征寓于每种药品之中，形成多种质量标准，国家以药品标准的法律形式予以公布，使其具有法律效力；另一部分是对药品工作质量的管理立法，通过制定和推行 GLP、GCP、GMP、GAP、GSP 等保证药品科研、生产、经营、使用各环节的工作质量，从而达到控制和提高药品质量的目的。质量标准是检验工作规范的尺度，工作规范的良好执行是药品达到质量标准的保证，两者互为因果，相辅相成。

（1）药品质量管理是药品科研、生产、经营、使用企业和单位对确定或达到质量所必需的全部职能部门和活动的管理。其主要内容为：提高药品质量的规划，建立健全有关药品质量管理的各项责任和检验机构，实行全面质量管理，做好药品质量管理的各项基础工作，围绕药品质量管理开展技术创新、科研和培训活动。

（2）药品工作质量是指药事单位的经营管理工作、技术工作、组织工作等，对达到和提高药品质量的保证程度。药品质量是药事单位各项工作的综合反映，药品质量好坏取决于工作质量水平的高低，工作质量是药品质量的保证。因此，保证药品质量必须保证药品研制、生产、检验、销售和使用全过程的质量，故药品质量管理覆盖整个药品供应链。

药品质量监督管理是根据国家有关法律、法规，对药品质量和企业保证药品质量所具备的条件进行监督的活动，是政府监督管理部门根据法律授予的职权，根据法定的药品标准、法律、法规，对科研、生产、销售、使用的药品质量，以及影响药品质量的工作质量、保证体系的质量所进行的监督管理，是国家监督管理药事单位职能部门的体现，是国家通过对药事单位药品质量管理的监督，以保证和控制药品质量的强制性活动，各单位都必须接受其监督。

3. 药品供应链质量管理体系

我国针对药品供应链各环节业务特点，以控制和提高药品质量为目的，建立了 GLP、GCP、GMP、GAP、GSP 等质量管理规范（图 4.34），通过建立覆盖整个药品产业链的药品质量保证体系来保障药品质量，为实现安全、有效用药，维护民众健康与生命安全提供保障。

药品供应链质量管理体系的核心是通过严格的管理制度来约束企业行为，通过对药品从研制一直到使用全过程的工作规范来进行质量控制，保证用药安全有效。其中 GLP、GCP 保证新药研究工作质量；GMP、GAP 保证药品生产过程的质量；GSP 保证药品流通过程的质量。

图 4.34 药品供应链质量管理体系

4.4.3 药品供应链质量管理规范

1．GLP

GLP（《药物非临床研究质量管理规范》）于 2003 年 6 月 4 日经国家食品药品监督管理局局务会审议通过并发布，自 2003 年 9 月 1 日起施行。其宗旨是为提高药物非临床研究的质量，确保实验资料的真实性、完整性和可靠性，保障人民用药安全。规范适用于为申请药品注册而进行的非临床研究。药物非临床安全性评价研究机构必须遵循该规范。

🌐 【知识链接】

药物非临床研究

药物非临床研究是指为评价药物安全性，在实验室条件下，用实验系统进行的各种毒性试验，包括单次给药的毒性试验、反复给药的毒性试验、生殖毒性试验、遗传毒性试验、致癌试验、局部毒性试验、免疫原性试验、依赖性试验、毒代动力学试验及与评价药物安全性有关的其他试验。

非临床安全性评价研究机构是从事药物非临床研究的实验室。

（资料来源：http://www.sda.gov.cn/WS01/CL0053/24472.html.）

🌐 【知识链接】

药品注册

药品注册是指国家食品药品监督管理局根据药品注册申请人的申请，依照法定程序，对拟上市销售药品的安全性、有效性、质量可控性等进行审查，并决定是否同意其申请的审批过程。在中华人民共和国境内申请药物临床试验、药品生产和药品进口，以及进行药品审批、注册检验和监督管理，受《药品注册管理办法》规范。

（资料来源：http://www.sda.gov.cn/WS01/CL0053/24529.html.）

2．GCP

GCP（《药物临床试验质量管理规范》）为保证药物临床试验过程规范，结果科学可靠，保护受试者的权益并保障其安全，根据《药品管理法》《中华人民共和国药品管理法实施条例》（以下简称《药品管理法实施条例》），参照国际公认原则而制定。该规范是临床试验全过程的标准规定，包括方案设计、组织实施、监查、稽查、记录、分析总结和报告。凡进行各期临床试验、人体生物利用度或生物等效性试验，均须按该规范执行。

🌐 【知识链接】

药物临床试验

药物临床试验,指任何在人体(病人或健康志愿者)进行药物的系统性研究,以证实或揭示试验药物的作用、不良反应及/或试验药物的吸收、分布、代谢和排泄,目的是确定试验药物的疗效与安全性。

(资料来源:http://www.sda.gov.cn/WS01/CL0053/24473.html.)

3. GMP

GMP(《药品生产质量管理规范》)是一项管理准则,是适应药品的生产质量管理需要而产生的对生产人和兽用药品、医疗器械和食品所采用的方法、设备、设施及过程控制的操作规范,是保证药品质量的准则。为规范药品生产质量管理,根据《药品管理法》《药品管理法实施条例》,制定该规范。该规范要求如下:

药品生产企业应当建立药品质量管理体系,该体系应当涵盖影响药品质量的所有因素,包括确保药品质量符合预定用途的有组织、有计划的全部活动。

该规范作为质量管理体系的一部分,是药品生产管理和质量控制的基本要求,旨在最大限度地降低药品生产过程中污染、交叉污染及混淆、差错等风险,确保持续稳定地生产出符合预定用途和注册要求的药品。企业应当严格执行 GMP,坚持诚实守信,禁止任何虚假、欺骗行为。

(1)药品生产质量管理原则。

企业应当建立符合药品质量管理要求的质量目标,将药品注册的有关安全、有效和质量可控的所有要求,系统地贯彻到药品生产、控制及产品放行、贮存、发运的全过程中,确保所生产的药品符合预定用途和注册要求。企业高层管理人员应当确保实现既定的质量目标,不同层次的人员及供应商、经销商应当共同参与并承担各自的责任。企业应当配备足够的、符合要求的人员、厂房、设施和设备,为实现质量目标提供必要的条件。

(2)药品生产质量保证。

质量保证是质量管理体系的一部分。企业必须建立质量保证系统,同时建立完整的文件体系,以保证系统有效运行。

🌐 【知识链接】

质量保证系统应当确保 GMP 的实施

(1)药品的设计与研发体现 GMP 的要求。
(2)生产管理和质量控制活动符合 GMP 的要求。
(3)管理职责明确。
(4)采购和使用的原辅料和包装材料正确无误。
(5)中间产品得到有效控制。
(6)确认、验证的实施。
(7)严格按照规程进行生产、检查、检验和复核。
(8)每批产品经质量授权人批准后方可放行。
(9)在贮存、发运和随后的各种操作过程中有保证药品质量的适当措施。
(10)按照自检操作规程,定期检查评估质量保证系统的有效性和适用性。

(3) 药品生产质量管理基本要求。
① 制定生产工艺,系统地回顾并证明其可持续稳定地生产出符合要求的产品。
② 生产工艺及其重大变更均经过验证。
③ 配备所需的资源,至少包括:具有适当的资质并经培训合格的人员;足够的厂房和空间;适用的设备和维修保障;正确的原辅料、包装材料和标签;经批准的工艺规程和操作规程;适当的贮运条件。
④ 应当使用准确、易懂的语言制定操作规程。
⑤ 操作人员经过培训,能够按照操作规程正确操作。
⑥ 生产全过程应当有记录,偏差均经过调查并记录。
⑦ 批记录和发运记录应当能够追溯批产品的完整历史,并妥善保存、便于查阅。
⑧ 降低药品发运过程中的质量风险。
⑨ 建立药品召回系统,确保能够召回任何一批已发运销售的产品。
⑩ 调查导致药品投诉和质量缺陷的原因,并采取措施,防止类似质量缺陷再次发生。
(4) 药品生产质量控制。
质量控制包括相应的组织机构、文件系统,以及取样、检验等,确保物料或产品在放行前完成必要的检验,确认其质量符合要求。
药品生产质量控制的基本要求如下:
① 应当配备适当的设施、设备、仪器和经过培训的人员,有效、可靠地完成所有质量控制的相关活动。
② 应当有批准的操作规程,用于原辅料、包装材料、中间产品、待包装产品和成品的取样、检查、检验及产品的稳定性考察,必要时进行环境监测,以确保符合本规范的要求。
③ 由经授权的人员按照规定的方法对原辅料、包装材料、中间产品、待包装产品和成品取样。
④ 检验方法应当经过验证或确认。
⑤ 取样、检查、检验应当有记录,偏差应当经过调查并记录。
⑥ 物料、中间产品、待包装产品和成品必须按照质量标准进行检查和检验,并有记录。
⑦ 物料和最终包装的成品应当有足够的留样,以备必要的检查或检验;除最终包装容器过大的成品外,成品的留样包装应当与最终包装相同。

【知识链接】

药品生产用物料

物料包括原料、辅料和包装材料等。
原料包括:①化学药品制剂的原料,是指原料药;②生物制品的原料,是指原材料;③中药制剂的原料,是指中药材、中药饮片和外购中药提取物;④原料药的原料,是指用于原料药生产的除包装材料以外的其他物料。

(资料来源:http://www.sda.gov.cn/WS01/CL0053/58500.html.)

(5) 质量风险管理。
质量风险管理是在整个产品生命周期中采用前瞻或回顾的方式,对质量风险进行评估、控制、沟通、审核的系统过程。应当根据科学知识及经验对质量风险进行评估,以保证产品质量。质量风险管理过程所采用的方法、措施、形式及形成的文件应当与存在风险的级别相适应。

4. GAP

中药材是中药饮片、中成药生产的基础原料。实施GAP（《中药材生产质量管理规范》），对中药材生产全过程进行有效的质量控制，是保证中药材质量稳定、可控，保障中医临床用药安全有效的重要措施；同时有利于中药资源保护和持续利用，促进中药材种植（养殖）的规模化、规范化和产业化发展；对全面深入贯彻执行《药品管理法》及有关规定，落实国务院有关文件规定及要求，进一步加强药品的监督管理，促进中药现代化，具有重要意义。

《中药材生产质量管理规范（试行）》于2002年3月18日经国家药品监督管理局局务会审议通过，自2002年6月1日起施行。

GAP是中药材生产和质量管理的基本准则，适用于中药材生产企业（以下简称生产企业）生产中药材（含植物、动物药）的全过程。生产企业应运用规范化管理和质量监控手段，保护野生药材资源和生态环境，坚持"最大持续产量"原则，实现资源的可持续利用，保障中药饮片、中成药生产的基础原料供应。

> 【知识链接】
>
> **中药材、中药材生产企业、最大持续产量、地道药材**
>
> （1）中药材指药用植物、动物的药用部分采收后经产地初加工形成的原料药材。
> （2）中药材生产企业指具有一定规模、按一定程序进行药用植物栽培或动物养殖、药材初加工、包装、储存等生产过程的单位。
> （3）最大持续产量指不危害生态环境，可持续生产（采收）的最大产量。
> （4）地道药材指传统中药材中具有特定的种质、特定的产区或特定的生产技术和加工方法所生产的中药材。
>
> （资料来源：http://www.sda.gov.cn/WS01/CL0053/24466.html.）

（1）中药材生产质量管理的主要内容。

生产企业应设质量管理部门，负责中药材生产全过程的监督管理和质量监控，并应配备与药材生产规模、品种检验要求相适应的人员、场所、仪器和设备。

（2）质量管理部门的主要职责。

质量管理部门负责环境监测、卫生管理；负责生产资料、包装材料及药材的检验，并出具检验报告；负责制订培训计划，并监督实施；负责制定和管理质量文件，并对生产、包装、检验等各种原始记录进行管理。

（3）质量检验部门的主要职责。

在药材包装前，质量检验部门应对每批药材，按中药材国家标准或经审核批准的中药材标准进行检验。检验项目应至少包括药材性状与鉴别、杂质、水分、灰分与酸不溶性灰分、浸出物、指标性成分或有效成分含量。农药残留量、重金属及微生物限度均应符合国家标准和有关规定。检验报告应由检验人员、质量检验部门负责人签章。检验报告应存档。不合格的中药材不得出场和销售。图4.35为中药材生产GAP示范基地。

图 4.35　中药材生产 GAP 示范基地

【知识链接】

GAP 示范基地与现代中药产业链建设

随着天士力制药股份有限公司于 2002 年成功上市，该公司已经步入了现代中药产业化、规模化、标准化、国际化的轨道：建立现代中药生产"第一车间"——GAP 药源基地，围绕重点品种，加大陕西商洛、云南文山、湖南新晃 3 个药源基地建设力度，按照标准操作规程规范管理，拓展基地功能，逐步形成科研、种植、粗加工等相配套的现代化种植基地。商洛丹参基地已经通过了第一批 GAP 认证。

现代中药产业链就是以现代中药制造为核心，集药材种植（养殖）、药物研发、中间提取、药品制造、市场营销及售后服务于一体的产业体系。秉承"追求天人合一，提高生命质量"理念，天士力成功打造出一条涵盖现代中药种植（GAP）、提取（GEP）、生产（GMP）、实验（GCP/GLP）、营销（GSP）规范，具有中国特色、符合国际标准的一体化现代中药产业链，如图 4.36 所示。

图 4.36　中药产业链

（资料来源 http://www.tasly.com/gufen/xdzy_chanyelian.html）

5．GSP

GSP 是为加强药品经营质量管理，保证人民用药安全有效，依据《药品管理法》等有关法律、法规而制定的。药品经营企业应在药品的购进、储运和销售等环节实行质量管理，建立包括组织结构、职责制度、过程管理和设施设备等方面的质量体系，并使之有效运行。该规范是药品经营质量管理的基本准则，适用于中华人民共和国境内经营药品的专营或兼营企业。

GSP 指药品流通过程中针对采购验收、储存养护、运输销售、售后等环节而制定的为使药品保持其出厂时质量的一整套管理方法。

实施 GSP 的意义：通过严格规范管理，提高企业综合素质，消除药品质量隐患，确保社会需求和安全有效及利于参与国际竞争。

2013 年 1 月 22 日公布的新修订 GSP 对药品物流设施、设备的配置与检查、验证，从事药品物流的组织机构、职能部门、工作人员，物流作业过程及管理进行规范。

（1）对药品物流设施、设备设置要求。

① 库房的选址、设计、布局、建造、改造和维护必须符合药品储存的要求，防止污染、交叉污染、药品混淆和差错的风险；库房规模及条件应当能满足药品的合理储存以及物流作业开展。

② 仓库设施设备应配备：

A. 药品与地面之间有效隔离的地垫及货架等设备。

B. 避光、通风、防潮、防虫、防鼠等措施。

C. 有效调控温湿度及进行室内外空气交换的设备。

D. 自动监测、记录库房温湿度的设备。

E. 符合储存作业要求的照明设备。

F. 用于对拆零拣选、零货拼箱进行操作及复核的作业区域和设备。

G. 包装物料的存放场所。

H. 验收、发货的专用场所。

I. 不合格药品、购进退出或销后退回的专用存放场所。

J. 符合国家有关规定的存放易燃、易爆等危险品种的专用场所。

（2）对经营特殊药品的企业要求。

储存麻醉药品、第一类精神药品等国家要求特殊管理的药品应当有专库；医疗用毒性药品应当有专库（柜），并有符合规定的安全措施；第二类精神药品应当有专库（柜）。

（3）对企业经营范围有中药材、中药饮片的要求。

经营范围有中药材、中药饮片的企业应当设立专用的仓库和养护工作场所，直接收购中药材的应当设置中药样品室（柜）。

（4）对企业经营范围有疫苗的要求。

经营范围有疫苗的企业应当设置以下专门的设施设备：

① 两个以上独立冷库，具有温度自动监测、显示、记录、调控、报警的功能。

② 冷库制冷设备的备用发电机组或双回路供电。

③ 可自动调控和显示温度状况的冷藏车及车载保温或冷藏设备。

④ 经营品种中有特殊温度要求的，应当配备符合产品储存要求的设施设备。

⑤ 运输设备，运输药品应当使用封闭式运输设施及专用设备。

⑥ 冷链运输设备，运输冷藏药品的设施与设备应当符合药品温度控制的特性要求，能保

证在运输过程中符合规定的温度;具有存储和读取温度监测数据的设备,以及外部显示、观测温度的设备。

⑦ 对药品物流设施、设备的检查与验证要求。

A. 设施设备检查要求:应由专人负责仓储、运输设施设备的定期检查、校准、清洁、管理和维护工作,并建立相应的记录和档案。

B. 药品物流设施、设备校准与验证范围:企业应当按国家有关规定组织对计量器具、温湿度监测设施定期进行校准或检定,对冷库、温湿度监测及冷藏运输设施设备进行使用前验证和使用过程中定期验证。

C. 药品物流设施、设备验证管理要求:企业应当制定验证管理的相关标准及操作规程,确保验证结果的科学、有效。

D. 验证设备的使用要求:温湿度监测系统、冷库、冷藏车、车载保温箱、冷藏箱应当根据验证结果确定的条件正确、合理使用。

E. 验证文件与记录要求:验证应当按照预先确定和批准的方案实施,验证工作完成后,应当写出验证报告,并经审核、批准。验证结果和结论(包括评价和建议)应当有记录并存档。

(5) 对从事药品物流的组织机构、职能部门、工作人员职责的要求

① 质量管理、采购、仓储、销售、运输、财务和信息管理等部门职责。

② 企业负责人、质量负责人及质量管理、采购、仓储、销售、运输、财务和信息管理等部门负责人的岗位职责。

③ 质量管理、采购、收货、验收、仓储、养护、销售、配送、运输、财务、信息管理等岗位职责。

(6) 对物流作业过程及管理的规范要求。

制定药品采购、收货、验收、储存、养护、销售、出库、配送、运输等环节的操作规程,对各岗位工作人员工作质量进行规范;建立药品供应链全程质量监控体系,保障流通过程药品来源合法、质量稳定。

6. GPP

医疗机构药剂科(部)或社会药房是药品使用的重要环节,必须提供符合伦理和职业标准的药学服务,保证人民用药安全、有效、经济,并应遵守相关法律、法规。GPP(《优良药房管理规范》)是中国非处方药物协会倡导的行业自律性规范。在社会药房严格执行国家相关法律、法规的基础上,本规范主要针对社会药房面向大众的药学服务和社会药房从业人员的素质提出指导原则和评价依据。通过规范社会药房服务准则和从业人员的责任,保障人民用药安全有效便利,促进实现我国医疗资源的充分利用,提高社会药房的竞争能力和经营水平,引导行业正当竞争。

【知识链接】

社会药房和药学服务

社会药房是医疗保健体系中为大众提供服务的最终环节,社会药房的从业人员,特别是药学技术人员是医疗保健体系中重要的工作人员,其首要责任是确保病人或消费者获得高质量的药学服务。如图 4.37 所示。

药学服务是以病人或消费者的健康为中心所展开的各项活动和服务,目的是保证药品使用的安全有效,从而促进病人或消费者健康水平和生活质量的提高。药学服务是提供与药品使用相关的各种服务的一种现代化药房工作模式。

图 4.37　药品调配与社区卫生服务中心

（资料来源：http://www.oumai.com.cn/Article.aspx?Rid=78.）

4.4.4　药品质量体系认证

通过药品质量体系认证保证药品质量是药品质量管理的重要措施。我国对药品供应链各环节通过立法方式促使企业执行质量管理规范，以保证药品质量安全有效。

1. GLP 认证

GLP 认证是指国家食品药品监督管理局对药物非临床安全性评价研究机构的组织管理体系、人员、实验设施、仪器设备、试验项目的运行与管理等进行检查，并对其是否符合 GLP 给出评定。为加强药物非临床研究的监督管理而实施 GLP 认证工作，由国家食品药品监督管理局主管全国 GLP 认证管理工作，省级药品监督管理部门负责本行政区域内药物非临床安全性评价研究机构的日常监督管理工作。由从事药物非临床安全性评价研究机构按认证要求提出申请，经认证机构按 GLP 认证标准进行资料审查与现场检查，对符合 GLP 要求的，发给申请机构 GLP 认证批件（如图 4.38 左图所示），并通过局政府网站予以公告。

图 4.38　GLP 认证批件与 GCP 认证证书

2. 与 GCP 相关认证——药物临床试验机构资格认定

为贯彻执行《药品管理法》及《药品管理法实施条例》，加强药物临床试验的监督管理，确保药物临床试验在具有药物临床试验资格的机构中进行，国家食品药品监督管理局和卫生部共同制定了《药物临床试验机构资格认定办法（试行）》（以下简称《办法》），并实施药物临床试验机构的资格认定。自 2004 年 3 月 1 日起，拟申请资格认定的医疗机构或原国家药品临床研究基地拟增补新的药物临床试验专业，应根据《办法》中申请资格认定的医疗机构应具备的条件，参照《药物临床试验机构资格认定标准》进行自查，提出资格认定的申请。

对药物临床试验机构进行资格认定，是保证药物临床试验过程规范，结果科学可靠，保护受试者权益并保障其安全的有效手段，也是保证药物临床研究质量的重要措施。各省、自治区、直辖市食品药品监督管理局（药品监督管理局）和卫生厅（局）应予高度重视，严格按照《办法》的规定，根据各自的职责，认真做好本行政区域内的药物临床试验机构资格认定工作，并做好药物临床试验的监督管理工作及加强对伦理委员会的监管。

认定程序：药物临床试验机构提交申请→审核机构受理→审核（资料与现场检查）→对通过资格认定的医疗机构，予以公告并颁发证书（如图 4.38 右图所示）。

3. GAP 认证

国家食品药品监督管理局负责全国中药材 GAP 认证工作；负责中药材 GAP 认证检查评定标准及相关文件的制定、修订工作；负责中药材 GAP 认证检查员的培训、考核和聘任等管理工作。自 2003 年 11 月 1 日起，国家食品药品监督管理局药品认证管理中心（以下简称局认证中心）承担中药材 GAP 认证的具体工作。省、自治区、直辖市食品药品监督管理局（药品监督管理局）负责本行政区域内中药材生产企业的 GAP 认证申报资料初审和通过中药材 GAP 认证企业的日常监督管理工作。

《中药材 GAP 证书》有效期一般为 5 年。生产企业应在《中药材 GAP 证书》有效期满前 6 个月，按《中药材生产质量管理规范认证管理办法（试行）》第四条的规定重新申请中药材 GAP 认证。

认证程序：中药材生产企业提出申请→认证机构受理→进行资料与现场检查→对符合 GAP 要求的，发给申请机构 GAP 认证批件（GAP 认证批件及认证标志如图 4.39 所示），并通过局政府网站予以公告。《中药材 GAP 证书》由国家食品药品监督管理局统一印制，应当载明证书编号、企业名称、法定代表人、企业负责人、注册地址、种植（养殖）区域（地点）、认证品种、种植（养殖）规模、发证机关、发证日期、有效期限等项目。

图 4.39　GAP 认证批件及认证标志

4. GMP 认证

药品 GMP 认证是药品监督管理部门依法对药品生产企业药品生产质量管理进行监督检查的一种手段,是对药品生产企业实施药品 GMP 情况的检查、评价并决定是否发给认证证书的监督管理过程。GMP 认证是生产企业取得生产许可并决定药品价格和销量,保障药品质量的重要手段。GMP 认证是国家对药品生产企业监督检查的一种手段,是对药品生产企业实施 GMP 情况的检查认可过程,是确保药品质量的稳定性、安全性和有效性的一种科学先进的管理方法。

《药品生产质量管理规范认证管理办法》规定国家食品药品监督管理局主管全国药品 GMP 认证管理工作,负责注射剂、放射性药品、生物制品等药品 GMP 认证和跟踪检查工作;负责进口药品 GMP 境外检查和国家或地区间药品 GMP 检查的协调工作。省级药品监督管理部门负责本辖区内除注射剂、放射性药品、生物制品以外,其他药品 GMP 认证和跟踪检查工作及国家食品药品监督管理局委托开展的药品 GMP 检查工作。省级以上药品监督管理部门设立的药品认证检查机构承担药品 GMP 认证申请的技术审查、现场检查、结果评定等工作。负责药品 GMP 认证工作的药品认证检查机构应建立和完善质量管理体系,确保药品 GMP 认证工作质量。国家食品药品监督管理局负责对药品认证检查机构质量管理体系进行评估。

新开办药品生产企业或药品生产企业新增生产范围、新建车间的,应当按照《药品管理法实施条例》的规定申请药品 GMP 认证。已取得《药品 GMP 证书》的药品生产企业应在证书有效期届满前 6 个月,重新申请药品 GMP 认证。药品生产企业改建、扩建车间或生产线的,应按《药品生产质量管理规范认证管理办法》重新申请药品 GMP 认证。

认证程序:药品生产企业按认证要求提出申请→认证机构受理→进行资料审查与现场检查→对符合 GMP 要求的,向申请企业发放《药品 GMP 证书》,如图 4.40 左图所示。

图 4.40　GMP、GSP 认证证书

5. GSP 认证

GSP 认证是药品经营企业取得经营许可及国家对药品经营企业进行监督管理的手段。它是通过严格的管理制度约束企业经营行为，对经营全过程施行有效质量控制，确保所经营的药品质量始终处于合格状态的手段。《药品经营质量管理规范认证管理办法》规定国家食品药品监督管理局负责全国 GSP 认证工作的统一领导和监督管理；负责与国家认证认可监督管理部门在 GSP 认证方面的工作协调；负责国际间药品经营质量管理认证领域的互认工作。

申请 GSP 认证的药品经营企业，应符合以下条件：

（1）属于以下情形之一的药品经营单位：具有企业法人资格的药品经营企业；非专营药品的企业法人下属的药品经营企业；不具有企业法人资格且无上级主管单位承担质量管理责任的药品经营实体。

（2）具有依法领取的《药品经营许可证》《企业法人营业执照》或《营业执照》。

（3）企业经过内部评审，基本符合《药品经营质量管理规范》及其实施细则规定的条件和要求。

（4）在申请认证前 12 个月内，企业没有因违规经营造成的经销假劣药品问题（以药品监督管理部门给予行政处罚的日期为准）。

【知识链接】

药品经营企业类型

药品批发企业：将购进的药品销售给其他批发企业、零售企业或医疗机构的企业。
药品零售企业：将购进的药品直接销售给消费者的企业。
药品物流企业：为药品在产业链的流通提供物流服务的企业。

药品经营企业从事药品经营活动的前提：依法注册并取得合法经营资格，在《药品经营许可证》核准的经营方式和经营范围从事药品经营活动。《药品经营质量管理规范认证证书》有效期 5 年，有效期满前 3 个月内，由企业提出重新认证的申请。省、自治区、直辖市药品监督管理部门依照本办法的认证程序，对申请企业进行检查和复审，合格的换发证书。审查不合格以及认证证书期满但未重新申请认证的，应收回或撤销原认证证书。

认证程序：药品经营企业按认证要求提出申请→认证机构受理→进行资料审查与现场检查→对符合 GSP 要求的，向申请企业发放《药品 GSP 认证证书》，如图 4.40 右图所示。药品经营许可证、企业法人营业执照如图 4.41 所示。

图 4.41　药品经营许可证、企业法人营业执照

4.4.5 药品质量监督管理体系

我国药品质量监督管理体系（如图 4.42 所示）经过几十年的发展，体系日趋健全，监管能力明显提升，监管法治化水平大幅提高，目前已建立了行政监督与技术监督相结合，社会监督作为有效补充的监管体系。初步构建了药品集中统一监管的基本框架及工作格局，极大地提高了药品安全保障水平，维护人民群众的健康与生命安全。

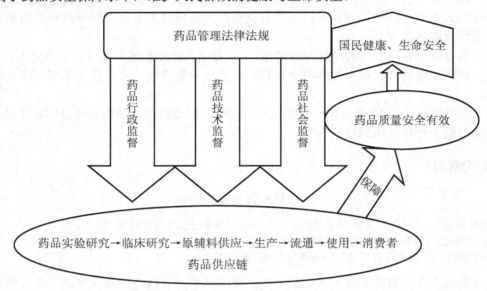

图 4.42 我国药品质量监督管理体系

1．行政监督方面

2008 年 3 月政府机构改革后，国家食品药品监督管理局划归卫生部管理，成为"部委管理的国家局"。国家局设 10 个职能机构：办公室（规划财务司）、政策法规司、食品许可司、食品安全监管司、稽查局、人事司、国际合作司（港澳台办公室）等，分别负责相应职能工作。

省以下各地方食品药品监管局划归当地卫生部门管理。2008 年月 1 月，相关文件将现行食品药品监督管理机构省以下垂直管理改为由地方政府分级管理，业务上接受上级主管部门和同级卫生部门的指导与监督；省级食品药品监督管理机构作为省政府的工作机构，由同级卫生部门管理；市县食品药品监督管理机构作为同级政府的工作机构，市县药检机构作为同级政府的工作机构。

2．技术监督方面

国家不断加大药品安全监管的财政投入，重点提高药品安全检验检测能力和水平，形成了以各级药品检验检测、审评审批、评价监测等机构为主的技术支撑体系。国家级药品技术监督机构主要包括国家食品药品监督管理局下属的中国药品生物制品检定所、国家药典委员会、药品审评中心、药品认证管理中心、国家中药品种保护审评委员会、药品评价中心、国家药品不良反应监测中心、医疗器械技术审评中心等。这些机构重点承担日常检验检测、检验技术方法研究、实验动物保种与育种、标准化研究、注册申请技术审评、药品不良反应监测等工作。有 19 个国家口岸药检所承担进口注册检验和口岸检验，33 个省级药品检验所负责辖区内药品抽验、复验、委托检验、药品注册复核检验、国家计划抽验及国家药品标准起草等工作，325个地市药品检验机构负责辖区内药品抽验和委托检验。

3. 社会监督方面

构建了农村药品监督网和药品供应网。在广大农村地区，通过聘请药品安全协管员、信息员，维护农村药品安全，推进药品安全监督网建设。

通过药品行政监督、技术监督、社会监督体系的构建，在我国已形成覆盖全国、对药品供应链全程进行立体化、全方位监管的药品质量监督管理体系，以保证药品质量安全有效，确保民众身体健康、生命安全。

本章小结

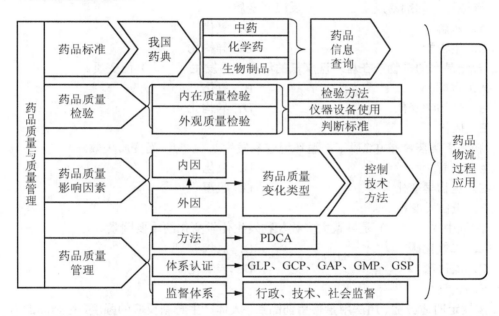

（1）药品标准概念、我国药典内容组成、药品物流过程如何利用药典查询药品信息。

（2）药品质量检验、质量检验内容与要求、药品外观质量检验方法及其在物流过程的应用。

（3）药品质量在流通与使用过程的影响因素、质量变化形式与主要原因、质量变化控制技术与方法及其在物流过程中的应用。

（4）药品质量管理、管理方法、质量体系认证、质量监督体系在药品质量维护与保障中的应用。

练习思考题

一、单选题

1. 国际药典由（　　）编写，对各国药典的编写只提供参考，无法律约束力。

   A．美国　　　　　　　　　　B．英国

    C. WHO   D. 中国
    E. 欧盟

2. 软胶囊外观质量检查除与硬胶囊相同检项外，还应检查是否有（　　）。
    A. 漏药   B. 畸形与气泡
    C. 异臭   D. 生虫

3. 霉菌污染导致药品发生的质量变化属（　　）。
    A. 化学变化   B. 物理变化
    C. 生物学变化

4. 粉状原料药吸湿结块所致的质量变化属（　　）。
    A. 化学变化   B. 物理变化
    C. 生物学变化

5. 硫酸亚铁制剂易发生（　　）反应而变质。
    A. 水解   B. 氧化
    C. 生物学   D. 异构化

6. 含结晶水的矿物药在相对湿度低的环境容易发生（　　）而变质。
    A. 水解   B. 氧化
    C. 生物学变化   D. 异构化
    E. 风化

7. 胰岛素类药物在0℃以下低温环境容易发生（　　），而变质失效。
    A. 水解   B. 氧化
    C. 生物学变化   D. 吸湿
    E. 蛋白质变性

8. 空气中的（　　）是导致大多数药物发生化学变化的重要因素。
    A. 二氧化碳   B. 氮气
    C. 硫化氢   D. 一氧化碳
    E. 氧气

9. 按规定的适应症、用法用量使用药品后，人体产生毒副反应的强度，称药品的（　　）。
    A. 有效性   B. 均一性
    C. 安全性   D. 稳定性
    E. 经济性

10. 药品在规定条件下保持其有效性和安全性的能力，称药品的（　　）。
    A. 有效性   B. 均一性
    C. 安全性   D. 稳定性
    E. 经济性

11. 药品的每一单位产品都是符合有效性、安全性的规定要求，称药品的（　　）。
    A. 有效性   B. 均一性
    C. 安全性   D. 稳定性
    E. 经济性

12. 《药品经营质量管理规范》的简称是（　　）。
    A. GPP   B. GMP

C. GCP D. GSP
E. GAP

13. GCP 认证是对（　　）资格认定。
    A. 药品生产企业 B. 药品经营企业
    C. 药物临床试验机构 D. 药品零售企业

14. GAP 认证是对（　　）质量管理是否符合要求的一种认定。
    A. 药品生产企业 B. 药品经营企业
    C. 药物临床试验机构 D. 中药材生产企业

15. GSP 认证是对（　　）质量管理是否符合要求的一种认定。
    A. 药品生产企业 B. 药品经营企业
    C. 药物临床试验机构 D. 中药材生产企业

16. GMP 认证是对（　　）质量管理是否符合要求的一种认定。
    A. 药品生产企业 B. 药品经营企业
    C. 药物临床试验机构 D. 中药材生产企业

17. 药品在放置过程中，吸附空气中一定量的水蒸气的性质，称为（　　）。
    A. 挥发性 B. 风化性
    C. 蒸发性 D. 溶解度
    E. 吸湿性

二、多选题

1. 药品标准依据（　　）的原则制定。
   A. 安全有效 B. 技术先进
   C. 均一性 D. 经济合理
   E. 权威性

2. 我国药典由（　　）3 部分组成。
   A. 中药 B. 原料药
   C. 化学药 D. 生物制品
   E. 中药饮片

3. 以下药品物流活动需参照"药品质量标准"要求执行的操作有（　　）。
   A. 药品入库验收 B. 药品在库储存与养护
   C. 药品出库复核 D. 药品运输
   E. 零售陈列

4. 注射剂根据制备工艺与溶媒的不同分为（　　）。
   A. 水针 B. 油针
   C. 粉针 D. 混悬针剂
   E. 冻干粉针

5. 药品的质量变化分为（　　）3 种类别。
   A. 化学变化 B. 物理变化
   C. 电性能变化 D. 机械性能变化
   E. 生物学变化

6. 维生素 C 片剂从白色变为黄色，其质量发生了（　　）。
   A．化学变化　　　　　　　　　　B．物理变化
   C．电性能变化　　　　　　　　　D．机械性能变化
   E．生物学变化

7. 以下容易发生水解的药物有（　　）。
   A．强酸强碱盐　　　　　　　　　B．弱酸强碱盐
   C．强酸弱碱盐　　　　　　　　　D．弱酸弱碱盐
   E．酯类

8. 以下容易发生水解的药物有（　　）。
   A．强酸强碱盐　　　　　　　　　B．酰胺
   C．苷类　　　　　　　　　　　　D．氮芥
   E．酯类

9. 以下容易发生氧化的药物有（　　）。
   A．氯化钠　　　　　　　　　　　B．维生素 C
   C．维生素 A　　　　　　　　　　D．青霉素钠
   E．氯霉素

10. 仓储过程中导致药品发生生物学变化的主要微生物有（　　）。
    A．仓虫　　　　　　　　　　　　B．青霉菌
    C．腐败性细菌　　　　　　　　　D．黄曲霉菌
    E．酵母菌

11. （　　）为湿度调控设备。
    A．空调器　　　　　　　　　　　B．排风扇
    C．加湿器　　　　　　　　　　　D．湿度记录仪
    E．除湿机

12. 药品质量特征包括（　　）。
    A．有效性　　　　　　　　　　　B．均一性
    C．安全性　　　　　　　　　　　D．稳定性
    E．经济性

13. 我国现在通过立法推行的药品质量管理规范有（　　）。
    A．GPP　　　　　　　　　　　　B．GMP
    C．GCP　　　　　　　　　　　　D．GSP
    E．GAP

14. 我国现行的药品供应链上的质量体系认证包括（　　）。
    A．GPP　　　　　　　　　　　　B．GMP
    C．GCP　　　　　　　　　　　　D．GSP
    E．GAP　　　　　　　　　　　　F．GLP

15. 我国行使药品行政监督职能的机构有（　　）。
    A．国家食品药品监督局　　　　　B．省食品药品监督局
    C．药品认证管理中心　　　　　　D．卫生部
    E．药检所

16．我国行使药品技术监督职能的机构有（　　）。
   A．国家食品药品监督局　　　　B．省食品药品监督局
   C．药品审评中心　　　　　　　D．中国药品生物制品检定所
   E．省、市级药检所
17．我国药品质量监管体系包括（　　）。
   A．行政监督　　　　　　　　　B．技术监督
   C．社会监督

三、判断题

1．药品质量标准属非强制性标准。（　）
2．我国药品标准的表现形式是药典。（　）
3．药品外观质量检验法又称直觉判定法。（　）
4．含生药、脏器及蛋白质类药物的制剂外观质量检查需检查有无虫蛀、异臭。（　）
5．所有中药材商品都有规格与等级之分。（　）
6．维生素 C 分子结构具有还原性基团，易发生还原性反应。（　）
7．去甲肾上腺素水溶液在室温放置或加热后，易发生消旋化反应，使活性降低。（　）
8．温度太高会影响药品质量，温度越低对药品质量维护越好。（　）
9．药品质量管理是药品科研、生产、经营、使用企业和单位对确定或达到质量所必需的全部职能部门和活动的管理。（　）
10．药品工作质量是指药事单位的经营管理工作、技术工作、组织工作等，对达到和提高药品质量的保证程度。（　）
11．《中药材生产质量管理规范》的简称是 GMP。（　）
12．《药物临床试验质量管理规范》的简称是 GLP。（　）
13．《药物非临床研究质量管理规范》的简称是 GCP。（　）
14．药品流通过程质量检验以内在质量检验为主。（　）
15．质量保证是指为使人们确信某一产品、过程或服务的质量所必需的全部有计划有组织的活动。（　）
16．为达到质量要求所采取的作业技术和活动称为质量策划。（　）
17．产品质量认证与质量管理体系认证没有区别。（　）

四、简答题

1．举例说明药品标准在药品供应链各环节的应用。
2．影响药品质量的外因有哪些？
3．图示药品供应链与对应的质量管理体系。
4．图示我国药品质量监督体系并说明各部分的职能。

项目实训

实训 4.1　药品质量标准的查询与应用

实训目标

1．明确药品质量标准的表现形式为药典，能通过我国药典查询，获取药品质量标准信息，指导药品物流作业。

2．熟悉药品质量标准在药品物流作业与管理过程中的应用。

实训方法

1．人员分组，每组或每人选择一类药品（化学药、中药、生物药）的某个代表品种，从我国药典中查询该品种的质量标准。

2．每个人分别独立查询化学药、中药、生物药至少各一种，熟悉我国药典编排结构及三大类药品在药典的哪一部去查询。

3．每组选择一类药品，根据查询到的药品质量标准，按药品进出药品物流中心或配送中心的作业流程，列表说明在药品物流各环节如何用药品质量标准指导物流作业活动。

实训步骤

参训人员分组→确定每组要查询的三大类药品的代表品种→每组确定组长，组长组织安排药品标准查询工作计划与实施方案，按实训任务及计划要求进行分工→利用计算机与网络资源或图书馆中的药典，搜索所要信息→按查询目标要求各组整理组员所搜集信息→列表说明各类药品的相应品种名称及查询结果→各组从查询结果中选择一个药品，按药品进出药品物流中心或配送中心的作业流程，列表说明在药品物流各环节如何用药品质量标准指导物流作业活动。

实训结果呈现方式

1．各组确定的三大类药品的代表品种。

2．组长、组员分工与任务安排，组员所获信息及信息来源说明。

3．各组按所选药品质量标准要求，说明质量标准在药品物流各环节如何应用。（列表加图示说明）

实训效果评价

快捷、准确。

实训 4.2　不同类别药品的外观质量检验

实训目标

1．明确药品物流作业过程哪些环节要对药品外观质量进行检查。

2．熟悉不同类别药品外观质量检验方法、操作流程、注意事项。

3．能按药品质量标准要求对流通过程中的各类药品进行质量检验，判定药品质量是否合格。

实训方法

1．在实训 4.1 的基础上，各组根据某药品质量标准要求，对药品外观性状进行检查，对待检药品外观质量是否合格做出判断。

2．各组交换待检品种，重复上述操作，熟悉不同类别药品外观质量检验方法、操作流程及注意事项。

3．各组按药品进出物流中心或配送中心流程，说明要进行药品外观质量检查的环节及目的。

实训步骤

参训人员按组准备所选药品质量标准→每组按该药品质量标准要求，对相应实物进行外观质量检查，根据结果判断药品是否合格→各组交换品种，重复以上操作，熟悉不同类别药品外观质量检查程序和方法→每组选一操作过的药品按药品进出物流中心或配送中心流程，说明要进行药品外观质量检查的环节及目的。

实训结果呈现方式

1．各组以所选药品说明在进出物流中心或配送中心流程要进行药品外观质量检查的环节及目的，以及如何检查并下结论。

2．列表比较各组各类别药品检验的异同，总结各类别药品检验内容的特点及注意事项。

3．针对问题，讨论思考解决办法并提出对策。

实训效果评价

1．外观检验内容、方法、判断标准与药品质量标准一致。

2．检验结果判断准确。

实训 4.3　药品质量影响因素分析与质量维护

实训目标

1．能根据不同类别药品的成分、结构特点，说明其易发生质量变化的类型、质量变化的表现形式及其变化的原因，并可根据药品所处的流通环节与环境，判断导致其变化的主要外因。

2．能根据不同类别药品的成分、结构、理化与生物学性质特点、剂型、包装特点，药品所处的流通环节与环境特点，判断导致药品变化的主要外因，提出合适的质量维护措施，稳定药品在流通过程的质量。

实训方法

1. 熟悉易发生氧化-还原、水解、分解、聚合等化学变化的药品的类别；易发生生物学变化及物理变化的药品类别。

2. 通过看药品说明书及查询药品质量标准，从药品的成分、化学结构、剂型、包装等特点，判断药品在流通与使用过程易发生的变化、变化的表现形式、导致变化的内因与外因，并依此针对主要外因提出合适的质量维护措施，以稳定药品在流通过程的质量。

3. 各组轮流模拟药品入库检验、在库检查、出库复核工作，通过药品外观质量检查，判断药品质量是否发生变化、发生什么变化、药品质量是否合格、后续应采取什么质量维护措施。

实训步骤

参训人员按组准备易发生化学变化、物理变化和生物学变化的三大类代表性药品及相应的药品质量标准或药品说明书→每组根据药品质量标准或说明书所示药品成分、化学结构、剂型、包装特点，判断药品在流通过程易发生的变化、变化的表现形式，说明主要的影响因素→根据流通过程可能的运输方式、物流路径、药品的有效期、储运温湿度要求等提出药品物流过程的质量维护措施→各组交换药品类别重复以上操作，熟悉不同类别药品质变形式、影响因素、质量维护措施→各组轮流模拟药品入库检验、在库检查、出库复核工作，通过药品外观质量检查，判断药品质量是否发生变化、发生什么变化、药品质量是否合格、后续应采取什么质量维护措施。

实训结果呈现方式

1. 各组对所选药品说明在流通过程易发生的变化、变化的表现形式，说明主要的影响因素，并根据流通过程可能的运输方式、物流路径、药品的有效期、储运温湿度要求等提出药品物流过程的质量维护措施。（列表说明）

2. 各组按药品入库检验、在库检查、出库复核三大环节工作，通过对不同类别药品外观质量检查，判断药品质量是否发生变化、发生什么变化、药品质量是否合格、后续应采取什么质量维护措施。（列表说明）

实训效果评价

质量变化判断准确、快速；所选防控方法科学、合理、有效、低成本。

实训 4.4　GSP 对药品物流的规范

实训目标

1. 明确 GSP 对药品经营企业的物流作业场所、硬件设施设备配置与管理、人员与职能部门物流作业活动、流动的药品进行管理的规范要求。

2. 理解通过质量体系认证促使企业实施全面质量管理的含义、意义及其具体的做法。

实训方法

1. 按新 GSP 及其附录 1-5 的要求，熟悉 GSP 对药品经营企业的物流作业场所、硬件设施设备配置与管理、人员与职能部门物流作业活动、流动的药品的管理的规范要求。

2. 学生模拟药品经营企业物流各岗位作业人员明确岗位工作任务、工作活动内容与要求，熟悉工作场所及所配置的硬件设施设备、工具的使用与维护要求、工作程序及规范操作要求、药品的管理要求，模拟准备接受 GSP 认证检查的与该岗位相关的文件、现场。

3. 各组轮流模拟各岗位，重复上述活动。

实训步骤

参训人员按组准备 GSP 实施细则及 GSP 认证现场评估要求→每组作为一个药品物流企业的职能部门或物流作业环节的工作人员，熟悉该部门或某环节工作人员要通过 GSP 认证检查，部门或人员该做什么、怎么做，以通过检查→各组交换部门或工作岗位角色重复上述活动，以熟悉和明确 GSP 对整个企业、企业不同部门或工作岗位的规范要求。

实训结果呈现方式

1. 新 GSP 及其附录 1-5 的要求。
2. 企业各部门和各岗位工作的规范要求。（列表说明）
3. 企业物流作业场所、硬件设施设备配置与管理、药品的管理、信息（文件）管理要求。（按物流作业流程列表说明）

实训效果评价

项目全面且与新 GSP 及其附录 1-5 的认证要求一致。

参 考 文 献

[1] 中华人民共和国药典编委会. 中华人民共和国药典（2010版）[M]. 北京：中国医药科技出版社，2010.
[2] 中国药品生物制品检定所. 中国药品检验标准操作规范（2010年版）[M]. 北京：中国医药科技出版社，2010.
[3] [英]D.A.迪安，等. 药品包装技术[M]. 徐晖，等译. 北京：化学工业出版社，2006.
[4] 孙智慧. 药品包装实用技术[M]. 北京：化学工业出版社，2005.
[5] 万融. 商品学概论[M]. 北京：首都经济贸易大学出版社，2009.
[6] 杨群华. 实用药物商品知识[M]. 北京：化学工业出版社，2010.
[7] "百万药师关爱工程"系列教材编委会. 药物商品与信息学[M]. 北京：北京科学技术出版社，2005.
[8] 徐人平. 包装新材料与新技术[M]. 北京：化学工业出版社，2006.
[9] 孙怀远. 药品包装技术与设备[M]. 北京：印刷工业出版社，2008.
[10] 梁毅. 药品经营质量管理（GSP）[M]. 北京：中国医药科技出版社，2003.
[11] 龚益鸣. 现代质量管理学[M]. 北京：清华大学出版社，2003.
[12] 于宝珠，等. 药品经营实用手册[M]. 北京：北京科学技术出版社，2002.
[13] 徐荣周. 实用药品GSP认证技术[M]. 北京：化学工业出版社，2002.
[14] 胡美芬. 物流相关法规与国际公约[M]. 成都：四川人民出版社，2002.
[15] 徐世义. 药品储存与养护[M]. 北京：人民卫生出版社，2009.
[16] 段玉新. 药品经营技术标准[M]. 北京：中国医药科技出版社，2002.
[17] 黄福华. 现代商业企业物流运作管理[M]. 长沙：湖南科学技术出版社，2002.
[18] 孟宪纾，陈发奎. 中成药分析[M]. 北京：人民卫生出版社，1991.
[19] 徐国均. 中草药彩色图谱[M]. 福州：福建科学技术出版社，1990.
[20] 徐国均. 中药材粉末显微鉴定[M]. 北京：人民卫生出版社，1986.
[21] 《中医辞典》编辑委员会. 简明中医辞典[M]. 北京：人民卫生出版社，1978.
[22] 周东坡，赵凯. 生物制品学[M]. 北京：化学工业出版社，2007.
[23] 罗贤臣. WHO倡导的药物促销伦理准则[J]. 药物流行病学杂志，1995，03：176～178.
[24] 钟秀英，等. 广东省药品流通企业发展与人力资源需求[J]. 中国医药导报，2007，3s：78～79.
[25] 钟秀英. 药品流通企业物流操作人员需求调查与启示[J]. 中国医药导报，2007，3s：95.
[26] 钟秀英. 药品行业初级工职业能力提升需求调查与启示[J]. 中国医药导报，2007，5s：113～114.
[27] 钟秀英. 广东省药品零售企业发展与人力资源需求调查[J]. 现代企业教育，2007，06：39.
[28] 钟秀英. 医院药房初级药学人员职业能力提升需求调查与启示[J]. 现代企业教育，2007，2X：17～18.
[29] 钟秀英. 初级药学人员职业能力提升需求调查分析与解决策略[J]. 现代食品与药品杂志，2007，03：65～67.
[30] 钟秀英. 药品流通企业物流作业岗位职能调查分析与人才培养[J]. 商品储运与养护，2008，05：110～112.
[31] 钟秀英. 药品养护职业活动调查与分析[J]. 物流工程与管理，2009，11：80～82.
[32] 钟秀英. 冷链药品分类与流通特点[J]. 物流工程与管理，2010，11：102～104.
[33] 钟秀英. 我国药品冷链物流现状、成因与发展策略分析[J]. 中国市场，2012，02：22～24.
[34] 中央人民政府. http://www.gov.cn/.
[35] 国家卫生健康委员会. http://www.nhc.gov.cn/.
[36] 国家食品药品监督管理总局. http://samr.cfda.gov.cn/WS01/CL0001/.
[37] 海关总署. http://www.customs.gov.cn/.
[38] 国家质量监督检验检疫总局门户网站. http://www.aqsiq.gov.cn/index.html.
[39] 商务部. http://www.mofcom.gov.cn/.
[40] 国家发展和改革委员会. http://www.ndrc.gov.cn/.
[41] 国家中医药管理局. http://www.satcm.gov.cn/web2010/.
[42] 人力资源和社会保障部. http://www.mohrss.gov.cn/index.html.
[43] 中国药品电子监管网. http://www1.drugadmin.com/.

[44] 国家药典委员会. http://www.chp.org.cn/index.html.
[45] 中国食品药品检定研究院. http://www.nicpbp.org.cn/CL0001/.
[46] 中国产品质量电子监管网. http://www.95001111.com/websiteserv/web/index.jsp.
[47] 国家市场监督管理总局. http://www.saic.gov.cn/
[48] 中国商标网. http://sbj.saic.gov.cn/.
[49] 国家安全生产监督管理局. http://www.chinatzzy.com/.
[50] 中国物品编码中心. http://www.ancc.org.cn/.
[51] 国家食品药品监督管理局药品认证管理中心. http://new.bidchance.com/company-230124.html.
[52] 国家疾病预防与控制中心. http://www.chinacdc.cn/.
[53] 北京市市场监督管理局食药监督办事服务. http://syj.beijing.gov.cn/bjfda/bsdt64/index.html.
[54] 国家中药品种保护审评委员会. http://www.zybh.gov.cn.
[55] 中国禁毒网. http://www.nncc626.com/index.htm.
[56] 国家能源局. http://www.nea.gov.cn/.
[57] 国家信息中心. http://www.sic.gov.cn/.
[58] 中国质量认证中心. http://www.cqc.com.cn/www/chinese/index.shtml.
[59] 中国国家认证认可监督管理委员会. http://www.cnca.gov.cn/cnca/.
[60] 生态环境部. http://www.mee.gov.cn/.
[61] 国际物品编码协会. http://www.gs1.org/.
[62] GS1 系统在医疗卫生领域中的应用. http://www.ancc.org.cn/Knowledge/Barcode_Article.aspx?id=289.
[63] 国家工业和信息化部. http://www.miit.gov.cn/n11293472/index.html.
[64] 广东省食品药品信息网. http://www.gdda.net.
[65] 北京同仁堂科技发展股份有限公司. http://www.tongrentangkj.com/index.php.
[66] 广州医药有限公司. http://www.gzmpc.com/.
[67] 南京医药股份有限公司. http://www.njyy.com/.
[68] 中国医药集团总公司. http://www.sinopharm.com/.
[69] 上海医药（集团）股份有限公司. http://www.pharm-sh.com.cn/AboutUs.aspx.
[70] 华润医药集团有限公司. http://www.crmed.cn/.
[71] 九州通医药集团有限公司. http://www.jztey.com/.
[72] 重庆医药（集团）股份有限公司. http://www.cq-m.com.cn/Default.aspx?tabid=58&language=zh-CN.
[73] 华东医药股份有限公司. http://www.eastchinapharm.com/.
[74] 天士力集团. http://www.tasly.com/.
[75] 天津天士力医药营销集团有限公司. http://www.tasly.com/fgs/yiyao/shangwu.htm.
[76] 四川科伦医药贸易有限公司. http://www.kelunyy.com/index.jsp.
[77] 北京双鹤药业经营有限责任公司. http://www.dcpb.com.cn/.
[78] 华润双鹤药业股份有限公司. http://www.dcpc.com/index.asp.
[79] 葛兰素史克中国公司. http://www.gsk-china.com/chinese/index.asp.
[80] 联邦制药. http://www.tul.com.cn/about/10.aspx.
[81] 北京爱创科技股份有限公司. http://www.acctrue.com/about/introduction.html.
[82] 北京天坛生物制品股份有限公司. http://www.tiantanbio.com/page/Default.asp?pageID=30C.
[83] 成都蓉生药业有限责任公司. http://www.pidchina.org/_test/ronsen/index.asp.
[84] 长春祈健生物制品有限责任公司. http://www.keygenbio.com/.
[85] 中国生物技术集团公司. http://www.cnbg.com.cn/html/about/show_6.html.
[86] 中国大冢制药有限公司. http://www.chinaotsuka.com.cn/.
[87] 西安杨森制药有限公司. http://www.xian-janssen.com.cn/Default.aspx?menu_uid=010101.
[88] 华瑞制药有限公司. http://www.sspc.com.cn/.
[89] 苏州胶囊有限公司. http://www.capsugel.com.cn/.
[90] 百时美施贵宝. http://www.bms.com.cn/Company_Intro/InChina.
[91] 青岛华钟制药有限公司. http://www.phm-huazhong.com/.

[92] 华润三九医药股份有限公司. http://www.999.com.cn/Portals/Portal999/index.aspx.
[93] 康美药业. http://www.kangmei.com.cn/cn/index.jsp.
[94] 海王星辰连锁药业. http://www.nepstar.cn/index.asp.
[95] 国药控股广州有限公司. http://www.sinopharm-gz.com/main/default.aspx.
[96] 江苏澳洋医药物流有限公司. http://www.ayyywl.com/.
[97] 广州白云山中一药业有限公司. http://www.gz111.com/news.aspx.
[98] 广州王老吉药业股份有限公司. http://www.wlj.com.cn/index.aspx.
[99] 广州陈李济药厂有限公司. http://www.gzclj.com.cn/.
[100] 广州敬修堂（药业）股份有限公司. http://www.jxt.com.cn/.
[101] 广州潘高寿药业股份有限公司. http://www.gzpgs.com.cn/default.asp.
[102] 广州奇星药业有限公司. http://www.qixing.com.cn/cn/index.aspx.
[103] 广州星群（药业）股份有限公司. http://www.xingqun.com.cn/.
[104] 广州采芝林药业有限公司. http://www.czlyy.com.cn/web/index.php.
[105] 广州白云山光华制药股份有限公司. http://www.gzghyy.com/zh-CN/index.html.
[106] 广州白云山和记黄埔中药有限公司. http://www.813zy.com/.
[107] 广州医药集团有限公司. http://www.gpc.com.cn/.
[108] 上海 VANRY 公司. http://www.vanry.cn/.
[109] 北京科园信海医药经营有限公司. http://www.kyxh.com/index.asp.
[110] 上海通量信息科技有限公司. http://www.tlog.com.cn/index.aspx.
[111] 广州中山医医药有限公司. http://www.gzzsyy.com/.
[112] 北京起重运输机械设计研究院. http://www.56products.com/site/index.asp?ID=28513.
[113] 京卫药业. http://www.jewim.com.cn/index.html.
[114] 中信二十一世纪（中国）科技有限公司. http://4601588.czvv.com/.
[115] 深圳鑫隆物流有限公司. http://www.56518.com.cn/index.htm.
[116] 广东大参林连锁药店有限公司. http://www.dslyy.com/.
[117] 华北制药集团股份有限公司. http://www.ncpc.com.cn/index.html.
[118] 无锡市华泰医药包装有限公司. http://www.huataicn.com/html/cpzs/Prod_152.htm.
[119] 江苏中金玛泰医药包装有限公司. http://www.zhong-jin.com/alonepage.php?id=4.
[120] 深圳市广源塑胶绝缘材料有限公司. http://www.szgycl.com/Index.asp.
[121] 浙江济民制药股份有限公司. http://www.chiminpharm.com/index.asp.
[122] 青岛君雅包装有限公司. http://www.qdjybz.com/?user=fyzd.
[123] 唐山容大药业有限公司. http://www.rd-pharm.com/index.asp.
[124] 西藏自治区藏药厂. http://www.gl-group.cn/GB/qy/index.html.
[125] 桂林三金药业股份有限公司. http://www.sanjin.com.cn/site1/gysj/index.shtml.
[126] 广西玉林制药集团有限责任公司. http://www.chinayulin.com/.
[127] 哈药集团中药二厂. http://www.zy2c.com/main.asp.
[128] 郑州致和药业有限公司. http://www.zhhyy.com/.
[129] 甘肃兰药药业集团有限责任公司. http://gslypharm.company.lookchem.cn/.
[130] 石药集团. http://www.e-cspc.com/.
[131] 杭州赛诺菲民生健康药业有限公司. http://www.sanofi.cn/l/cn/zh/index.jsp.
[132] 河南天方药业股份有限公司. http://www.topfond.com/.
[133] 河南福森药业有限公司. http://fusenyaoye.ce.c-c.com/.
[134] 天津力生制药股份有限公司. http://www.lishengpharma.com/main.asp.
[135] 开封制药集团有限公司. http://www.kaiyao.com/.
[136] 广州白云山明兴制药有限公司. http://www.gzmx.com.cn/zh-CN/index.html.
[137] 上海东海制药股份有限公司. http://www.donghaipharm.com/index.html.
[138] 江苏顺通仪表有限公司. http://shuntong.testmart.cn/.
[139] 上海市食品药品包装材料测试所. http://www.shpmcc.com/gb/index.html.

[140] 华兰生物工程股份有限公司. http://www.hualanbio.com/products/.
[141] 哈尔滨乐泰药业有限公司. http://www.hrblt.com/.
[142] 荣庆物流. http://www.rokin.cn.
[143] 郑州迪生电子信息有限公司. http://szhaofer.cn.gongchang.com/.
[144] 原子高科股份有限公司. http://www.atom-hitech.com/index1.asp.
[145] 中国非处方药物协会. http://www.cnma.org.cn/Index.asp.
[146] 中国医药企业管理协会. http://www.cpema.org/.
[147] 中国医药商业协会. http://www.capc.org.cn/index.asp.
[148] 《中国医药质量管理协会. http://www.cqap.cn/.
[149] 中国中药协会. http://www.catcm.org.cn/index.asp.
[150] 中国制药装备行业协会. http://www.phmacn.com/.
[151] 中国医药设备工程协会. http://www.cpape.org.cn/index.php.
[152] 中国印刷及设备器材工业协会. http://www.chinaprint.org.cn/.
[153] 中国医药包装协会. http://www.cnppa.org/.
[154] 中国仪器仪表行业协会. http://www.cima.org.cn/.
[155] 中国医药生物技术协会. http://www.cmba.org.cn/index.html.
[156] 中国医药信息网. http://www.cpi.gov.cn/publish/default/.
[157] 仪器信息网. http://www.instrument.com.cn/.
[158] 安徽华源医药采购网. http://www.hyeycg.com/index.asp.
[159] 慧聪制药工业网. http://www.pharmacy.hc360.com/.
[160] 中国化学品安全网. http://www.nrcc.com.cn/.
[161] 中国包装网. http://news.pack.cn/.
[162] 我要包装网. http://www.51pak.com/aboutme.html.
[163] 华印包装网. http://bzxw.a1pak.com/.
[164] 默拜. http://www.mrobuy.com/.
[165] 中医中药网. http://www.zhzyw.com/.
[166] 国际标准化组织. http://www.iso.org/iso/home.html.
[167] 国际电工委员会. http://www.iec.ch/.
[168] 世界标准服务网. http://www.wssn.net/WSSN/index.html.
[169] 国际电信联盟. http://www.itu.int/en/Pages/default.aspx.
[170] 国家标准文献共享服务平台. http://www.cssn.net.cn/.
[171] 世界卫生组织. http://apps.who.int/prequal/.
[172] 中国包装机械网. http://www.pppaaa.com/.
[173] 中国化工机械网. http://www.chemm.cn/.
[174] 中国制药机械技术网. http://www.phmach.cn/.
[175] 中国制药网. http://www.zyzhan.com/.
[176] 青岛新闻网. http://www.qingdaonews.com/.
[177] 博锐管理在线. http://www.boraid.com/.
[178] 新华报业网. http://www.xhby.net/.
[179] 中央网络电视台. http://www.cntv.cn/.
[180] 首都建设报电子版. http://sdjsb.ceepa.cn/.
[181] 百度文库. http://wenku.baidu.com/.
[182] 《每周质量报告》官网. http://cctv.cntv.cn/lm/meizhouzhiliangbaogao/.
[183] 包装设计达人. http://lb727579726.blog.163.com/blog/static/25303739200798421531537.

第六事业部·高职经管系列教材征订目录

书 名	书 号	主 编	定 价
财经法规与会计职业道德	978-7-301-26948-0	胡玲玲,等	35.00
财经英语阅读(第2版)	978-7-301-28943-3	朱 琳	42.00
公共关系实务(第2版)	978-7-301-25190-4	李 东,等	32.00
管理学实务教程(第2版)	978-7-301-28657-9	杨清华	38.00
管理学原理与应用(第2版)	978-7-301-27349-4	秦 虹	33.00
经济法原理与实务(第2版)	978-7-301-26098-2	柳国华	38.00
经济学基础	978-7-301-21034-5	陈守强	34.00
人力资源管理实务(第2版)	978-7-301-25680-0	赵国忻,等	31.00
Excel在财务和管理中的应用(第2版)	978-7-301-28433-9	陈跃安,等	35.00
财务管理(第2版)	978-7-301-25725-8	翟其红	35.00
成本会计(第2版)	978-7-301-26207-8	平 音,等	30.00
初级会计实务	978-7-301-23586-7	史新浩,等	40.00
初级会计实务学习指南	978-7-301-23511-9	史新浩,等	30.00
会计电算化项目教程	978-7-301-22104-4	亓文会,等	34.00
会计基本技能	978-7-5655-0067-1	高东升,等	26.00
会计基础实训(第2版)	978-7-301-28318-9	刘春才	30.00
基础会计教程与实训(第3版)	978-7-301-27309-8	李 洁,等	34.00
基础会计实训教程	978-7-301-27730-0	张同法,边建文	33.00
商务统计实务(第2版)	978-7-301-30020-6	陈晔武	38.00
审计实务	978-7-301-25971-9	涂申清	37.00
审计业务实训教程	978-7-301-18480-6	涂申清	35.00
实用统计基础与案例(第2版)	978-7-301-27286-2	黄彬红	43.00
个人理财规划实务	978-7-301-26669-4	王建花,等	33.00
税务代理实务	978-7-301-22848-7	侯荣新,等	34.00
报关实务(第2版)	978-7-301-28785-9	橐云婷,等	35.00
报关与报检实务(第2版)	978-7-301-28784-2	农晓丹	39.00
报检报关业务	978-7-301-28281-6	姜 维	38.00
国际金融实务(第2版)	978-7-301-29634-9	付玉丹	37.00
国际贸易实务(第2版)	978-7-301-26328-0	刘 慧,等	30.00
国际贸易与国际金融教程(第2版)	978-7-301-29491-8	蒋 晶,等	37.00
国际商务谈判(第2版)	978-7-301-19705-9	刘金波,等	35.00
商务谈判(第2版)	978-7-301-28734-7	祝拥军	30.00
ERP沙盘模拟实训教程	978-7-301-22697-1	钮立新	25.00
连锁经营与管理(第2版)	978-7-301-26213-9	宋之苓	43.00
连锁门店开发与设计	978-7-301-23770-0	马凤棋	34.00
连锁门店主管岗位操作实务	978-7-301-26640-3	吴 哲	35.00
连锁企业促销技巧	978-7-301-27350-0	李 英,等	25.00
企业行政管理(第2版)	978-7-301-27962-5	张秋垫	31.00

书 名	书 号	主 编	定 价
商务沟通实务（第2版）	978-7-301-25684-8	郑兰先，等	36.00
现代企业管理（第3版）	978-7-301-30062-6	刘 磊	43.00
职场沟通实务（第3版）	978-7-301-29852-7	吕宏程，等	44.00
中小企业管理（第3版）	978-7-301-25016-7	吕宏程，等	38.00
采购管理实务（第3版）	978-7-301-30061-9	李方峻	36.00
采购实务（第2版）	978-7-301-27931-1	罗振华，等	36.00
采购与仓储管理实务（第2版）	978-7-301-28697-5	耿 波	37.00
采购与供应管理实务（第2版）	978-7-301-29293-8	熊 伟，等	37.00
采购作业与管理实务	978-7-301-22035-1	李陶然	30.00
仓储管理实务（第3版）	978-7-301-31892-8	李怀湘	42.00
仓储与配送管理（第2版）	978-7-301-24598-9	吉 亮	36.00
仓储与配送管理实务（第3版）	978-7-301-31846-1	李陶然	46.00
仓储与配送管理实训教程（第2版）	978-7-301-24283-4	杨叶勇，等	35.00
第三方物流综合运营（第2版）	978-7-301-27150-6	施学良，高晓英	33.00
电子商务物流基础与实训（第2版）	978-7-301-24034-2	邓之宏	33.00
供应链管理（第2版）	978-7-301-26290-0	李陶然	33.00
企业物流管理（第2版）	978-7-301-28569-5	傅莉萍	39.00
物流案例与实训（第3版）	978-7-301-30082-4	申纲领	42.00
物流成本实务	978-7-301-27487-3	吉 亮	34.00
物流经济地理	978-7-301-21963-8	葛颖波，等	29.00
物流商品养护技术（第2版）	978-7-301-27961-8	李燕东	30.00
物流信息技术与应用（第3版）	978-7-301-30096-1	谢金龙	41.00
物流运输管理（第2版）	978-7-301-24971-0	申纲领	35.00
物流运输实务（第2版）	978-7-301-26165-1	黄 河	38.00
物流专业英语（第2版）	978-7-301-27881-9	仲 颖，等	34.00
现代物流管理（第2版）	978-7-301-26482-9	申纲领	38.00
药品物流基础（全新修订）	978-7-301-22863-0	钟秀英	38.00
国际货运代理实务（全新修订）	978-7-301-21968-3	张建奇	45.00
电子商务英语（第2版）	978-7-301-24585-9	陈晓鸣，等	27.00
市场调查与统计（第2版）	978-7-301-28116-1	陈惠源	30.00
市场营销策划（第2版）	978-7-301-30108-1	冯志强	45.00
消费心理与行为分析（第2版）	978-7-301-27781-2	王水清，等	36.00
营销策划（第2版）	978-7-301-25682-4	许建民	36.00
营销渠道开发与管理（第2版）	978-7-301-26403-4	王水清	38.00
创业实务	978-7-301-27293-0	施让龙	30.00

1. 关注北京大学出版社第六事业部官方微信（微信号 pup6book），查询专业教材、浏览教材目录、内容简介等信息。

2. 如果您需要样书，可以扫描以上二维码在线申请，也可以联系编辑申请。

联系方式：蔡编辑，电话：010-62750667，邮箱：sywat716@126.com，客服QQ：1292552107。

3. 电子样书在线浏览网址：https://jinshuju.net/f/fqWJFJ，可观看北京大学出版社精品教材云书展。

教材预览、申请样书
微信公众号：教学服务第一线